세계 최초의
증권거래소

BEURS VAN HENDRICK DE KEYSER

세계 최초의
증권거래소

가장 유용하고 공정하며 고귀한
사업의 역사

로데베이크 페트람 지음 | 조진서 옮김

THE WORLD'S FIRST
STOCK EXCHANGE

이콘

"수천 명의 사람들이 저 아래 모여 있다.
온갖 계급의 사람들이, 온갖 나라에서 온 사람들이."

__멜히오르 포켄스

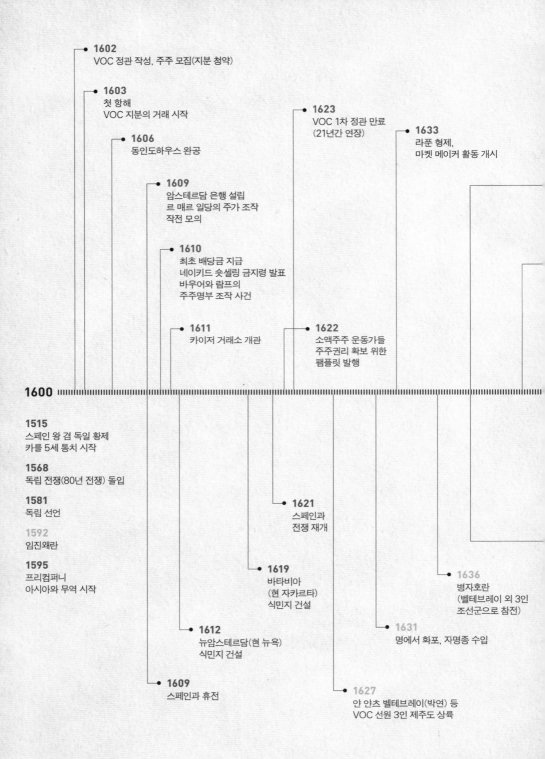

1602
VOC 정관 작성, 주주 모집(지분 청약)

1603
첫 항해
VOC 지분의 거래 시작

1606
동인도하우스 완공

1623
VOC 1차 정관 만료
(21년간 연장)

1633
라푼 형제,
마켓 메이커 활동 개시

1609
암스테르담 은행 설립
르 매르 일당의 주가 조작
작전 모의

1610
최초 배당금 지급
네이키드 숏셀링 금지령 발표
바우어와 람프의
주주명부 조작 사건

1611
카이저 거래소 개관

1622
소액주주 운동가들
주주권리 확보 위한
팸플릿 발행

1600

1515
스페인 왕 겸 독일 황제
카를 5세 통치 시작

1568
독립 전쟁(80년 전쟁) 돌입

1581
독립 선언

1592
임진왜란

1595
프리컴퍼니
아시아와 무역 시작

1621
스페인과
전쟁 재개

1619
바타비아
(현 자카르타)
식민지 건설

1636
병자호란
(벨테브레이 외 3인
조선군으로 참전)

1631
명에서 화포, 자명종 수입

1612
뉴암스테르담(현 뉴욕)
식민지 건설

1609
스페인과 휴전

1627
얀 얀츠 벨테브레이(박연) 등
VOC 선원 3인 제주도 상륙

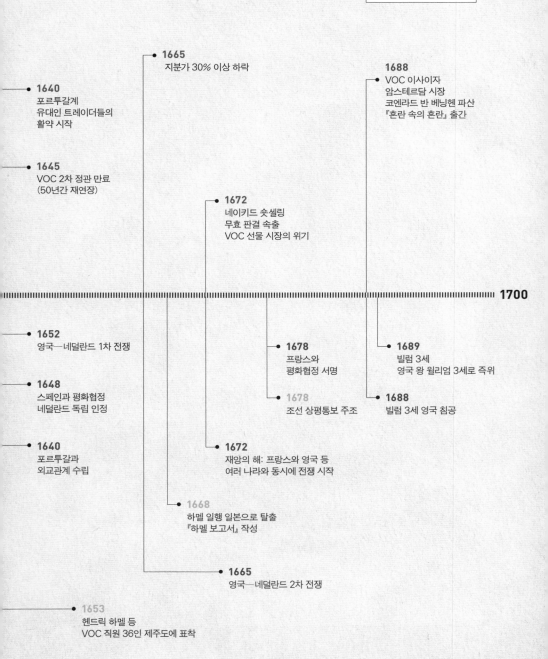

VOC 역사 ▬
네덜란드 역사 ▬
조선 역사 ▬

1665
지분가 30% 이상 하락

1688
VOC 이사이자
암스테르담 시장
코엔라드 반 베닝헨 파산
『혼란 속의 혼란』 출간

1640
포르투갈계
유대인 트레이더들의
활약 시작

1645
VOC 2차 정관 만료
(50년간 재연장)

1672
네이키드 숏셀링
무효 판결 속출
VOC 선물 시장의 위기

1700

1652
영국─네덜란드 1차 전쟁

1648
스페인과 평화협정
네덜란드 독립 인정

1640
포르투갈과
외교관계 수립

1678
프랑스와
평화협정 서명

1678
조선 상평통보 주조

1689
빌럼 3세
영국 왕 윌리엄 3세로 즉위

1688
빌럼 3세 영국 침공

1672
재앙의 해: 프랑스와 영국 등
여러 나라와 동시에 전쟁 시작

1668
하멜 일행 일본으로 탈출
『하멜 보고서』 작성

1665
영국─네덜란드 2차 전쟁

1653
헨드릭 하멜 등
VOC 직원 36인 제주도에 표착

주요 인물

- **더르크 반 오스 온 네스** 부유한 상인이자 VOC 창립 이사. VOC 최초의 청약은 1602년 8월 1일~31일까지 한 달간 열렸고, 청약은 반 오스의 집에서 이루어졌다.

- **이삭 르 매르** VOC 창립 이사이자 암스테르담 사무소의 최대 지분 보유자. VOC 이사들과 분쟁이 생기자 무차입 공매도(주주명부에 있지 않은 지분을 파는 행위)를 통해 VOC 지분 가격을 떨어뜨리고, 회사 운영에 대한 나쁜 소문을 퍼뜨려 주가조작에 가담했다. 이는 최초의 공매도 금지 법안으로 이어졌다. 또한 공개적으로 VOC 경영진을 비판한 최초의 주주였다.

- **얀 프란츠 브뤼닝** 법률 공증인. 카이저 거래소에서 시청사를 잇는 공증인들의 거리인 크로멜부흐 거리에 살았다. 1602년 8월, VOC 초대 청약자들의 주주명부를 정리하고 서명했다.

- **바렌트 람프** VOC 암스테르담 사무소 회계 담당자. VOC 투자자들의 이름을 주주명부에 적어넣는 일을 했다. 매일 매일의 지분 양도 내력을 적는 '저널'과 주주 계정별로 지분 보유 현황을 정리한 '원부', 두 가지의 장부를 기록했으며 주주들의 배당 관련 사항도 꼼꼼히 기록했다.

- **한스 바우어** 상인이자 트레이더. 일명 '바우어-람프 콤비 장부 조작 사건'인 지분 장부 조작 사건을 계획했다. 이사들이 트레이더들 간의 거래를 기록한 장부를 꼼꼼히 확인하지 않는다는 것을 안 후, 장부를 조작하여 가짜 지분을 거래했다. 사건 이후 VOC의 지분 양도 절차가 바뀌었다.

- **라푼 형제** 마켓 메이커. 상인이 아닌 일반인들을 대신해 VOC 지분을 처분해주는 비즈니스를 했다. 이들은 작은 지분을 모아 장부 가치 3,000길더로 모아 팔면서 지분 거래 단위를 표준화했다.

- **헨드릭 스타에츠** 브로커. 지분을 사거나 팔고 싶은 사람에게 거래를 받아줄 상대방을 찾아주는 일을 했다. 암스테르담 최대 부촌인 '황금의 커브'에 살았으며 현재도 그의 명패를 단 집이 남아 있다.

- **예로니무스 펠터르스** 시의회 서기이자 트레이더. 당시 VOC 사무소는 여섯 곳이었고 정보가 도착하는 시점이 지역마다 달랐다. 펠터르스는 암스테르담에서 나오는 정보를 이용해서 미델뷔르흐에서 지분을 거래해 돈을 벌었다.

- **야콥 하바이 헨리크** 유대계 트레이더들의 에이전트. 부유한 은행가들을 고객으로 두었다.

- **요세프 되츠** 17세기 네덜란드 자산가. 자신이 사거나 발행한 모든 '옵션 거래'에 대한 기록을 남겼다.

- **코엔라드 반 베닝헨** VOC 암스테르담의 이사이자 **외교관**. 6년간 암스테르담 시장 직을 맡았다. VOC 이사들은 자신의 직위를 이용한 선도 거래가 금지되었음에도 활발하게 트레이딩에 참여했으며 1688년 금융 위기 당시 수십만 길더를 잃고 파 산했다.

주요 장소

- **바뮈스스트라트** 16세기 암스테르담 상인들이 살던 거리로 초기 대부분의 VOC 지분 거래가 이곳에서 이루어졌다.

- **니우어 브뤼흐** 담락 운하 북쪽 끝에 있는 다리로 에이 강을 통해 바다로 이어졌 기 때문에 상인들이 거래하기 좋은 장소였다. 다리 서쪽 끝에 우체국이 있어 암스 테르담과 무역을 하던 여러 지역의 편지들이 오갔고, 해외의 정보를 실시간으로 입수할 수 있었다.

- **성 올라프 성당** 날씨가 궂은 날 야외에서 거래를 할 수 없었던 상인들을 위해 시 정부가 허가해준 거래 장소로 암스테르담 최초의, 세계 최초의 주식 거래가 행 해진 건물이다.

- **동인도하우스** 1606년에 완공된 VOC 암스테르담 사무소 본부. 이사들의 정기 모 임이 열렸으며, 회계 담당자의 사무실도 여기 있었다. VOC의 '헤렌 17' 이사회 도 이 건물에서 열렸다.

- **카이저 거래소** 1611년에 세워진 세계 최초의 증권거래소. 일요일을 제외한 매일 오전 11시부터 정오까지 1시간 동안 운영되었다. 여름 시즌에는 오후 6시 30분 ~7시 30분까지, 겨울 시즌에는 도시의 성문이 닫히기 전 30분 동안 다시 열렸다. 누구나 VOC 지분을 사고팔 수 있었다.

- **베를라흐 거래소** 1903년에 완공된 세번째 거래소로 곡물을 비롯한 온갖 상품들 이 거래됐다. 건물 안쪽 구석에 외부에는 공개되지 않는 방이 있어서 그 안에서 주식 거래가 이뤄졌다.

- **유대인 시나고그** 유대인 트레이더들의 거래는 암스테르담 중심부의 거래소가 아 니라 강 건너 포르투갈계 유대인 지역의 시나고그(유대인 예배당)에서 이루어졌 다. 1702년까지 이런 관습은 유지됐다.

베를라흐 거래소(1903년 개장)

시청사(은행)

로얄 광장

칼버스트라트

카이저 거래소
(1611년 개장)

공증인 사무소 골목

요세프 되츠의 집

헨드릭 스타에츠의 집

안네 프랑크의 집

담 광장

로킨 가

국립미술관

반 고흐 미술관

황금의 커브

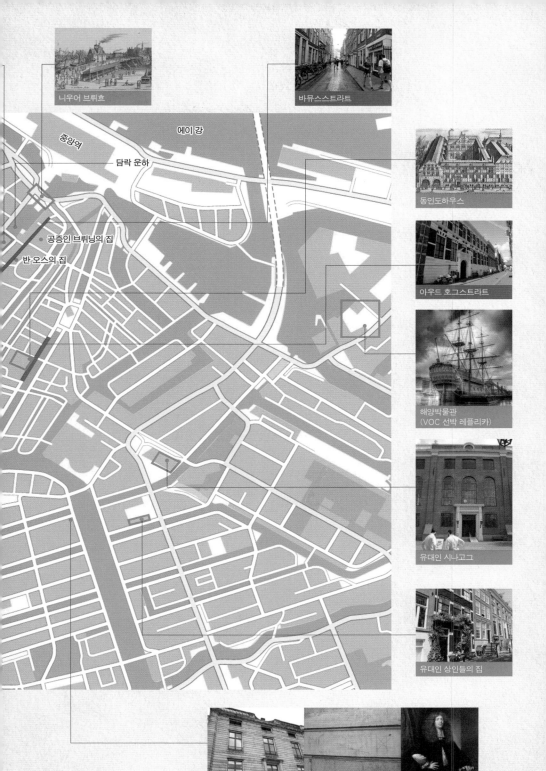

니우어 브뤼흐

바뮈스스트라트

에이 강

중앙역

담락 운하

동인도하우스

공증인 브뤼닝의 집

반 오스의 집

아우드 호그스트라트

해양박물관
(VOC 선박 레플리카)

유대인 시나고그

유대인 상인들의 집

피로 물든 집(코엔라드 반 베닝헨의 집)

400년 전 석판 한 장에서
시작된 증권거래소의 역사 찾기

조진서_옮긴이

2013년 여름, 나는 네덜란드 기업 필립스의 초대를 받아 현지 연구소를 취재했다. 출장 일정을 마치고 한국에 돌아오기 전 시간을 조금 내서 암스테르담에 있는 옛 증권거래소 건물을 방문했다. 경제와 경영을 전문적으로 다루는 기자로서 이곳은 꼭 방문해야 할 것 같은 의무감을 느끼고 있었다. 자본주의의 성지라고 할까.

1611년 문을 연 것으로 알려진 암스테르담 최초의 거래소 건물은 시내 중심의 한 운하 위에 지어졌는데 지반 침하 문제로 19세기에 문을 닫았다고 한다. 현재 남아 있는 것은 1903년에 완공된 세번째 거래소 건물로, 헨드릭 베를라흐라는 유명한 건축가의 작품이다.

전통을 중시하는 유럽답게, 암스테르담 시는 용도 폐기가 된 베를라흐 거래소 건물을 잘 보존해두고 가이드가 딸린 투어 프로그램을 운영하고 있었다. 경제사적인 가치뿐 아니라 건축학적으로 의미가 있어서 전 세계 건축학도들도 많이 방문한다고 한다. 그런데 내가 특히 인상 깊게 본 것은 이 베를라흐 거래소 뒤편 벽에 붙어 있는, 폭 1미터 정도의 석판이었다. 1611년 최초의 거래소를 설립하면서 만들었는데 1903년 새로운 건물을 지으면서 옮겨왔다고 한다. 하지만 거기 적혀 있는 글은 가이드도 해석하지 못했다. 중세 네덜란드어는 지금과 조금 달랐던 모양이다.

서울에 돌아와 이 400여 년 묵은 석판의 의미를 인터넷에서 찾아보려 애썼다. 인디아나 존스 같은 고고학자가 된 기분이었다. 한참을 뒤진 끝에 로데베이크 페트람이라는 젊은 연구자를 찾아냈다. 페트람은 2011년에 암스테르담 증권거래소에 대한 박사 논문을 썼고 이를 바탕으로 책 한 권을 펴낸 참이었다. 그는 이메일로 친절하게 석판의 뜻을 해석해줬다.

DOOR GODES ZEEGEN IS TOT GERIEF DER COOPLUYDEN DESE BORZE GESTIGT EN ANS. CIDIDCVIII DEN XXIX MEYE DEN ISTEN STEEN GELEYT EN DEN ISTEN AUG. CIDIDCXIII DE ISTE VERGADERINGE GEWEEST

이 거래소는 상인들의 편의를 위해 신의 축복을 받아 1608년에 세워졌다. 주춧돌은 1608년 5월 29일에 놓여졌다. (상인들의) 첫 모임은 1613년 8월 1일에 있었다. (p270 사진 참조)

페트람의 책을 사서 읽고, 나는 이것이 한국에 꼭 필요하다는 확신을 갖게 됐다. 한국 사람들은 서양인들에 비해 증권과 주식회사의 역사에 대해 무지하다. 심지어 증권가에서 일하는 사람들조차도 주식과 증권거래소라는 걸 누가, 언제, 왜 만든 것인지 알지도 못하고 관심도 없는 경우가 대부분이다. 10여 년의 기자생활을 하면서 이런 경제계 사정을 잘 알게 된 터라, 나는 이 책을 꼭 번역해서 한국에 전해야겠다고 결심했다.

17세기 암스테르담 증권거래소

이 책은 주식이라는 제도에 대한 몇 가지 사회적 통념을 깬다. 저자가 당대의 문헌을 꼼꼼히 조사한 바에 따르면, 우선 세계 최초의 증권거래소에는 주식증권이란 개념이 없었다. 주주들의 이름과 지분을 기록한 장부가 있었을 뿐이다. 주식의 소유권을 이전할 때도 종이로 된 증서를 주고받은 게 아니라 회계담당자가 갖고 있는 장부를 고치는 식으로 이뤄졌다. 증권이라는 종이 형태의 물건이 나타나게 된 것은 한참 후의 일이다. 그런 의미에서 17세기의 주식 거래는 21세기의 주식 거래와 닮았다. 종이로 된 장부를 쓰느냐 컴퓨터 서버에 기록된 장부를 쓰느냐의 차이일 뿐 현물 증서의 이동은 없었다.

둘째, 주식회사의 초창기에는 주주가 회사의 주인이라는 개념도 없었다. 네덜란드 동인도회사(VOC)의 어떤 주주도 경영권을 요구하지 않았고 기대하지도 않았다. 주주는 몇 년에 한 번씩 배당금을 받는 투자자에 불과했다. 주주총회도, 실적공시도 없었다. 주주가 회사의 주인이라는 개념은 비교적 최근에 생긴 것이고, 이것조차 엄밀히 말해 틀린 말이다. 현대의 상법에도 주주가 주식회사의 주인이라는 규정은 없다. 법적으로 주식회사, 즉 법인法人은 독립적인 인간이다. 누구의 소유물도 아니다. 법인은 주주의 이익이 아니라 법인 그 자체의 이익을 위해 존재한다. 주주는 회사의 주인이 아니라 주식증권의 주인일 뿐이다. 경제관련 시민단체에서 들으면 경악할지도 모르지만 이게 사실이다.

셋째, 역시 우리의 상식과는 달리 초기의 주식투자는 회사의 지분이라는 현물이 아닌 선물, 즉 파생상품 거래가 주를 이뤘다. 흔히 파생상품 거래는 현대에 들어와 생긴 것이며 월스트리트의 천재 수학자들("퀀트"들)이나 하는 거라고 생각하기 쉽다. 파생상품 거래가 현물 주식 거래보다 많아진 현대 사회가 비정상적이라고 생각하는 사람도 많다. 그런데 역사적으로 보자면 세계 최초의 증권거래소 시절부터 파생상품 거래가 압도적으로 많았다. 아래 자세히 설명하겠지만 한국 최초의 증권거래소였던 일제시대 조선취인소도 마찬가지였다.

넷째, 증권 거래는 법이 아니라 상인들 간의 신뢰에 기초해 이뤄졌다. 17세기 네덜란드에서 현물을 담보로 하지 않는 선물 거래는 불법이었다. 그럼에도 불구하고 상인들은 현물 없이 자신들의 신용을 바탕으로 선물 거래를 계속했다. 그것이 훨씬 편리했기 때문이다. 만일 누군가 선물 거래에서 큰 손해를 봐서 도저히 대금을 지불할 수 없는 상황에 처할 경우 법원에 가서 재판에 넘기면 거래를 무효화할 수도 있었다. 대신 상인들의 커뮤니티에서 신용이 바닥에 떨어질 것을 각오해야 했기 때문에 그렇게 하는 경우는 드물었다. 이는 현대 한국의 금융당국과 관계자들에게도 교훈을 준다. 금융의 본질은 법과 제도가 아니라 문화다. 법이 모든 거래를 안전하고 공정하게 보장해주지는 못한다. 신용과 명예를 지키는 사람이 이익을 보는 문화가 조성되어야 금융업이 안정적으로 발전할 수 있다.

조선취인소, 한국 최초의 증권거래소

번역을 마치고 나니, 문득 우리 한국의 증권 거래는 언제 어디서 어떻게 시작했을지 궁금해졌다. 한국 최초의 증권거래소는 서울 명동 중심가에 있었다. 일제시대 땐 '조선취인소朝鮮取引所', 1920년부터 1932년까지는 '경성현물주식취인시장'로 불렸던 곳으로, 기록에 의하면 1922년 건립됐다. 당시는 남대문부터 을지로와 명동 일대가 상업의 중심지였다.

그런데 1979년에 한국거래소(당시 이름은 한국증권선물거래소)가 여의도로 이사를 가면서 신축비용이 모자라 이 건물을 팔았다고 한다. 이후 몇 번 주인이 바뀌었고 정부가 문화재 등록을 고민하는 사이 부동산 개발사가 건물을 철거해버렸다. 2005년의 일이다. 이 자리에는 지금 '아르누보 센텀'이라는 10층짜리 상업용 건물이 들어서 있다. 거래소의 흔적은 찾아볼 수 없고 증권사 지점 2개가 들어와 있는 것이 전부다. 그 흔한 안내판 하나도 없다. 비슷한 시기에 지어진 암스테르담의 베를라흐 거래소가 잘 보존되고 있는 것과 비교가 되어 가슴이 아프지만, 한편으로는 이것이 자연스러운 결말인가 싶기도 하다. 자본주의의 상징인 증권거래소 건물이 자본의 논리에 따라 철거된 것이니 말이다.

조선에 주식회사 제도가 소개된 것은 1880년대다. 유길준, 김옥균 같은 개화파 인사들이 앞장섰다. 특히 김옥균은 1883년 한성순보에 기고한 글 '회사설會社說'에서, 주식회사 제도 덕분에 서양 제국이 조선과 청나라보다 부강해졌다고 말한다. 수많은 불특정 국민의 자본을 한 데 모아서 큰 사업을 벌일 수 있는 제도가 과거에는 없었다. 그는

1932년 경성현물주식취인시장과 인천미두취인시장을 합병해서 설립된 조선취인소의 업무개시를 다룬 동아일보 기사. 취인소는 거래소라는 뜻이다.

조선도 주식회사 제도를 도입해 철도 회사, 선박 회사, 토지개량 회사 등을 만들자고 주장했다. 또 주식의 모집과 매매, 주식회사와 합자회사의 특징들을 서술하기도 했다. 그때부터 조선에도 여러 주식회사들이 설립됐다. 그중 1899년에 설립된 천일은행(현 우리은행)은 현존하는 한국 최고最古의 주식회사다.

조선왕조가 몰락하고 일본이 조선을 병합한 후에도 주식회사의 인기는 수그러들지 않았다. 이에 따라 주식을 편리하고 안전하게 거래하고자 하는 상인들의 요구도 높아졌다. 결국 조선총독부는 1920년 '경성현물주식취인시장'이라는 이름의 거래소 개설을 허가했다. 1932년에는 경성현물주식취인시장과 인천의 미두(쌀과 콩)취인시장이 합병하여 조선취인소로 재탄생했다. 조선취인소는 총독부의 감독을 받았지만 형태는 민간 주식회사였다.

그런데 2016년 현재 한국거래소는 조선취인소를 한국 증권산업의 역사에 포함시키고 있지 않다. 여기엔 두 가지 이유가 있는 것 같다. 첫째는 법인격의 문제다. 일제시대 만들어진 조선취인소는 1946년 미군정에 의해 폐지됐다. 현재의 한국거래소는 1956년에 설립된 대한증권거래소의 후신이다. 명동의 같은 건물을 사용했지만 별도의 법인이다. 그래서 한국거래소는 1956년을 한국 증권사의 시작점으로 본다. 이렇게 따져서 2016년 올해를 '증시 60주년'으로 선포하기도 했다.

두번째 이유는 민족적 자존심이다. 대체로 한국의 언론과 공공기관은 일제시대 조선의 경제 활동을 일제의 경제 수탈이 목적인 것으로 평가절하 한다. 조선취인소나 조선은행, 식산은행과 같은 일제시대의 금융, 경제 관련 기관들을 일본 제국주의의 도구로 간주하곤 한다. 그런 측면도 분명히 있긴 했겠지만, 떳떳하지 않은 과거라 해서 모조리 무시하고 지워버리는 것이 과연 우리에게 도움이 되는지는 의심스럽다. 한국사회 전반적으로 금융에 대한 이해도가 떨어지는 데에는 이런 부실한 역사관도 한 몫을 하고 있는 것 같다.

예를 들어보자. 일반인은 물론이고 금융산업 종사자들 중에도 '주식'이란 글자의 뜻이나 유래를 제대로 아는 사람이 많지 않다. 주식의 주株는 나무 그루터기라는 뜻이고, 식式은 법, 격식, 형상이라는 뜻이다. 이 말은 에도시대 일본의 동업자 조합을 뜻하는 가부나카마株仲間에서 유래했다고 전해진다(석승훈, 『경영학 무엇을 말해야 하는가』, 위즈덤하우스, 2014). 즉 주식이란 말 자체가 일본어인데, 일제시대를 빼고서 주식의 역사를 논한다는 것부터가 무리다. 또 주식회사가 보편적인 기업 형태로 자리잡게 된 것 역시 통념처럼 군사독재 시절이 아닌 일제시대였다. 경영자가 일본인이었다는 이유로, 2차대전과 6.25전쟁을 거치며 경제가 황폐화되었다는 이유만으로 일제시대 조선 자본주의의 활동을 무시해버린다면, 그것이 과연 한국 금융 산업의 발전에 도움이 되는 일일까? 영국의 윈스턴 처칠은 "역사를 잊은 민족에게 미래는 없다"는 말을 남겼다.

일제 강점기의 주식 거래

그럼 실제로 일제시대에는 주식 거래가 어떻게 이뤄졌을까. 아래는 당시 동아일보 경제면에 실렸던 시황 전망 기사다.

"… 정부의 안이 의회에서 무사히 통과하게 될지가 오늘 주목하는 점이다. 만주 문제에 대해서는 다음달 국제연맹이 과연 어떤 결과를 보게 될지 모르는 만큼, (시장의) 재료나 눈앞의 상황만 보고 움직이기 어렵게 됐다. 미국 경제의 호전되는 기운과 세계경제의 불황 타계에 대한 서광이 보임으로 매수세가 든 것은 필연의 이치다. 그러나 위에 얘기한 불선명한 재료가 앞길에 남아있음으로, 매수세가 있으면서도 한편으로는 이미 고가에 도달한 것이 아닌지 하는 경계의 마음을 갖게 된다. 그래도 약세에 대한 막연한 경계는 피하고 압목매(저가매수)를 노리는 것이 시의적절한 것이 아닐까 한다."

1932년 8월 11일 동아일보 경제면

토씨를 현대 국어 문법에 맞게 조금 고쳤고, '압목매'라는 일본식 용어를 현대식으로 바꿨을 뿐이다. 현대의 경제면 기사보다 더 자세하다. 당시 동아일보 경제면에는 '금일(오늘)의 시황'이라는 난이 있어 전날의 주식 거래 현황과 기미(쌀), 면사, 고무 등 주요 상품의 현황이 요약 설명되어 있었다. 가장 거래가 많이 되는 종목은 동경주식취인소(거래소)의 주식이었다. 지면 하단에는 보다 상세하게 각종 주식

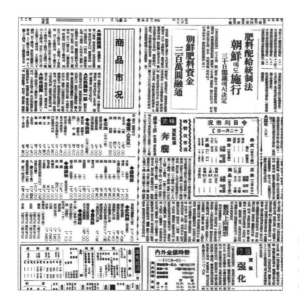

'금일의 시황'을 비롯, 각종 주식과 상품의 시세와 거래내역이 자세히 기록된 1937년 12월 2일자 동아일보 경제면

과 상품의 가격을 일일이 실었다. 미국 등 해외 경제 지표들도 빠지지 않았다. 금리와 외환 시세는 물론이고 쌀, 콩, 금, 은, 면사, 석유 등의 국제 가격 변동이 매일같이 나왔다. 특히 일본 도쿄와 오사카 거래소의 시황은 중요한 정보였다. 같은 주식이 도쿄, 오사카, 서울에서 동시에 거래됐기 때문이다. 요컨대 국제화 수준에서도 일제시대 신문의 경제면은 요즘 일간지 경제면과 크게 다르지 않았다.

일제치하였지만 조선인들도 분명 경제 활동에서 중요한 역할을 담당했다. 동아일보부터가 일본인이 아닌 조선인들이 보는 신문이었고, 하루 8면 중 1면을 꼬박 국내외 경제 소식과 취인소 시황 설명에 할애했다는 얘기는 당시 조선인들(적어도 상인들) 사이에서 주식 거래가 상당히 보편화되어 있었음을 시사한다. 경제 관련 지식이 부족한 독자들을 위해 따로 정기 코너를 만들어 주식시장의 원리를 설명하고 각종 용어들을 설명해주기도 했다.

주가가 오르고 떨어질 것을 예상하고 사고파는 곳, 다시 말하면 청산취인을 하는 곳을 가리켜서 주식취인소라고 부른다. 주식취인소는 이러한 효과가 있다.

- 주식시세를 공정히 결정케 한다. 이곳에서 이런 시세를 내고 저곳에서 저런 시세를 낸다고 하면 그 폐해가 많을 것이므로, 일정한 곳에서 통일 또는 공평한 시세를 내라는 것.
- 사고팖을 취인소에서 함으로써 상대방의 부실로 인한 손해를 보는 일이 없이 마음 놓고 할 수 있는 것
- 이렇게 됨으로 주식매매는 자연 잘 될 수가 있는 것. 또 주식을 한곳에 모아있게 않고 널리 퍼져 유통될 수 있게 하는 것
- 주식에 고정된 자금이 활용될 수 있는 것

이상이 주식회사의 대체적인 목적으로 볼 수가 있다. 그런데 이 주식취인소에서 결정되는 주식의 시세를 가리켜서 재계가 잘 되어가고 못 되어 가는 것, 바로미터라고 말한다. 이것은 재계의 변동이 먼저 주식의 시세에 나타나는 까닭이다.

1932년 8월 6일 동아일보 8면 '경제용어', 신태익(총 13회)

조선취인소에는 수십 개의 기업이 상장되어 있었다. 대부분 일본인이 경영했지만 조선 경제에도 영향을 줬다. 예를 들어 거래코드 '종신'으로 거래됐던 일본종연방적주식회사는 전라도 광주와 서울 영등포에 방직공장을 짓고 약 2,500명의 조선인(대부분 여성)을 고용했다.

이걸 두고 '일제의 인력 착취'라고 생각해야 할지, 아니면 2,500명의 일자리를 제공한 제조업 회사라고 봐야할지는 독자의 판단에 맡긴다.

금융산업 발전 측면에서도 취인소는 중요한 역할을 담당했다. 일반인들의 증권거래를 대행해주는 브로커(취인점) 중에는 조선인이 상당수 있었고, 특히 1933년 설립된 금익증권과 1934년 설립된 동아증권은 모두 조선인 소유로서 거래실적 1, 2위를 도맡아 했다. 이런 분위기에 힘입어 조선취인소가 일본 열도의 거래소들보다 거래가 더 활발해졌다는 기사도 있다.

> "소화 7년(1932년)에 경성주식시장과 인천미두취인소를 병합하여 조선최대의 조선취인소가 성립됐다. 주식은 경성에서, 미두(쌀과 콩)는 인천에서 매매취인을 하는데, 근래 주식의 취인고도 현저히 증가하였거니와 미곡취인은 기매매고가 천하의 당도시장(일본 도지마 시장)의 매매고를 능가하고 있다.
>
> 주식매매고를 보면 소화 13년(1938년) 상반기 매매고는 228만 6,000주, 수수료 수입은 24만 3,000원에 달하였다. 합병당시인 소화 7년 상반기에 비하면 5.7배, 수수료 수입에서는 9배의 증가다. 매매고에 있어서 일본 내지의 주요시장을 능가하게 되었는데, 조선 대중이 증권투자와 이식에 차차 흥미를 가지게 되었다는 것을 알 수 있다. 앞으로 증권에 대한 지식과 흥미가 한층 보급되는 날에 지금보다는 성적이 다시 약진할 것을 기대할 수 있다. 조선취인소의 전도는 정말 유리한 것이라 할 것이다."
>
> (1938년 9월 27일 동아일보 '조선취인소의 약진')

해방 후의 혼란과 6.25전쟁을 거치며 한국 경제는 초토화됐다. 취인소가 문을 닫은 후 주식 역시 거래가 거의 끊겼다. 상장주식의 거래는 1956년 대한증권거래소가 설립되고 나서도 한참 지난 후인 1970년대에 가서야 다시 활기를 띄기 시작한다. 1980년대에는 포항제철, 한국전력 등의 국민주가 발행되면서 전 국민 주식투자 시대가 열렸다.

한국 자본주의의 시발점이었던 명동의 조선취인소 건물은 사라졌지만, 경기도 일산의 증권예탁결제원에 가면 그때의 흔적을 조금 찾아볼 수 있다. 이 건물 6층에는 증권박물관이 있는데, 여기에 조선취인소에서 발행한 연보와 월보, 또 일제시대 주식회사들의 증권 등 일부 자료들이 전시돼 있다. 또 2005년 조선시대부터 일제시대, 현대에 이르기까지 채권과 증권 거래의 역사를 상세히 기록한 자료집 『한국유가증권 100년사』를 발간하기도 했다. 한 번 시간을 내어 가볼 만한 곳이다.

우리는 모두 주식회사와 어느 정도의 연관을 맺고 살아간다. 회사원들은 대부분 주식회사에 소속되어 월급을 받는다. 소비자는 주식회사가 만들어 파는 물건과 서비스를 시장에서 구매한다. 길거리의 광고판에는 온통 주식회사들의 이름이 가득하다. 축구장과 야구장에 운집한 관중은 선수의 이름과 함께 팀을 운영하는 주식회사들의 이름을 연호한다. 그뿐인가? 증권계좌 수가 2,000만 개에 달할 정도로 주식투자는 보편화됐다. 설령 "나는 절대 주식투자 같은 건 안 해"라고 선언하는 사람이라도, 재산의 상당부분은 국민연금과 같은 각종 연기금과 보험, 펀드를 통해 전 세계 주식회사들에 간접 투자되어 있다. 현대인의 삶은 이렇게 주식이라는 제도에 꼼꼼히 얽혀 있다. 미래에는 주식과 주식회사의 사회적 영향력이 더욱 커질 것이다. 좋으나 싫으나, 우리는 주식회사와 주식이 뭔지를 이해해야 하는 사회에 살고 있다.

오늘날과 같은 형태의 주식회사와 주식 거래는 17세기 암스테르담에서 시작했다. 경제에 관심 있는 사람이라면 올 여름 휴가에는 이 책 『세계 최초의 증권거래소』를 안내서로 삼아 암스테르담 거리를 걸어 보면 어떨까. VOC 본부, 암스테르담 은행, 담 광장, 공증인 골목 등 책에 소개된 17세기 당시의 건물들이 대부분 그대로 남아 있다. 지도만 보며 따라 걸어도 생생한 답사 여행이 된다. 그런 다음 운하 주변의 노천 술집에서 시원한 생맥주 한잔 마시면 기분이 꽤 괜찮아질 것 같다. 공부도 하고 여행도 즐기는 일석이조 코스로 적극 추천한다.

THE WORLD'S FIRST
STOCK EXCHANGE

목차

◆

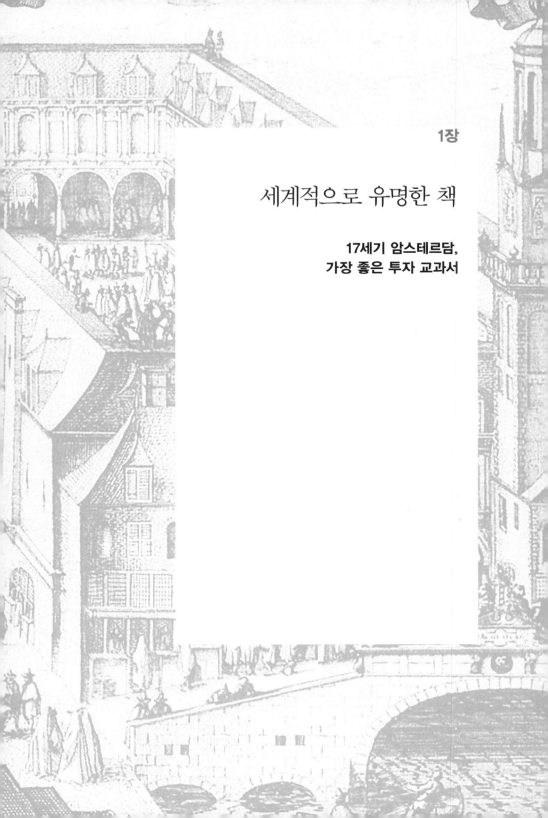

1장

세계적으로 유명한 책

17세기 암스테르담, 가장 좋은 투자 교과서

암스테르담에 처음 온 사람을 데리고 길거리를 돌아다니다가 지금 어디에 있는 것 같냐고 물어보라. 그는 "투기꾼들 사이에요"라고 답할 것이다. 이 동네에선 어느 골목에 가도 다들 주식투자 얘기뿐이다.

—요세프 펜소 데 라 베가, 『혼란 속의 혼란』

지금부터 내가 하려는 건 뉴욕 월스트리트 금융가에 대한 얘기도, 런던 시티 금융가에 대한 얘기도 아니다. 지금으로부터 300년도 훨씬더 전 1688년의 암스테르담 얘기다. 그 당시 암스테르담은 지금처럼 발달한 대도시가 아니었다. 도시를 둘러싼 운하 주변에 이제 막 큰 집들이 지어지던 시기였다. 전기 따위는 당연히 없었고, 밤이 되면 호롱불 몇 개를 빼곤 도시 전체가 암흑에 빠졌다. 시내에서 빤히 보이는 에이 만灣 건너편 강둑에서는 하루가 멀다 하고 사형수들의 몸뚱이가 교수대에 대롱대롱 걸렸다. 중세의 도시들은 이렇게 우울했다. 이런 우울한 도시에서 주식투자 열풍이 불었다니 아마 믿기 힘들 것이다.

그런데 진짜로 그랬다. 일반 주식투자만 인기 있었던 게 아니다. 그 당시 암스테르담 시민들은 옵션, 선도 거래forward selling, 호가 quotations, 리스크, '작전' 등 현대의 증권가에서나 쓰이는 용어들을 줄줄 꿰고 있을 정도였다. 1602년에 네덜란드 동인도회사Vereenigde Oostindische Compagnie(이하 VOC)*가 설립되면서 비롯된 현상이었다. 이 회사 주식을 사고팔아서 대박을 친 사람도 쪽박을 찬 사람도 흔했다. 주식투자는 17세기 암스테르담의 국민 스포츠였다.

> "투기꾼들은 입만 열면 오직 주식 얘기였다. 어딜 뛰어가면 주식 때문
> 이었다. 가만히 서 있어도 그 역시 주식 때문이었고, 어딘가 쳐다보고
> 있으면 주식을 보고 있는 거였다. 깊이 생각에 잠겨 있으면 주식 생각
> 을 하는 거였고, 뭔가 먹고 있다면 그것도 주식투자에서 나온 거였다.
> 공부를 하면 주식에 대한 공부였고, 항상 주식에 대한 환상을 꿈꿨다.
> 병들어 죽는 자리에도 주식 걱정만을 했다."

이것은 1688년에 발간된 『혼란 속의 혼란Confusion de Confusiones』이 라는 책에 나오는 이야기다. 글쓴이는 요세프 펜소 데 라 베가Joseph Penso de la Vega로, 1650년 암스테르담에서 태어난 것으로 추정되는 유대인이다. 당시 많은 유대인들처럼 그의 가문 역시 스페인에서 이주 해왔으며, 이 책도 스페인어로 쓰여졌다. 17세기 암스테르담은 무역이

---

* 문자 그대로는 '통합 동인도회사'라는 뜻이다. 영국의 동인도회사와 비슷한 시기에 설립됐다. 네덜란드 동인도회사는 인도네시아 바타비아를 중심으로 아시아 전역에 무역관을 뒀다. 약 2세기 동안 세계에서 가장 큰 기업이었다(주경철, 『대항해시대』, 87쪽).

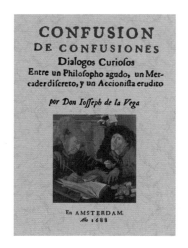

『혼란 속의 혼란』 요세프 펜소 데 라 베가가 쓴 세계 최초의 주식투자 설명서로 1688년 발간되었다.

활발했고, 데 라 베가 역시 무역업에 종사하는 사람이었다. 그는 낮엔 일을 했고 밤에는 소설과 시를 썼다. 또 이웃에 사는 유대인들의 결혼식이나 장례식에서 읽을 축사나 추도사를 써주기도 했다. 그는 글을 참 예쁘게 잘 쓰는 사람이었다. 그때 지은 책 중의 하나가 바로 이 『혼란 속의 혼란』이다.

처음 발간됐을 당시에 책이 얼마나 많이 팔렸는지는 알 수 없다. 그런데 20세기 들어서 이 책이 '세계 최초의 주식투자 설명서'라는 이유로 많은 주목을 받기 시작했다. 1919년에 독일어 번역본이 나왔고, 1939년엔 네덜란드어 판이, 1957년엔 축약본 영어 판이 나왔다. 1980년대 들어서 전 세계적으로 주식투자가 일반화되면서 이 오래된 책의 인기는 더욱 높아졌다. 증권거래소의 초기 역사를 다룬 유일한 기록이기 때문이다.

이런 인기에 기름을 부은 것은 1995년 영국의 경제지 파이낸셜타임즈에 실린 기사였다. 파이낸셜타임즈가 꼽은 '투자 관련 10대 필독서' 중 하나가 바로 이 책이었다. 주식투자를 하려는 사람이라면 주식투자라는 게 어떻게 생겨난 것인지, 어떤 원리로 만들어진 시스템인지 알아야 한다는 이유에서였다. 세계 최초의 증권거래소인 17세기 암스테르담 거래소의 이야기야말로 가장 좋은 투자 교과서일 수밖에 없다.

파이낸셜타임즈가 추천한 이후 이 책에 대한 관심이 폭발했고, 여러 버전으로 재출간되었으나 새로 나온 판본의 대부분은 축약본이다. 데 라 베가가 쓴 스페인어 원본은 아주 두꺼운 책이었는데, 내용의 2/3정도는 암스테르담 주식시장의 모습을 성경이나 신화 속의 이야기에 비유한, 횡설수설들이었다. 대부분의 최신 판본은 이런 부분들을 제외하고 핵심만 정리한 것들이다.

『혼란 속의 혼란』에는 세 명의 주인공이 등장한다. 한 명은 상인, 한 명은 철학자인데, 이 둘은 주식투자에 문외한이다. 물론 VOC 주식에 대해 들어본 적은 있고 남들이 거래하는 걸 본 적도 있지만, 실제로 이 거래 시스템이 어떤 원리로 돌아가는지는 전혀 모른다. 그래서 이 두 명의 초보자를 돕기 위해 세번째 인물이 등장하는데, 이 사람은 오랫동안 주식을 해온 투자전문가다. 이 세 남자가 나누는 네 번의 대화가 『혼란 속의 혼란』의 줄거리를 이룬다. 이들은 주식 거래는 어떻게 이뤄지는지, 거래에는 어떤 것들이 있는지, 그리고 초보자가 조심해야 할 사기꾼들과 '작전'의 유형에는 어떤 것들이 있는지 등에 대해 이야기를 나눈다.

저자가 책에서 묘사하는 17세기의 증권 거래는 아주 점잖게 이뤄지는 활동은 아니었다. 때론 거래를 위한 협상이 물리적으로 달아오르기도 했다.

거래소 회원 하나가 손을 내밀면 다른 회원이 그 손을 잡는다. 어떤 가격에 얼마만큼의 지분을 사겠다는 합의를 하는 것이다. 이들이 다시한번 악수를 하면 계약이 확정된다. 그런 다음 파는 사람은 새로운 가격에 새로운 양의 지분을 팔기 위해 손을 내밀고, 사려는 사람은 또 그손을 잡는다. 이런 식으로 악수들이 끊임없이 이어지다보면 손은 금세시뻘게진다. 상대방이 제시한 조건이 맘에 들지 않으면 내민 손을 찰싹때린다. 자신이 원하는 가격이 나올 때까지 상대의 손을 때린다. 평소엔 예의바른 사람들도 지분 거래를 할 때는 이런 거친 방식으로 거래를하게 된다는 점은 유감이다. 사방에서 사람들이 손을 붙잡아 흔들거나밀치고 때린다. 욕설과 고성이 이어지고 여기저기서 서로를 밀쳐댄다.거래가 마감될 때까지 이런 혼란이 계속된다.[*]

물론 이런 대혼돈의 소용돌이에 직접 들어갔다가 낭패보고 싶지않은 투자자도 있기 마련이다. 그런 사람들은 중개인을 고용해서 간접적으로 주식을 사고판다. 저자 데 라 베가에 따르면 주식 거래는 거칠고 공격적인 일인데다가 "세계에서 가장 속임수가 많은 사업"이라, 각별히 조심해야 한다. 책에 등장하는 주인공들 중 투자전문가는 상인과 철학자에게 온갖 종류의 사기 행각에 대해 미리 경고해준다. 그중하나는 이렇다. "일단의 주식 브로커들이 사회적으로 명망 있는 인사를 꼬드겨서 한 뭉치의 주식을 팔도록 시킨다. 만일 손해가 발생하면

---

[*] 손을 때려가면서 가격을 협상하는 건 흔한 풍습이다. 지금도 네덜란드의 가축 경매는 여전히 이런방식으로 이뤄진다.—원주

자신들이 대신 보상하겠노라 보장해준다. 이렇게 하는 이유는, 군중은 시장에서 무언가 새로운 사건이 생길 때마다 민감하게 반응하고, 그로 인해 시장에 중요한 변화가 생기기 때문이다." 다시 말해서, 유명인사가 가지고 있던 주식을 매각하면 일반인들은 거기에 무슨 중요한 이유가 있겠거니 생각해서 다 같이 우르르 주식을 판다. 그래서 가격이 떨어지면 투기꾼들이 싼값에 그 주식들을 건져올리는 것이다.

이런 전문가의 경고에도 불구하고 우리의 불쌍한 상인과 철학자는 주식투자에 뛰어들어 한탕을 노려보기로 결심한다. 운도 지지리 없다. 책의 세번째 챕터는 웃음과 눈물이 동시에 나오는 철학자의 자기비판으로 시작한다. "어젯밤 나의 평화는 불안으로, 나의 침착함은 절망으로, 나의 경탄은 비웃음거리로, 나의 지식은 멍청함으로, 나의 평정심은 경박함으로, 나의 존경은 놀림거리로 변해버렸습니다. 투기꾼이 날 속였습니다. 사기꾼이 날 등쳤습니다. 배신자가 내 평판을 훔쳤습니다."

무슨 일이 벌어진 걸까. 거래소에 걸어들어간 철학자는 우선 몇몇 브로커들과 어울리며 VOC 지분이 거래되고 있는 대충의 가격대를 알아내는 데 성공했다. 그러다가 우연히 주변에서 브로커들이 자기들끼리 주고받는 대화를 엿듣게 되는데, 주식이 앞으로 훨씬 더 오를 것 같다는 얘기였다. 새롭게 얻어낸 정보에 자신감이 충만해진 철학자는 현재 시장 거래 가격보다 10포인트나 더 높은 가격으로 주식을 사겠다는 '비드bid' 사인을 보낸다.* 브로커들은 그의 순진한 매수 주문을 즉시 낚아챘다. "주변이 엄청나게 시끄러워졌고 사람들이 소리를 지르

---

* 사려는 사람이 원하는 가격, 즉 매수호가를 bid, 팔려는 사람이 원하는 가격, 즉 매도호가를 ask라고 한다.

며 웃어댔습니다. 나는 분노와 모멸감으로 얼굴이 빨개졌습니다."

　그제야 철학자는 정신을 차렸다. "이제 알겠습니다. 주식 브로커들
은 평소엔 굉장히 친절하고 똑똑해 보여도 주식 근처에만 오면 메데
이아나 키르케의 주문에 걸린 것처럼 인격이 변해버리는군요." 하지
만 너무 늦은 후회다. 주가는 계속 떨어지고 철학자는 거의 공황상태
에 빠진다. "내가 무슨 짓을 한 건지도 모르겠고, 지금 무슨 짓을 하
고 있는지도 모르겠고, 앞으로 뭘 해야 할지도 모르겠습니다." 그는
더 늦기 전에 지분에서 돈을 빼자고 결심한다. 그의 친구이자 역시 초
짜 투자자인 상인은 이미 가진 주식을 다 팔았다. "내가 갖고 있는 지
식으로는 이 혼돈에서 살아남을 수가 없습니다. 더 많이 투자하지 않
았던 걸 다행으로 생각해야겠습니다."

　철학자는 자신의 지적 능력이 부족해서 주식시장을 잘 이해하지
못했다고 생각한다. 사실 이렇게 된 데는 그의 멘토였던 투자전문가
의 설명이 부족하고 두루뭉술했던 탓도 있다. 예를 들어 '옵션'이라는
제도를 설명하면서 그는 "옵션은 날씨가 좋을 때 행복한 항해를 하게
도와주는 돛과 같은 역할을 하고, 폭풍우가 몰아칠 때는 배를 고정시
키는 닻과 같은 역할을 한다"고만 말했다. 이런 애매한 설명만 가지고
주식 초보자인 철학자와 상인이 옵션 시장의 원리나 옵션의 용도를
제대로 이해할 수 있었을까.

　혼란은 여기서 끝이 아니다. 투자전문가는 두 초보자들에게 '프레
데릭에게 간청하겠다'는 말을 하면 브로커에게 사기로 한 주식을 사
지 않아도 된다고 알려준다. 이게 대체 무슨 암호문이란 말인가? 이
말만 하면 사기로 약속한 주식을 사지 않아도 된다니!*

　『혼란 속의 혼란』은 계속 이런 식이다. 읽는 사람에게 친절하게 설

명을 해주기보다는, 읽는 사람이 더 많은 질문을 하게 만든다. 책을 읽다보면 17세기 암스테르담 주식시장이 아주 난리통이었고 또 온갖 복잡한 거래 기법이 쓰였다는 것을 확실히 알 수 있다. 그런데, 실제로 어떻게 시장이 돌아갔는지에 대한 설명은 부족하다. 그 옛날에, VOC라는 회사 하나가 생겼다고 해서 어떻게 그렇게 빨리 주식시장이 활성화될 수 있었을까?

지금부터 이 책은 당시 암스테르담 거래소에서 활동했던 사람들의 기록들을 파헤쳐, 주식시장이 실제로 어떻게 구성되고 작동했는지 재구성할 것이다. 그리고 데 라 베가의 유명한 저서 역시 새롭게 해석해 보려 한다.

---

* 9장 참조.

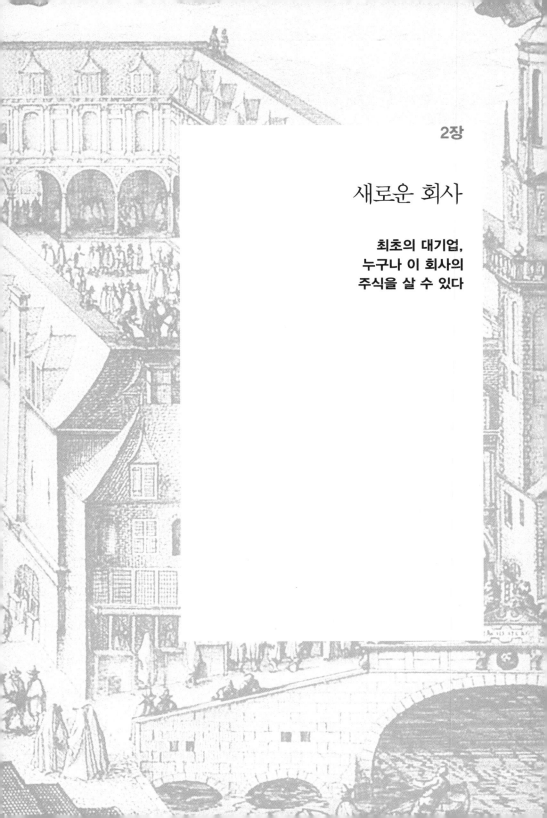

2장

새로운 회사

**최초의 대기업,
누구나 이 회사의
주식을 살 수 있다**

1602년 8월 31일, 토요일. 밤 열시가 되자 암스테르담에서 활동하는 법률 공증인 얀 프란츠 브뤼닝Jan Fransz Bruyningh은 헤인체호익스티그에 있는 집 현관문을 나섰다. 그는 골목을 나와 바뮤스스트라트를 따라 걷다가 왼쪽 길로 들어섰다. 몇 분 후 그는 오늘의 목적지인 상인 더르크 반 오스 온 네스의 집에 도착했다. 거기엔 오늘 브뤼닝의 조수 역할을 할 두 남자가 기다리고 있었다. 자크 데 푸르크와 안토니 반 브린이었다.

 집 주인 반 오스는 올해 초 창립한 VOC의 이사였다. 공증인 브뤼닝이 현관문을 노크했을 때 그는 다른 이사들과 함께 이야기를 나누고 있었다. 그들의 이름은 이삭 르 매르Isaac le Maire, 루이스 델 비크, 레이니르 파우, 피터르 더르크 하셀라에르였다. VOC의 암스테르담 사무소 회계 담당자인 바렌트 람프도 있었다. 그는 두꺼운 양장본 책 한 권을 앞에 두고 있었는데, 바로 암스테르담 사무소의 주주명부였

17세기 암스테르담의 상업 중심가인 바뮤스스트라트는 오늘날 젊은 여행자들이 많이 찾는 인기 관광지다. 오른편 철문 안쪽에 공증인 브뤼닝의 집이 있었다. 현재도 이 골목에는 작은 가정집들이 있다. 브뤼닝은 이 골목을 나와 번화한 바뮤스스트라트를 따라 반 오스의 집으로 내려갔다. 5분도 채 걸리지 않았을 것이다. 골목 안쪽 공증인 브뤼닝의 작은 집과는 달리, 부유한 상인인 반 오스의 집은 웅장했을 것이다.

바뮤스스트라트에 있는 집들은 동쪽 면에 대문이 있고 서쪽 면은 담락Damrak 운하를 내려다보고 있다. 그래서 많은 무역상들이 이 집들을 자택 겸 사무실, 창고로 썼다. 집의 외벽에는 배에서 바로 짐을 끌어올릴 수 있도록 도르레가 설치돼 있다. 현재 이 저택들 중 상당수는 중저가 호텔과 게스트하우스로 쓰이고 있다. 반 오스 집의 정확한 번지수는 알려지지 않았다.

다.[*] 이 명부는 반 오스의 집에 한 달 내내 펼쳐져 있었다.

회계 담당자 람프는 지금까지 VOC의 주주가 되려는 투자자들의 이름을 명부에 적어넣었다. 이사들은 서기가 실수하지 않도록 순번을 정해서 감독했다. 바로 오늘, 8월 31일이 청약 마감일이었다. 마지막

---

[*] 1602년의 이 주주명부는 1958년에 책으로 편찬됐다. 명부에 수록된 인물들에 대한 정보들도 함께 포함되어 있다. : J.G. van Dillen, *Het oudste aandeelhoudersregister van de Kamer Amsterdam der Oost-Indische Compagnie*, The Hague, 1958.

날이라 반 오스의 집은 하루 종일 지분을 청약하려는 투자자들로 북적였다.

규정에 따라 자정 전까지 자본금을 최종 정산해서 기록해야 했기에 늑장부릴 시간이 없었다. 공증인이 날카로운 눈으로 지켜보는 가운데 서기가 각각의 항목을 체크하고 숫자들을 더해나갔다. 그가 계산을 거의 끝마쳤을 때, 이 집 하녀인 닐트겐 코넬리스가 방에 들어왔다. 코넬리스는 이날 하루 종일 투자자들이 이 방 안을 들락거리는 모습을 지켜본 참이었다. 그는 명부가 닫히기 직전, 자신이 갖고 있던 100길더를 투자하기로 마음먹었다. 하루에 0.5길더를 버는 하녀에게 100길더는 아주 오랜 시간 일해야 모을 수 있는 큰 돈이었다. 투자할까? 말까? 코넬리스는 하루 동안 마음을 수천 번도 더 바꿨지만, 두터운 명부책이 덮이려는 걸 보니 뭔가 아주 특별한 일이 벌어지고 있다는 느낌을 떨쳐버리기 힘들었다. 지금 결심하지 않으면 평생 후회할지도 모른다는 생각이 들자, 그녀는 긴 한숨을 내쉬고는 명부에 자기 이름을 올려달라고 서기에게 말했다.

회계 담당자인 람프는 코넬리스의 이름과 투자액을 명부에 적어넣다가, 문득 자기 집에서 일하는 하녀를 떠올렸다. 그 하녀는 가진 재산이 한 푼도 없었지만, 람프는 보너스 주는 셈 치고 하녀의 이름으로 동인도회사 주식을 사줘야겠다는 생각이 들었다. 마감시간인 자정이 되기 불과 몇 분 전이었다. 그래서 네덜란드 동인도회사의 주주명부의 마지막 항목은 다음과 같다. "디그눔 얀스Dignum Jans를 위해 바렌트 람프가, 50길더."

마지막 두 명의 주주 이름이 장부에 적히자, 공증인 브뤼닝은 청약의 내용을 정리하는 문구를 써넣었다. 그와 두 명의 조수가 이 모든 과정을 지켜봤으며, 최종일 자정까지 총 367만 4,945길더가 청약되었음을, 자정 이후에는 단 1센트도 추가로 받아주지 않았음도 적었다.

영시 삼십분에 공증인 브뤼닝과 증인들, 그리고 회계 담당자 람프가 주주명부 마지막 장에 서명을 마쳤다. VOC의 초대 주주명부가 확정된 순간이었다. 이날 청약된 VOC의 지분*이 앞으로 얼마나 활발하게 거래될지는 본인들도 전혀 예상하지 못했을 것이다.

거래가 자유로운 주식

VOC의 암스테르담 사무소의 초대 주주로 등록한 사람은 총 1,143명이었다. 약 5개월 전인 1602년 3월 20일에 네덜란드 공화국의 최고 권력기구인 의회 States General가 VOC의 정관을 만들었고, 1,143명의 암스테르담 시민들은 그 정관의 내용을 보고 VOC에 투자하기로 했다. 정관의 내용 중에서 특히 투자자들을 사로잡은 것은 바로 무역 독점권이었다.

VOC 정관 제10조는 "이 나라에 사는 사람들은 누구나 이 회사의 주식을 살 수 있다"였다. 투자자들은 원하는 만큼 주식을 살 수 있었다. 최소 혹은 최대 투자액 제한이 없었다. 다만 투자자들이 모은 총 청약금액이 회사가 정한 목표치를 넘길 경우에는, 3만 길더 이상의 큰 돈을 투자하는 사람들의 구입 지분을 청약금액 비율에 맞게 줄이

---

* VOC에는 아직 '주식(stock)' 혹은 '증권(certificate)'이라는 개념이 없었다. 주주를 모집하면서 종이로 된 증권증서를 나누어준 것이 아니라, 각각의 투자자가 얼마의 자본금을 냈는지 그 액수를 장부에 적어넣었다. 이는 곧 회사의 '지분(share)'을 배정한 것이라고 볼 수 있다. 주주들은 장부상으로만 이 지분을 사고팔았다. 따라서 이 책에서는 '증권 거래'나 '주식 거래'가 아니라 '지분 거래'라는 표현을 쓴다.

VOC 정관(charter).
1602년 네덜란드 공화국
의회는 VOC정관을 만들
었고, 1,143명의 주주들이
정관을 보고 VOC에 투자
하기로 결정했다.

도록 규칙을 정했다.* 다행히 총 청약금액이 목표치를 넘기진 않아서
그렇게까지 할 필요는 없었지만, 실제로 3만 길더 이상을 투자한 부자
들은 몇 있었다. 예를 들어 VOC 창립자 중 한 명인 이삭 르 매르는
8만 5,000길더를 청약했다. 피터르 링겐스라는 상인은 르 매르와 마
찬가지로 네덜란드 남부에서 온 사람이었는데, 그 역시 암스테르담 사
무소에서만 6만 길더, 미델뷔르흐 사무소에서 4만 5,000길더의 지분
을 청약했다.

　미델뷔르흐는 남부 제일란트 주의 항구도시다. VOC는 이렇게 암스
테르담 외에도 5개 도시에 사무소를 뒀고, 투자자들은 어느 사무소에

---

* 현대의 주식시장에서도 새로운 회사의 주식을 상장할 때 이렇게 한다.

투자할 것인지를 정할 수 있었다. 이 여섯 도시는 암스테르담, 미델뷔르흐, 엥크하위젠, 호른, 델프트, 로테르담이다.

이렇게 VOC가 조각나게 된 연유는 회사 창립 당시로 거슬러올라간다. VOC가 설립되기 전에도 해외무역을 하는 상인들이 만든 느슨한 법인 형태의 조직이 네덜란드 곳곳에 있었으니, 일명 '프리컴퍼니precompany'다.* 가장 먼저 만들어진 프리컴퍼니는 '장거리 회사Compagnie van Verre'라는 이름을 갖고 있었는데, 머나먼 아시아 지역까지 배를 보낸다는 뜻이었다. 이 회사는 1595년 네덜란드 서북단에 있는 텍셀이라는 섬에서 첫 무역선단을 띄웠다. 상업적으로 큰 성공을 거두지는 못했지만, '장거리 회사'의 항해 시도는 당시 동방무역을 주름잡고 있던 포르투갈의 방해를 피해서 동인도 지역과 직접 무역 거래를 할 수는 있다는 희망을 줬다. 곧 비슷한 형태의 프리컴퍼니들이 암스테르담을 비롯한 여러 항구도시에서 설립됐다. '오래된 장거리 회사Oude Compagnie van Verre', '새 브래반트 회사Nieuwe Brabantsche Compagine' 같은 곳들이었다.

'장거리 회사'의 첫 항해가 있었던 1595년에서 VOC가 설립된 1602년까지 7년 동안 최소 일곱 그룹의 선단에 속한 50척 이상의 선박이 암스테르담에서 아시아로 출항했다. 호른, 엥크하위젠, 로테르담, 미델뷔르흐, 그리고 비러에서 출발한 배도 30척가량 됐다. 모두 무사히 돌아온 것은 아니었다. 침몰하거나 실종된 배도 있었지만, 일단 무사히 돌아오기만 하면 값비싼 동방의 상품들을 팔아서 항해에 들어간 비용의 몇 배를 뽑을 수 있었다.

---

* 네덜란드어로는 voorcompagnieen. 한국에선 '선구회사'로 번역되기도 한다.

제주도에 내린 VOC 직원들

VOC는 인도네시아의 바타비아를 중심으로 아시아 전역과 교역했다. 유럽과 아시아간의 향신료 무역뿐 아니라 중국, 인도, 자바, 일본 등 아시아 여러 지역을 잇는 삼각, 사각 무역으로도 큰 돈을 벌었다. 또 중국에서 노동자를 데려와 동남아시아의 향신료 농장에서 부리고 일본에서는 사무라이를 데려와 요새를 지키는 용병으로 쓰는 등 국제화된 조직을 운영했다. 특히 일본은 나가사키 앞바다에 있는 데지마라는 인공섬을 VOC가 쓰도록 해주고 이곳을 통해 제한적으로나마 서양 문물을 받아들였다.

아시아 전역을 누비던 VOC는 일본과 중국 사이에 있는 조선이란 나라의 존재도 알고 있었다. 하지만 중간 무역으로 이득을 취하던 일본의 반대와 조선 왕조의 결벽증에 가까운 쇄국정책 때문에 직접 교역은 하지 못했다. 1610년 총독 마우리츠가 직접 일본 왕에게 편지를 보내 조선과의 교역을 위해 북쪽으로의 항해를 허락해달라고 요청했지만 무시당했다. 1622년에는 VOC 선박이 조선쪽으로 접근했다가 조선 해군의 공격을 받고 물러났다.

VOC 설립 25년 후인 1627년, 대만으로 향하던 VOC 소속의 중국 선박이 표류하다가 제주도에 닿았다(경주였다는 이야기도 있다). 식수를 구하기 위해 배에서 내린 얀 얀츠 벨테브레이Jan Jansz Weltevree, 더르크 하이스베르츠Dirk Gijsbertsz, 얀 피에테르스 베라바에스트Jan Pieterse Verbaest 등 선원 세 명은 조선인들에게 붙잡혔고, 배는 셋을 버려둔 채 떠나버렸다. 쇄국정책을 엄격히 지키던 조선 정부는 외국에 나라의 사정이 알려져서는 안 된다는 이유로 이들의 출국을 금지했고 한양으로 보냈다.

벨테브레이 등 세 명은 한양 생활에 적응했을 뿐 아니라 조선군대의 훈련을 도왔다. 훈련도감에서 총과 대포의 제작과 조작을 담당하는 일을 맡았던 것으로 전해진다. 병자호란이 터지자 이들도 조선군의 일원으로 청나라군과 맞서 싸웠고, 하이스베르츠와 베라바에스트는 전사했다.

살아남은 벨테브레이는 조선 여성과 결혼해 아들과 딸 하나씩을 낳았다. 그는 박연朴燕이라는 이름을 썼는데, 본래 이름인 얀Jan에서 따온 것이다. 박연의 자손들에 대해선 전해 내려오는 바가 없다.

박연의 도착 후 26년이 지난 1653년에는 포르모사(대만)에서 일본 나가사키로 향하던 또 다른 VOC 소속 선박 스페르뷔르Sperwer 호가 태풍으로 제주도에 난파했다. 총 65명 중 29명은 사망하고 배의 회계 책임자였던 헨드릭 하멜Hendrick Hamel 등 36명만이 해안에 닿았다. 이들을 위해 조선의 왕 효종은 이젠 완전히 조선 사람이 되어 꽤 높은 직위에 있던 박연을 통역사로 파견했다.

하멜 일행은 전주와 수원을 거쳐 한양에 도착해 조선 왕(효종)을 만났다. 자신들을 일본으로 보내달라고 간청하지만 받아들여지지 않았다. 그리고 전라도 남원, 강진, 순천 등으로 흩어져 살게 된다. 조선은 이들의 출국은 막았지만 최소한의 식량을 제공했고 생활과 이동의 자유는 보장해주었다. 당시 조선인들이 얼굴이 하얀 하멜 일행을 부러워했다는 기록도 있다.

이들은 노동과 구걸로 한푼 두푼 돈을 모아 13년 만에 낚싯배를 구입했다. 그리고 하멜을 포함해서 8명은 일본으로 탈출하는데 성공했다. 하멜 등은 일본 막부에 조선과 교섭해달라고 요청해 남아있던 동료들도 1년 후 나가사키로 데려왔다. 이때의 논리는 '네덜란드는 일본의 보호국이니 네덜란드인은 일본으로 되돌려달라'는 것이었다. 어차피 상인들이라 나라의 자존심 같은 것은 중요치 않았다. 이렇게 해서 살아서 조선땅을 나온 사람은 총 15명이었다. 한 명은 박연처럼 조선에 남는 편을 택했다.

하멜 일행은 나가사키에 도착한 후에도 일본 막부와 조선 정부가 서신을 주고받느라 1년을 더 허비했다. 그 지루한 시간 동안 하멜은 조선에서 겪은 일을 보고서 형태로 적었다. 회계사답게 그는 개인적인 감정을 배제하고 3인칭 시점으로 그동안 있었던 일과 조선의 국가 제도, 풍습에 대해 조목조목 서술했다. 또 나가사키에서 일본 관료들에게 심문당한 내용도 Q&A 형태로 자세히 남겼다. 보고서의 제목은 '1653년 바타비아발 일본행 스페르뷔르 호의 불행한 항해일지'이지만, 우리에겐 『하멜 표류기』라는 이름으로 더 잘 알려져 있다.

하멜의 보고서를 읽은 암스테르담의 VOC 본부는 조선과 직접 무역을 해볼까 하는 생각으로 '코리아Corea'라는 배를 건조했다. 하지만 VOC 일본 지사장이었던 다니엘 식스Daniel Six가 이 계획에 반대했다. 당시 VOC가 일본에 수출하던 목재와 후추 등은 쓰시마 섬을 통해 조선으로 팔려나가고 있는데, VOC가 직접 조선과 무역하기 시작하면 중간무역으로 이득을 챙기던 쓰시마 번주와 일본 막부가 화를 낼 거라고 식스는 주장한다. 어차피 조선은 가난한 나라라서 비즈니스 기회가 많아 보이지도 않으니, 큰 이익을 안겨주고 있는 일본 무역이나 잘 하자는 얘기였다. 물론 일본의 견제가 없었다 하더라도, 외부에 극도로 폐쇄적이었던 조선 정부가 VOC 무역선의 입항을 허가했을 가능성은 매우 낮다. 결국 VOC는 조선과의 교역을 포기하고 '코리아' 호는 다른 항로에 투입됐다.

한편 나가사키와 바타비아를 거쳐 네덜란드로 돌아간 하멜과 동료들은 1670년 VOC 이사회에 출석해서 14년 동안의 체불 임금을 지급해달라고 요청했다. 이사회는 이 요청을 거절했다. 배를 타고 있거나 회사를 위해 노동한 기간의 임금만을 지불하겠다는 이유였다. 그 대신 이들은 약간의 위로금을 주었다.

하멜은 그 고생을 하고서도 최소한 한 번 이상 VOC 소속으로 다시 아시아를 다녀왔다고 한다. 그는 1692년 62세의 나이로 죽었다. 네덜란드에 남아있는 기록에는 그가 독신이었던 것으로 되어 있다. 그런데 당시 하멜의 동료들을 인터뷰한 다른 사람의 기록에는 그들 중 최소한 몇몇은 조선에서 결혼도 하고 아이도 낳았다고 되어 있다. 대부분은 조선말도 상당히 익숙해졌을 것으로 추측된다. 하지만 하멜이 회사에 제출한 정식 보고서에는 자신과 동료들의 연애나 결혼에 대한 얘기는 전혀 적지 않았다. (http://www.hendrick-hamel.henny-savenije.pe.kr 참조)

VOC 사무소가 있던 6개 항구도시 중에서 대서양을 직접 접하고 있는 도시는 없다. 특히 암스테르담은 배가 대서양으로 나가려면 멀리 북쪽의 텍셀 섬까지 빙 돌아가야 하는 불리한 위치에 있었다. 네덜란드 서해안은 대부분 모래 해변과 모래 언덕이라 큰 배를 댈 곳이 마땅치 않았기 때문이다. 그래서 VOC의 무역선들은 일단 텍셀 섬의 자연 항구에 짐을 부려놓았고, 거기서부터 소형 선박들이 암스테르담까지 화물을 운반하곤 했다. 암스테르담과 미델뷔르흐에는 파도를 막아주는 자연방파제가 있었다. 거기서부터는 운하를 통해 내륙 각지로 연결됐다.

1602년 설립부터 1796년 문을 닫을 때까지 거의 200년 동안 VOC의 선박들은 아시아까지 약 4,800회의 항해를 했다. 당시 네덜란드부터 바타비아까지 가는 데 약 8개월이 걸렸으며, 전체 선박 중 약 4%만이 난파 혹은 실종됐다.

동방무역이 연이어 대박을 터뜨리자 상인들 사이에 엄청난 경쟁이 벌어졌다. 다른 프리컴퍼니에서 능력 있는 선장과 항해사를 스카우트하는 일이 비일비재했다. 때문에 고용한 선원들에게 다른 프리컴퍼니로 이직하지 않겠다는 서약서를 쓰게 하기도 했다. 가만히 지켜보던 네덜란드 공화국 의회는 이런 프리컴퍼니 간의 경쟁 과열이 국가 경제의 관점에서 봤을 때 바람직하지 않다고 판단했다.* 자국 회사들끼리 경쟁하지 말고, 힘을 합쳐서 최강 항해국인 포르투갈과의 경쟁에서 이겨야 한다고 본 것이다.

당시 네덜란드는 스페인으로부터 독립하기 위해 80년간의 전쟁을 벌이고 있었다(이 전쟁은 1568년에 시작해 1648년에야 끝이 났다). 그런데 스페인이 1580년부터 포르투갈을 지배하게 되면서 스페인 왕이 포르투갈 왕도 겸하게 됐기 때문에, 포르투갈 역시 자동적으로 네덜란드의 적국이 된 상태였다. 그러니 네덜란드 의회는 상인들이 서로 싸우지 말고 힘을 모아야 경제도 튼튼해진다고 보고, 포르투갈을 상대로 해상 전투를 치를 때를 대비해서라도 회사를 통합하는 게 낫다고 판단한 것이다.

여러 프리컴퍼니와 거기에 연관되어 있는 수많은 이해 관계자들을 모두 설득하기란 쉬운 일이 아니었지만, 의회는 이들을 설득하는 데 성공했다. 상공업이 발달했던 두 지역, 홀란트 지방과 제일란트 지방의 총독stadholder**이었던 마우리츠 반 오라녜Maurits van Oranje, 그리고 홀란트 주의 행정장관이자 공화국의 최고 지도자 중 한 명이었던 요한 반 올덴바르네벨트Johan van Oldenbarnevelt가 상인들과의 협상에서

---

* 당시 네덜란드 공화국은 스페인에서 독립을 원하는 7개의 주가 모인 연합국 형태였다. 의회에선 7개 주가 각각 한 표씩을 행사해 외교와 군사 등 주요 사안을 결정했다.

네덜란드 동인도회사의 로고.

큰 역할을 했다. 의회 역시 "외적을 물리치고 나라를 지키자"며 상인들의 애국심에 호소했다. 이러한 노력의 결과 태어난 국가 공인의 단일 무역회사가 바로 VOC, 네덜란드 동인도회사다.

의회는 6개 도시의 상인들이 통합에 찬성해준 대가로 VOC에 동방무역 독점권을 주었다. 이로써 아프리카 가장 남쪽에 있는 희망봉부터 시작해 동쪽으로 인도와 동남아시아, 동아시아를 지나 태평양을 건너 아메리카 대륙 최남단인 마젤란 해협까지 이르는 광대한 지역과의 무역을 모두 VOC가 독점하게 됐다. 물론 포르투갈, 영국 등 경쟁국의 무역선이나 상인들의 활동까지 막을 수는 없었지만, 적어도 네덜란드 안에서는 VOC 외의 그 어떤 회사도 이 권리를 침범하지 못하도록 했다.

VOC는 6개 도시에 사무소를 뒀다. 일명 회의소chamber였다. 통합되기 전 각각의 프리컴퍼니에서 일하던 이사director들은 자동적으로

** 네덜란드 공화국의 총독(stadholder)은 주로 군사 업무를 총괄하는 직책이었다. 내정과 외무는 행정장관(advocate, 1621년 이후는 grand pensionary로 불림)이 담당했다. 공화국의 7개 주의회는 각각의 총독을 선임할 수 있었지만 실제로는 마우리츠, 빌럼 3세 등 오라녜 가문의 남자들이 한 번에 여러 주의 총독을 도맡았다. VOC의 설립을 이끈 총독 마우리츠와 행정장관 올덴바르네벨트는 이후 권력투쟁을 벌였다. 1619년 올덴바르네벨트가 처형됐고, 6년 후 마우리츠는 병으로 죽었다(Encyclopedia Britannica).

암스테르담 국립해양박물관 앞에 정박돼 있는 VOC 소속 '암스테르담' 호의 복제품. 18세기에 침몰한 배의 잔해를 찾아 1990년에 레플리카를 완성했다. 이 책의 배경인 17세기에 운행했던 배들은 이보다 훨씬 작았다.

합병회사인 VOC의 이사가 됐다.* 이사는 총 60명이었다. 이로써 모두가 행복한 새 출발을 할 수 있었다.

네덜란드 공화국의 통합 무역회사인 VOC의 무게중심은 아무래도 가장 큰 도시인 암스테르담에 쏠릴 것이 확실했다. 그런데 미델뷔르흐 사무소가 있는 제일란트 지방의 상인들은 암스테르담이 있는 북쪽의 홀란트 지방 상인들과 경쟁관계에 있었다. 홀란트 사람들이 VOC를 지배하는 것은 제일란트 사람들에겐 끔찍한 일이었다. 그래서 이들의 주장에 따라 암스테르담 사무소가 회사를 독점 지배하지 못하도록 여러 규정이 만들어졌다. 우선 이사회 회의는 암스테르담과 미델뷔르흐에서 번갈아가며 열리도록 했다. 또 이사회에는 17명의 대표이사만이 참석하게 되는데, 그중 암스테르담 출신이 8명을 넘지 못하게 했다. 암스테르담이 과반수를 차지해 회사를 좌지우지하지 못하게 막은 것이다. 이 17인의 이사회는 '헤렌 17Heren XVII'이라 불렸는데, '17인의 주인'이란 뜻이었다.

하지만 막상 1602년 8월 말까지 주식 청약을 다 받고 나니, 6개 도시의 세력 균형이 예상했던 것과 다르게 나타났다. 우선 암스테르담 사무소에서 투자받은 돈이 VOC 전체 자본의 57%에 달했다. 미델뷔르흐는 20%였다. 나머지 4개 사무소는 이 둘에 비하면 미미한 수준으로, 엥크하위젠이 8%, 호른이 7%, 델프트가 4%, 로테르담이 3%였다. 그해 여름 암스테르담에 역병이 돌아 많은 시민들이 도시를 떠나 있었는데, 그 역병이 아니었다면 암스테르담의 VOC 주식 보유 비율은 훨씬 더 높았을지도 모른다.

---

* chamber는 '큰 방'이란 뜻이다. 이 전통은 현대로 이어져 많은 기업 이익단체들이 여전히 회의소라는 명칭을 쓴다. 대한상공회의소, 주한미국상공회의소 등이 대표적이다.

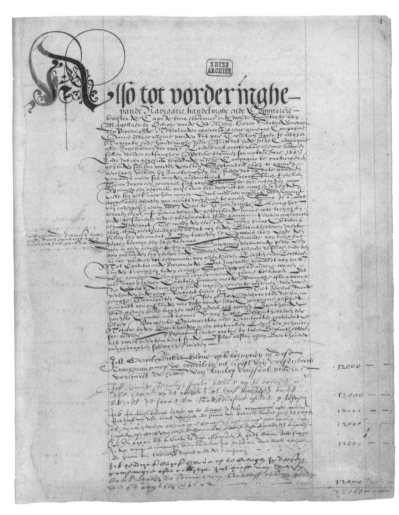

VOC 암스테르담 사무소 주주명부의 첫번째 페이지. 아래쪽에 초대 이사진들의 이름이 적혀 있다.

아무튼 이렇게 해서 모인 설립 자본금은 총 650만 길더였다. 오늘날의 가치로 환산해보면 약 1억 유로 정도다. 기업이 일반 시민들을 대상으로, 공개적으로 주주를 모집한 것으로는 역사상 최초의 사례라는 걸 고려할 때, 꽤 많은 금액이 모인 셈이다. 게다가 그 당시엔 VOC가 아직 수익을 제대로 낼 수 있을지 어떨지 확실하지 않은 상황이었다. VOC로 통합되기 이전의 여러 프리컴퍼니들 중엔 이익을 많이 낸 곳도 있었지만 반대로 손실을 보고 있던 곳도 있었다. 합병 후 VOC가 계속 돈을 벌 수 있으리라는 보장은 없었다.

지분 청약을 통해 자본금을 성공적으로 모으긴 했지만, 그 돈을 어디에 어떻게 쓸 것인지에 대한 구체적인 계획도 없었다. 물론 배를 짓고 상품을 실어서 바다로 내보내는 데 돈을 써야 한다는 건 굳이 말하지 않아도 다들 동의하는 바였지만, 구체적으로 어떤 종류의 배를 몇 척이나 짓고 언제 어디로 항해를 내보내야 할지, 어떤 상품을 싣고 가서 어떤 상품을 사가지고 오게 해야 할지에 대해선 아무도 결정한 적이 없었다. 일단 지분을 팔아서 자본금부터 모은 것이다.

문제는 여기서 끝이 아니었다. 주주들을 모으긴 했지만 주주들이 과연 회사 경영에 얼마나 참여할 수 있는지에 대해서도 정해진 바가 없었다. 요즘 말로 하면 '기업 지배구조'가 불확실했다. VOC 이전에 활동하던 소규모 무역회사들(프리컴퍼니)의 경우는 주주들이 공식적으로는 회사 경영에 관여할 수 없었다. 하지만 대부분의 주주들은 경영자들과 혈연, 지연 등 개인적인 관계로 엮여 있는 사람들이었다. 투자금을 모을 때부터 개인 연줄이 동원됐고, 따라서 투자자는 회사를 보고 투자한다기보다는 경영자 개인을 보고 투자하는 것과 마찬가지였다. 그러니 경영자가 투자자들의 의견을 완전히 무시할 수는 없는 구조였다.

VOC는 달랐다. 물론 청약 마지막 날 이야기에서 봤듯이 주식 청약이 한 개인(반 오스)의 가정집에서 이루어졌단 얘기는 VOC에 투자한 사람들도 대부분 회사의 이사들과의 개인적인 친분관계가 있었음을 의미한다. 그렇긴 하더라도 공식적으로 VOC의 지분 청약은 엄연히 누구에게나 공개된 행사였다. VOC는 공화국의 가장 높은 권력기관인 의회의 명령으로 설립된 회사였고, 네덜란드 국민 누구나 이 회사 지분에 투자하도록 권유받았다. VOC는 그전까지의 개인 사업체들과는 달랐다. 소수의 상인들이 쓰기 위해 자본금을 모은 게 아니라, 네덜란드 전국에 6개 사무소를 둔 대기업을 위해 모은 것이다.

바로 이 점이 투자자들을 흥분시켰을 것이다. VOC는 동방에서 향료를 사오는 평범한 무역회사가 아니었다. VOC는 네덜란드 국민들을 대표하는 의회가 만든 기업이었다. 당시 여러 유럽 국가가 치열하게 경쟁하던 해상무역 산업에서 네덜란드라는 국가를 대표하기 위해 만들어진 회사였다. 어떤 의미에서 VOC는 네덜란드 그 자체였다. 물론 네덜란드 시민들이 VOC 지분을 샀던 가장 큰 이유는 투자수익, 즉 돈에 대한 욕심이었겠지만, 자신들의 투자가 네덜란드 공화국을 튼튼한 나라로 만드는 데 일조한다는 애국심 역시 중요한 동기가 되었다. VOC가 설립된 1602년은 네덜란드가 스페인의 펠리페2세의 지배에서 벗어난 지 고작 21년밖에 지나지 않은 때였고, 유럽 주변국들은 여전히 네덜란드를 독립 주권국으로 인정해주지 않고 있었다.

현재 우리가 1602년의 VOC에 대해 알고 있는 것은 총 46개 조항이 적힌 정관charter뿐이다. 여기엔 6개 사무소가 서로 어떤 식으로 협력할 것인지에 대한 조항, 이사들의 보수 지급 조항도 있었다. 이사들은 매일 4길더의 기본급을 받고, 여기에 배를 장비하는 데 들어간 비용의 1%, 배가 싣고 온 상품을 팔아서 나오는 수익금의 1%를 추가로 받기로 했다. 대신 이사직을 유지하는 동안 최소 6,000길더 이상의 VOC 지분을 보유하고 있어야 한다는 조건이 붙었다. 상대적으로 규모가 작은 호른과 엥크하위젠 사무소 소속 이사들의 경우만 이 최소 지분 보유 제한액이 3,000길더로 다른 사무소보다 낮았다.

정관의 다른 조항들은 VOC가 평범한 민간 회사가 아니라 국가의 연장임을 확실히 보여준다. 예를 들어 동방, 즉 아프리카 최남단 희망봉부터 아메리카 대륙 서쪽 해안까지 펼쳐지는 광대한 지역에서 VOC는 네덜란드 정부를 대표했다. VOC는 외국의 지도자들과 직접 협상할 권리를 가졌다. VOC가 외국 선박을 나포할 경우 네덜란드 정부에게 넘겨야 한다는 조항도 있었다. 또 정관 제35조에 따르면 VOC는 배를 짓고 사람을 고용하는 일 외에 해외에 군사적 요새를 건설하는 데도 자본금을 쓸 수 있었다. VOC 이전의 소규모 무역회사들, 즉 프리컴퍼니들은 해외에 군사 요새까지 건설할 필요는 없었다. 배가 항구에 닿으면 최대한 많은 수의 현지 상인들과 상품을 거래한 후 네덜란드로 돌아왔기 때문이다. 이전의 프리컴퍼니들과 달리 VOC는 장기적인 계획에 따라 동방 지역에 진출하겠다는 전략을 갖고 있었다.

이런 장기 전략을 뒷받침하는 또다른 증거는 네덜란드 의회가 부여한 VOC의 정관이 21년간 유효하다는 점이었다. 투자자들은 이 회사가 21년간 사업을 한 다음에 청산될 거라고 믿고 지분을 샀다. 그 당시 기준으로 보면 21년은 거의 영원에 가까운 시간이었다(정관은 계속 갱신되어 실제로는 거의 200년 동안 회사가 유지됐다).

VOC 이전의 프리컴퍼니들은 보통 3~4년 동안 활동하고 해산하는 것이 보통이었다. 먼바다로 보낸 무역선단이 돌아오면 싣고 온 물건을 팔아 수익을 나누고 바로 해산했다. 항해에 쓰였던 배도 팔았다. 아무리 늦어도 배가 항구에 들어오고 1년 안에는 주주들이 청산금을 받아 갈 수 있었다. 오늘날의 기준으로 보면 프리컴퍼니는 기업이라기보다는 1회성 투자 프로젝트의 성격이 강했다. 이에 비해 VOC 주식은 21년 동안이나 돈을 묶어놔야 하는 장기 투자였다. 게다가 투자자와 경영진과의 인간적인 유대관계도 그다지 강하지 않았다. 투자자 입장에서 보면 미래 수익에 대한 아무런 보장도 없고 인간적인 믿음도 없이 깜깜한 블랙박스에 21년 동안이나 투자금을 넣어놔야 하는 셈이었다.

회사의 정관을 만들던 VOC의 설립자들은 이런 걱정 때문에 투자를 꺼리는 사람들이 분명히 있을 것이라고 생각했다. 그래서 '중간정산' 조항을 넣었다. 설립 후 10년째가 되는 1612년에 회계장부를 총정리하고 회사의 운영상태를 주주들에게 공개한 다음, 투자금을 빼가길 원하는 사람이 있으면 그렇게 하게 해준다는 것이었다.

이런 조항들로 채워진 정관이 완성된 것이 1602년 3월 20일이었다. 지분 청약을 받기 시작하기로 한 날은 8월 1일이었다. 그런데 그사이, 약 4개월 동안 이사진은 또다시 불안감에 사로잡혔다. 혹시 10년도 너무 긴 기간 아닐까? 투자자들이 10년이나 기다려야 하는 투자를 해줄까? 그래서 그들은 주주명부 첫 페이지에 추가조항을 하나 집어넣었다. '(주주는) 이 사무소의 회계 담당자를 통해 (자신의 지분을) 타인에게 이전 혹은 양도할 수 있다.' 청약 당시 구입한 회사의 지분을 타인에게 마음대로 양도할 수 있게 된 것이다.

VOC 이전의 프리컴퍼니에서도 지분의 양도가 가능했을 수는 있지만, 이처럼 공식적인 문서에 회사 지분의 자유로운 거래를 허용한다는 내용이 명확하게 표현된 적은 없었다. 이 추가조항 덕분에 VOC의 초기 투자자들은 회사 설립 후 10년이나 기다리지 않고도 마음대로 주식을 처분할 수 있게 됐다. 그 세부절차 역시 정관 첫 페이지에 들어갔다. 먼저 주식을 양도해줄 사람과 양도받을 사람이 직접 VOC 사무소에 찾아와야 한다. 그리고 거기서 2명의 VOC 이사가 양도를 허용해주면 회계 담당자는 '특별 장부'에 이 거래에 대한 '정확한 기록'을 남겨야 한다는 것이다.

트레이딩의 시작

갖고 있는 지분을 가장 먼저 타인에게 양도한 주주는 얀 알레츠 토트 론덴Jan Allertsz tot Londen이란 사람이었다. 투자금 모집이 끝난 지 약 6개월 만인 1603년 3월 3일, 얀 알레츠는 2,400길더어치의 청약 지분을 마리아 반 에그몬트라는 사람에게 넘겼고, 600길더어치는 헤이그에 사는 반 바르숨 부인이라는 사람에게 팔았다. 이름만 보면 이 얀 알레츠라는 사람은 영국인처럼 보인다. 이름 뒤에 붙은 '토트 론덴'이란 말이 네덜란드어로 '런던으로to London'라는 뜻이기 때문이다. 그러나 사실 그는 암스테르담과 런던을 오가는 화물선을 모는 뱃사람 집안 출신이었다. 그래서 그런 별명이 붙었던 것이다.*

그렇다면 얀 알레츠는 왜 그렇게 일찍 주식을 팔았을까? 심지어 아직 VOC의 첫번째 무역선이 출항하기도 전이었는데 뭐가 그리 급했을

---

* 당시 평범한 사람들은 제대로 된 성(family name)을 가지고 있는 경우가 드물었다. 보통은 이름에 출신 지역이나 직업, 혹은 아버지의 이름을 덧붙였다. 예를 들어 얀 얀츠(Jan Jansz)는 '얀의 아들 얀'이라는 뜻이다.—원주

까? 이유는 간단하다. 그는 애초부터 지분을 살 돈이 없었던 것이다. 그 전해 8월, 그러니까 VOC가 암스테르담 등 6개 도시에서 지분을 청약받던 당시, 회사는 투자자들에게 바로 그 자리에서 금화나 은화 같은 현금을 낼 것을 요구하지 않았다. 일단 명부에 이름과 투자하려는 금액만 적어넣게끔 했다. 정관에 따르면 대금 납부는 향후 3회에 걸쳐 이루어지도록 되어 있었다(실제로는 4회로 나눠 받았다). 또 납부 시기는 VOC가 현금을 가장 많이 필요로 하는 때에 맞춰졌다.

예를 들어 첫번째 무역선단을 꾸리기 직전인 1603년 2월 25일, VOC 이사회는 주주들에게 지분 구매 대금 1회분을 납부하라는 공지를 띄웠다. 전체 청약 금액의 25%에 해당하는 액수였다. 이 공지가 전해지고 나서 바로 6일 만에 얀 알레츠는 자신이 청약한 3,000길더어치의 지분을 팔았다. 일단 지분을 신청해놓고 천천히 돈을 모아서 낼 생각이었겠지만, 화물선 직원으로 일하면서 3,000길더의 1회 납입분(25%), 즉 750길더를 마련하기는 어려웠을 것이다.

그래도 그는 이 거래에서 돈을 벌었다. 청약이 있었던 1602년 8월부터 지분을 처분한 1603년 3월까지 약 6개월 사이에 이미 지분의 가치가 오른 것이다. 그가 정확히 얼마를 받고 지분을 팔았는지는 기록에 남아있지 않지만, 그다음 달인 4월의 가격은 기록에 남아있기 때문에 이를 통해 추론해볼 수 있다. 1602년 8월 청약된 100길더어치 지분은 1603년 4월에 상인들 사이에서 106.5길더에 거래되고 있었다. 6.5%만큼 주가가 오른 것이다.

기업의 주가를 이렇게 상대가치로 표현하는 것이 익숙하지 않을 것이다. 현대 기업의 주가는 주식 1주당 가격을 의미한다. 단위는 달러, 유로, 원, 엔 등으로 표시된다. 그런데 이 당시 사람들에게는 '주식

'1주'라는 개념 자체가 없었다. 현대의 기업들처럼 증서 형태의 주식을 발행할 생각을 하지 못했기 때문이다. 투자자들로부터 회사의 지분 청약을 받을 때는 '주식 몇 주'라는 형식이 아니라 '자본금 몇 길더'라는 형식으로 받았다. 예를 들어 암스테르담 사무소에서 주주명부 마지막에 이름을 올린 하녀 코넬리스는 100길더어치의 자본금을, 또 다른 하녀 디그눔 얀스는 50길더어치의 자본금을 투자한 것으로 장부에 표시됐다. 이렇듯 VOC 지분의 가격은 1602년 8월 31일 장부에 적힌 가격, 즉 '장부가'를 기준으로 해서 시장에서 실제 거래되는 값이 상대적인 가치로 표현될 수밖에 없었다.[*]

얀 알레츠가 청약한 장부상 3,000길더의 지분은 이제 6.5% 오른 3,195길더가 됐다. 물론 그렇다고 해서 얀 알레츠가 3,195길더를 받았다는 얘기는 아니다. 아직 지분 대금을 한 푼도 치르지 않았기 때문이다.[**] 청약금 3,000길더를 납부하지 않았기 때문에 그에게서 청약권을 넘겨받은 사람들이 그 돈을 대신 냈어야 했을 것이다. 즉 알레츠로부터 지분을 산 마리아 반 에그몬트와 반 바르숨 부인은 사실 회사의 지분을 산 게 아니라 '지분에 투자할 권리'를 산 셈이다.

VOC라는 회사는 설립이 됐지만, 아직 배 한 척도 사업에 투입되지 않은 상태였다. 향신료를 가득 실은 배가 항구에 돌아와 실제로 수익을 낼 수 있게 되기까지는 아직 많은 기간이 남아 있었고, 그게 얼마

---

[*] 당시엔 '주식 1주'란 개념이 아예 없었으므로 이 책에서도 되도록이면 '주식 거래' 혹은 '증권 거래'라는 말보다는 '회사 지분 거래'라는 말을 주로 쓴다. 영문판 역시 'stock trading'이 아닌 'share trading'이라는 표현을 썼다.

[**] 지분의 가격을 최초 청약 금액과 비교하는 것이 의미 있는 이유는 회사에서 1차 납입 공지를 보내기 전에 미리 청약금을 낸 주주들이 있었기 때문이다. VOC의 이사들은 주주들이 청약금을 미리 미리 내도록 독려하고, 심지어 그렇게 먼저 납부된 돈에 대해서는 은행처럼 이자도 지급했다.

나 걸릴지는 아무도 장담할 수 없는 상황이었다. 그런데 반대로, 처음엔 VOC에 투자하고 싶지 않았던 사람들이 청약 기간이 지나고 난 다음에야 이 회사에 관심을 갖게 됐을 수도 있다.* 암스테르담 사무소의 경우 청약은 8월 1일부터 31일까지 딱 한 달 동안만 열려 있었고 또 장소도 더르크 반 오스의 집으로 한정돼 있었다. 투자자들이 주주명부에 서명한 날짜들을 확인해보면 8월 초에는 별로 인기가 없었지만 월말로 가면서 입소문을 타고 점점 더 많은 사람이 청약에 참여한 것을 볼 수 있다. 8월 31일 청약 마감 시한이 지난 후에 뒤늦게 투자하러 온 사람도 있었을 것이다. 그렇기 때문에 마감 바로 다음 날인 9월 1일부터 VOC 지분의 시장 가격은 올라갔다. 경제학적으로 말하자면, VOC 투자에 대한 수요가 공급을 초과했기 때문에 가격이 오른 것이다.

동인도하우스

1603년 3월에 얀 알레츠 외에도 지분 거래가 8건 더 있었다. 4월에는 3건이었다. 그다음부터 거래가 급격히 늘었다. 5월에는 44건의 거래가 있었다. 판매자들은 다 초기 청약자들이었다. 돈을 낼 때가 되니까 권리를 팔기 시작한 것이다. 한편, 이제 주주명부 수정은 더르크 반 오스의 집이 아니라 다른 장소에서 행해지게 됐다. 오스의 집에서 멀지 않은, 클로프니어스부르흐발 거리 옆에 있는 암스테르담 시 무기고가 이제 VOC의 임시 사무실이 됐다.

16세기와 17세기 네덜란드에선 도시 한가운데 무기고가 있는 경우

---

* 아직 짓지도 않은 아파트 분양권의 가격이 오르는 것과 마찬가지다.

가 많았다. 이 무기고 역시 VOC가 입주하기 전까지 실제로 총기류와 화약류를 보관하던 곳이었다. 하지만 암스테르담이 급속도로 확장하면서 예전엔 변두리였던 곳이 번화한 시가지가 됐다. 이는 피터르 바스트Pieter Bast가 제작한 1597년도 지도에서도 확인할 수 있다. 이곳 클로프니어스부르흐발 거리의 무기고 바로 맞은편에도 점차 주택들이 지어졌다. 암스테르담 사람들이 나무가 아닌 돌로 건물을 짓기 시작한 지 이미 반세기가 지난 시점이었지만 그래도 화재와 폭발의 위험은 있었기 때문에 무기고는 외곽지역으로 옮겨졌다. 무기고가 나간 빈 건물에 VOC가 들어오게 됐다.

처음엔 옛 무기고 건물의 일부만을 빌려서 썼다. 싱겔 가街 423번지에 새로운 무기고*가 다 지어지고 나서야 VOC는 옛 무기고 건물을 통째로 사용할 수 있게 됐다. 이 무렵 VOC의 이사들은 넓은 공간이 필요하다는 걸 깨닫고 있었다. 사무공간을 위해서만은 아니었다. 기본적으로 VOC는 무역회사다. 배에 실을 식량과 기타 보급품들을 놓아둘 창고 공간도 필요했다. 또 동인도(지금의 인도네시아 지역)에서 돌아오는 배가 싣고 오는 향신료와 기타 수입품을 임시로 보관할 수 있는 장소도 필요했다. 그래서 원래 성 바울 수도원Paulusbroederklooster의 과수원으로 쓰던 옛 무기고 건물 뒤에 새 건물들도 짓기 시작했다. 이 수도원은 암스테르담 시 정부가 종교전쟁 와중인 1578년 신교도들의 손을 들어주면서 몰수한 가톨릭 교회의 재산이었다. 수도원 건물은 남부지방에서 온 프랑스의 신교도 피난민을 수용하는 데 썼고, 수도원 옆의 과수원은 VOC로 소유권이 넘어갔다. 이 부지 위에 새로 지

---

* 현재는 대학 도서관 건물로 쓰인다.

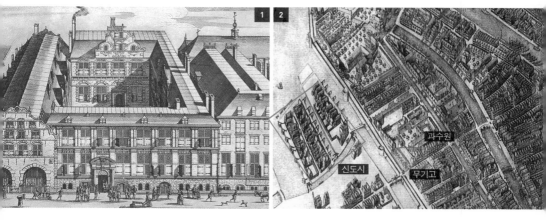

1 아우드 호그스트라트 거리의 동인도하우스. 중정을 가운데 두고 왼편은 예전부터 있던 무기고 건물이고, 위아래와 오른쪽 건물이 1606년 새로 지어졌다. 왼편 건물이 운하를 면하고 있어서 배에 물건을 싣기 편했다.

2 동인도하우스가 들어서기 전, 1597년의 암스테르담 무기고 건물. 당시 암스테르담 시의 경계가 여기까지였다. 성벽이 무기고와 맞닿은 클로프니어스부르흐발 운하와 나란히 놓여 있다. 성벽의 일부는 여전히 남아 있다. 도시가 팽창하며 성벽 너머에 새 집들이 들어서는 걸 볼 수 있다.

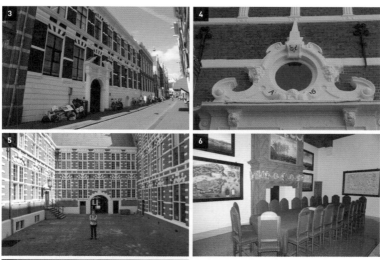

3 4 아우드 호그스트라트에서 바라본 현재의 동인도하우스 입구.

5 동인도하우스 중정에 선 저자.

6 동인도하우스 이사회 사무실.

7 동인도하우스 지하실. 배에 실을 식량과 보급품, 그리고 배에서 가져온 향신료를 쌓아 두었다. 지금은 대학교의 자전거 주차장으로 쓰인다.

어진 건물이 바로 '동인도하우스Oost-Indisch Huis'다.

동인도하우스는 1606년 완공되어 VOC의 암스테르담 사무소 본부가 됐다. 이곳에서 암스테르담 소속 이사진들이 정기적으로 모였고, 주주명부를 갖고 있는 회계 담당자의 사무실도 여기 있었으며, 직원의 채용도 여기서 이뤄졌다. 또 암스테르담의 차례가 돌아오면 VOC의 '헤렌 17' 이사회도 이 건물에서 열렸다.

현재 동인도하우스 건물은 암스테르담 대학교가 수십 년째 사용중이다. 시내 중심부에 있지만 아우드 호그스트라트에서는 건물의 외벽만 보여서 행인들이 모르고 지나가기 쉽다. 이 벽 가운데 작은 문이 있고, 여기로 들어가면 작은 광장처럼 생긴 조용한 중정이 나오는데, 본 건물의 웅장한 정면 모습은 이 중정에 들어가야만 볼 수 있다. 안타깝게도 오늘날은 자전거를 세우러 가는 학생들만 이쪽 출입구를 사용한다.

헨드릭 데 카이저Henrick de Keyser라는 당대 유명했던 건축가가 네덜란드식 르네상스 양식으로 만든 이 건물은, 붉은 벽돌 중간 중간 밝은 색의 장식물들이 섞여 있다. 데 카이저는 건축가이자 조각가이기도 해서 창문 처마 위에 남녀의 얼굴 모습을 한 조각들도 많이 장식해 놓았다. 원래 암스테르담에는 동인도하우스와 같은 양식의 르네상스 건물들이 많았지만, 세월이 가면서 유행에 따라가기 위해 대부분의 건물들이 본래 모습을 잃어버렸다. 동인도하우스는 '네덜란드식 르네상스' 양식의 웅장한 모습을 그대로 지키고 있는 몇 안 되는 건물이다.

한편 클로프니어스부르흐발 거리 쪽 입구에는 여전히 '무기고Bushuis'라 불리는 건물이 있다. VOC가 첫 사무실로 썼던 이 건물은 암스테르담 대학 소유다. 오리지널 건물은 16세기에 사라졌고, 19세기 후반 그 자리에 새 건물이 들어섰다.

행정 사무

1603년 3월, 1호 지분 매각자가 된 안 알레츠와 그에게서 지분을 사기로 한 2명의 여인이 주주명부에 기록하기 위해 가야 했던 장소가 바로 이 무기고였다. 기록절차는 좀 복잡했다. 우선 팔려는 사람과 사려는 사람이 회계 담당자를 찾아와야 했다. 정 바쁘면 대리인을 보내도 괜찮았다. 그리고 2명의 이사가 이 지분이 정당한 절차로 양도되었음을 확인해줘야 했다. 이 절차는 필수적이었다. 앞서 말했듯이 VOC는 종이나 기타 물리적인 형태를 가진 증권이나 주식증서를 발행하지 않았기 때문에 그냥 장부에 주주의 이름과 투자금액을 적어놓은 것이 전부였다. 따라서 주주가 주식을 소유했다는 증거는 오직 이 명부뿐이었다.

가끔 네덜란드에서 '세계에서 가장 오래된 주식/증권'이 발견됐다는 뉴스가 나와 화제가 되곤 하는데, 이런 뉴스에 나오는 주식증서는 사실 돈을 다 냈다는 것을 확인해주는 영수증에 불과하다. 17세기 당시 네덜란드에서 'recepissen(receipt)'라 부르던 것들이다. 예를 들어 2010년 발견된, 엥크하위젠 사무소가 발행한 증권은 피터르 하르멘츠Pieter Harmensz라는 사람이 자신이 청약한 150길더의 마지막 납입분을 입금했음을 보여주는 영수증이다. 또 1606년 9월 27일 발행한 것으로 되어 있는 암스테르담 사무소 증권은 아그네타 코크스라는 사람이 투자하기로 한 4,800길더의 마지막 납입분인 400길더를 냈다는 영수증이다. 이것은 1980년대에 누군가가 암스테르담 시의 기록보

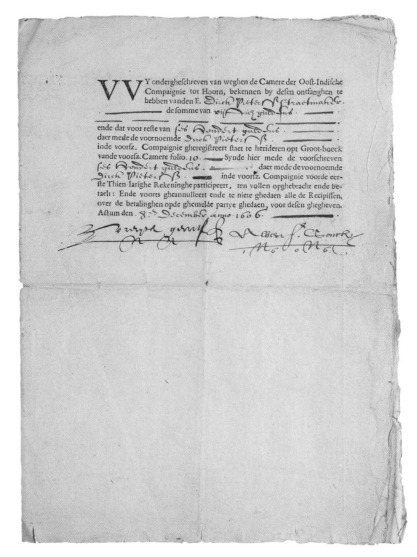

VVY ondergheschreven van weghen de Camere der Ooſt-Indiſche Compaignie tot Hoorn, bekennen by deſen ontfanghen te hebben vanden E. *Dirch Pieter ſchtractmahd* de ſomme van *vijf vier guld ſub*

ende dat voor reſte van *ſob Hondert gulde ſub* daer mede de voornoemde *Dirch Pieter ſ* inde voorſz. Compaignie gheregiſtreert ſtaet te herideren opt Groot-boeck vande voorſz. Camere folio. 10. ———— Synde hier mede de voorſchreven *ſob Hondert gulde ſub* daer mede de voornoemde *Dirch Pieter ſ* inde voorſz. Compaignie voorde eerſte Thien-Iarighe Rekeninghe participeert, ten vollen opghebracht ende betaelt: Ende voorts gheannulleert ende te niete ghedaen alle de Recipiſſen, over de betalinghen opde ghemelde partye ghedaen, voor deſen ghegheven. Actum den *8.e December anno 1606.* ————

1606년 발행된 VOC 지분 영수증.

세계 최초의 증권거래소

관소에서 훔쳐낸 것으로 알려져 있다. 이 일화는 브래드 피트가 주연한 영화 〈오션스 트웰브Ocean's Twelve〉의 소재가 됐다. 현재는 몇 명의 독일인이 공동으로 이 증서를 소유하고 있다. 이들은 2004년 이것을 무려 600만 유로에 팔겠다고 내놓기도 했다. 사진 속의 증서는 1606년 12월 8일 발행된 영수증이다. 호른 사무소에서 더르크 피에테르츠 스트라트마커Dirk pietersz straetmaker라는 사람이 600길더를 투자하면서 마지막 50길더를 낸 기록이다.

이들이 가져간 증서(영수증)에는 주주명부의 페이지가 적혀 있다. 자기가 보유한 지분을 팔거나 배당금을 받으러 VOC 사무실을 방문할 때, 주주명부 몇 페이지에 자기 이름이 적혀 있는지를 알고 있으면 일을 빨리 진행할 수 있었기 때문이다. 그래서 하르멘츠, 코크스, 스트라트마커 모두 영수증 위에 메모를 남겼다.

그러나 이들뿐 아니라 어떤 주주도 이 영수증 자체를 사고팔지는 않았다. 지분 청약 대금을 다 냈다는 것은 이 영수증으로 증명할 수 있지만, 현재도 자신이 그 지분의 주인이라는 것은 증명하지 못하기 때문이다. 지분을 소유하고 있음을 입증하려면 VOC 사무실에 있는 주주명부를 직접 확인하는 수밖에 없었다.

VOC 입장에서도 누가 얼마만큼의 지분을 갖고 있는지를 정확히 알고 있어야 했다. 원래 계획대로라면 설립 10년차에는 회사를 청산해 주주들에게 투자금을 되돌려줘야 했기 때문이기도 했고, 또 그전에 중간 배당금도 지급해야 했다. VOC 정관 제17조는 초기 자본금의 5%에 해당하는 수익이 생길 때마다 배당을 하라고 되어 있었다.

실제로 이 조항은 잘 지켜지지 않았다. '헤렌 17' 이사진이 적당한 배당금 지급 시기를 정했다. 최초로 배당금이 지급된 것은 처음 주식 청약이 이뤄진 후 무려 8년이나 지난 1610년이었다. 배당금은 장부에 기록된 주주들의 지분 투자금액에 비례해 지급됐기 때문에, 회계장부 담당자는 주주의 지분 보유 변동사항을 항상 정확하게 기록해놓아야만 했다.

회계 담당자의 이름은 1장에서 봤던 그 바렌트 람프였다. 그는 두 종류의 장부를 기록했다. 하나는 매일 매일의 지분 양도 내역을 적는 '저널journal, 분개'이고, 다른 하나는 주주 계정별로 지분 보유 현황을 정리한 '원부ledger'였다. 현재 저널은 VOC 설립 후 처음 10년간의 기록만이 전해지고 있다. 반면 원부의 경우는 1628년부터 1798년 회사가 문을 닫을 때까지의 거의 200년 동안의 기록이 모두 살아남았다. 이 기록들은 헤이그에 있는 국립 기록물보관소에 보관돼 있다.

람프는 주주들이 사무소에 와서 지분을 양도할 때마다 저널에 한 줄씩, 시간 순서대로 그 내용을 적어넣었다. 그런 다음 저널의 내용을 원부로 옮겼다. 원부에는 각 주주의 계정이 대차대조표 형태로 기록됐다. 우선 최초 청약 당시의 주주명부에서 주주의 이름과 청약금액을 가져다가 원부의 오른편, 즉 '대변credit side'에 적었다. 이것은 이 원부가 주주가 아닌 회사의 관점에서 관리됐음을 의미한다. 누군가 회사의 지분을 산다는 말은 곧 회사가 그에게 그만큼의 돈을 빌렸다는 뜻이다. 그러므로 이것은 부채로 표시된다. 또 어떤 주주가 지분을 팔면 회사 입장에서는 그에게 지고 있던 빚이 없어지는 셈이 된다. 이는 현대의 은행들이 고객의 계좌를 회계적으로 기록하는 방식과 비슷하다.

회계장부 담당자는 지분 양도가 있을 때마다 60센트씩 수수료를 받았다. 수수료는 지분을 파는 사람과 사는 사람이 절반씩 부담했다.

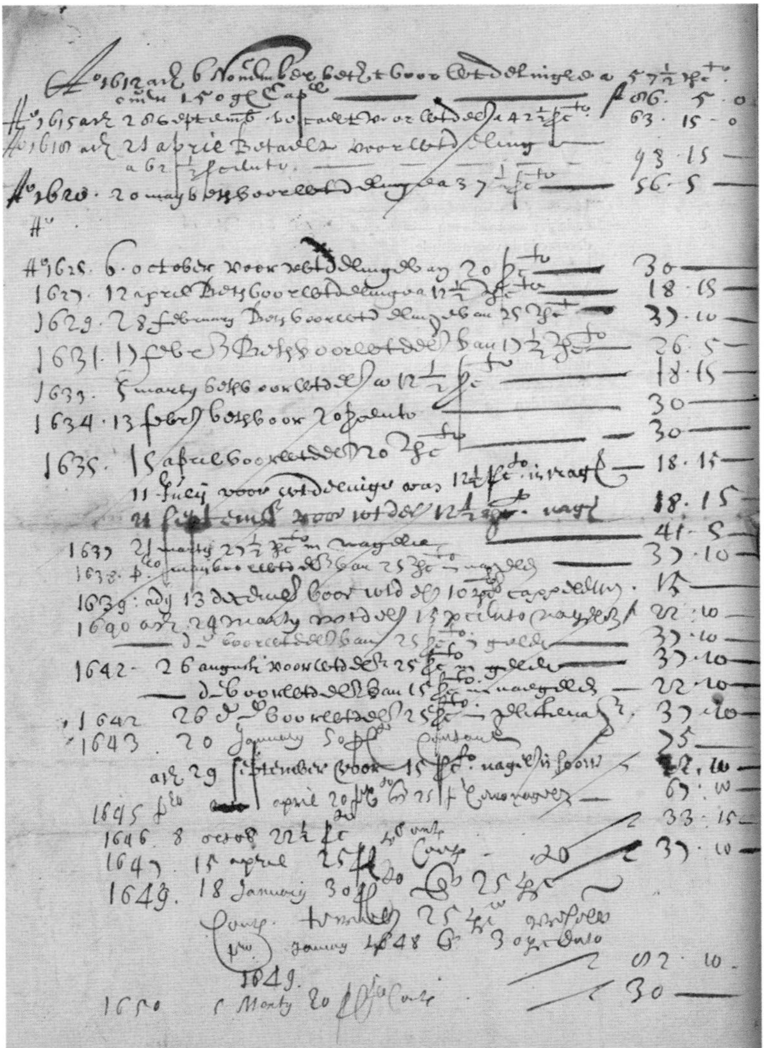

VOC 엥크하위젠 사무소의 장부.

또 사는 사람은 거래 기록의 사본을 한 장씩 받았는데 그 대가로 인지세 1.2길더를 회계 담당자에게 내야 했다. 장부가로 1,000길더 이상의 대형 지분 거래에 대해서는 인지세가 2.4길더로 올라갔다.

만일 원부에 계정이 없는 사람이 VOC 지분을 사게 되면 장부 담당자 람프가 새 계정을 열어줬다. 지분을 다 팔아버린 주주의 계정을 어떻게 처리할지에 대해서는 특별한 규칙이 없었다. 다만 장부가 마지막 페이지까지 꽉 차서 새 장부책을 써야 할 때 이런 사람들의 계정을 제외했다.

원부에는 왼쪽 페이지에 각 주주의 지분 거래 내용이 담겼고, 오른쪽 페이지에 배당금 지급 내용이 담겼다. 1625년 이사회에서 주주들에게 지분 장부가 대비 20%만큼을 배당금으로 지급할 것을 결정했다. 장부에 1,000길더어치의 투자 지분이 기록돼 있는 사람은 동인도하우스에 와서 200길더를 받아갈 수 있다는 말이었다. 정해진 시한도 없었다. 원하는 때 언제라도 와서 정해진 배당금을 가져갈 수 있었다. 아예 묻어두고 찾아가지 않는 사람들도 있었다. 회계장부 책임자는 그래서 주주들의 배당 관련 사항도 꼼꼼히 기록해야 했다.

투자자들끼리 지분을 거래할 때도 배당금 수령 여부는 중요했다. 배당금을 다 찾아간 지분보다 배당금을 아직 다 찾아가지 않은 지분의 가치가 당연히 더 높다. 그러니 타인의 지분을 사려는 사람은 VOC의 동인도하우스 사무소에 와서 회계장부 오른편 페이지를 보고 자기가 사려는 지분에 얼마큼의 배당금이 남아 있는지를 꼭 확인했다.

바뮈스스트라트, 니우어 브뤼흐, 성 올라프 성당

VOC 본부인 동인도하우스에 비치된 주주명부가 VOC 지분을 놓고 벌어지는 트레이딩의 근간을 이루긴 했지만, 실제로 트레이더들 간의 거래가 이 건물 안에서 이뤄진 건 아니다. 물론 팔려는 사람과 사려는 사람이 우연히 동인도하우스에서 만나 거래를 맺을 수도 있지만 그건 아주 예외적인 경우였다. 대부분의 지분 거래는 암스테르담 상인들이 활발히 활동하는 장소들에서 이뤄졌다. 회사 혹은 다른 누군가가 따로 특정 장소를 지정해준 건 아니고, 자연스럽게 그런 장소들이 생겨났다. VOC 암스테르담 사무소의 지분을 가진 사람들은 대부분 원래부터 이 지역에서 활동하던 상인들이었다. 이들은 VOC 지분에만 투자하는 것이 아니라 온갖 종류의 거래를 했다. 큰돈이 오가는 거래도 많았다. 상인들은 자연스럽게 VOC 지분도 곡물이나 옷감처럼 언제든 사고팔 수 있는 상품처럼 받아들였다.

16세기의 암스테르담 상인들이 자주 모이던 곳은 반 오스의 집이 있던 바뮈스스트라트다. 많은 상인들이 당시 이 길 양편에 있는 집에 살았다. 훗날 VOC의 대주주가 되는 아브라함 링겐스 역시 이 동네에 살았다. 그런데 암스테르담의 상업이 발달하고 전국에서 점점 더 많은 상인들이 이곳으로 이주해오면서 거리가 너무 복잡해졌다. 바뮈스스트라트는 암스테르담 시민들의 주요 이동로였는데, 특히 손수레를 끌고 다니는 짐꾼들에게는 길거리에서 어슬렁거리며 거래 상대를 찾는 상인들을 피해다니는 게 골칫거리였다. 시 정부는 이런 문제를 방치할 수 없다고 생각해, 1561년부터 상인들에게 니우어 브뤼흐Nieuwe Brug, New Bridge에 가서 거래하라고 지침을 내렸다.

니우어 브뤼흐라는 다리는 암스테르담의 중심인 담락Damrak 운하 북쪽 끝에 있다. 현재는 남쪽 담 광장Dam Square 쪽에서 올라오는 트램들이 이 다리를 건너 중앙기차역 쪽으로 돌아 들어간다. 기차역은 19세기에 인공섬이 만들어진 다음에 지어진 것이고, 17세기에는 니우어 브뤼흐에서 아이 강ᵢᵢ을 통해 바다로 바로 이어졌다. 무역선들이 짐을 내리는 도크는 여기서 좀 떨어진 곳에 있었지만, 대신 우체국 건물이 바로 이 니우어 브뤼흐의 서쪽 끝에 있다는 것이 장점이었다. 발틱 해와 영국 등, 당시 암스테르담과 무역을 하던 여러 지역을 오가는 편지들이 모두 일단 이곳 니우어 브뤼흐를 거쳐갔다. 그래서 상인들에게는 니우어 브뤼흐만큼 사업하기에 좋은 장소가 없었다. 그들은 다리 동쪽 끝에 모여서 자기들끼리 거래를 했다. 해외에서 들어오는 정보를 실시간으로 입수하면서 바로 현장에서 곡물, 목재 등 각종 상품을 사고팔았다.

하지만 야외에서 일하기엔 불편한 점이 많았다. 날씨 좋은 여름이라면 별 문제가 아니었지만 아이 강에서 칼바람이 불어오는 추운 계절에는 상인들이 괴로울 수밖에 없었다. 그럴 때면 상인들은 다시 원래 모이던 바뮤스스트라트 상점들의 처마 밑으로 모여들었다. 이는 다시 교통혼잡 문제를 야기했다. 그래서 1586년에 다시 시 정부는 날씨가 좋은 날에는 니우어 브뤼흐에서, 날씨가 춥거나 궂을 때는 여기에서 몇 발짝 떨어진 성 올라프 성당St. Olaf's Chapel에서 상인들이 활동할 수 있도록 허락했다. 이 성당 역시 원래는 가톨릭 교회의 재산이었으나 암스테르담이 개신교로 전향할 때 몰수한 것이었다. 가톨릭 예배가 원천 금지됐기 때문에 성당은 텅 비어버렸고, 상인들에게 이 장소를 배정해줄 수 있었다.

이렇게 해서 성 올라프 성당이 암스테르담 최초의, 그리고 세계 최

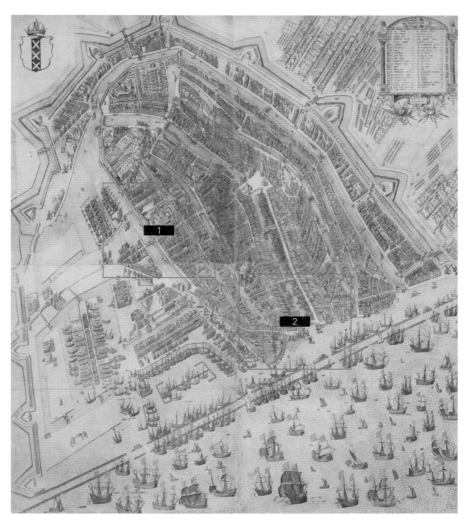

1597년 암스테르담 지도. p65의 **2**는 위의 **1**을 확대한 것으로 무기고(훗날의 동인도하우스)가 있는 지역이며, p76은 위의 **2**를 확대한 모습이다. 이 세 지도는 모두 북쪽에서 남쪽을 바라보며 그려졌다.

17세기 초반 주식이 거래되던 곳. 중앙에 위아래로 뚫린 운하가 담락 운하다. 오늘날은 관광객들을 위한 운하 크루즈가 출발하는 곳이다. 화살표가 니우어 브뤼흐다. 다리 오른쪽 건물이 우체국이다. 운하 바로 왼쪽에 운하와 나란히 남북으로 뚫려있는 좁은 길이 바뮤스스트라트다. 니우어 브뤼흐에서 나와 바뮤스스트라트로 꺾어지는 사거리에 있는 작은 화살표가 가리키는 곳이 성 올라프 성당이다. 지도 왼편 위에 있는 커다란 건물은 암스테르담 구교회다.

초의 주식거래가 행해지는 건물이 됐다. 여기서 주식만 거래된 건 아니다. 아무래도 거래의 중심은 목재, 소금, 곡물 등 상품들이었다. 이런 상품 거래를 뒷받침하는 각종 금융 거래도 이곳에서 이뤄졌다. 상인들끼리 돈을 대출해주기도 했고 어음과 차용증서도 통용됐다. 이런 차용증서는 현대에 쓰이는 수표의 원형이다.

회사가 설립된 1602년부터 VOC의 지분이 이 성당에서 거래되기 시작했다. VOC 지분을 팔고 싶거나 사고 싶은 사람은 일단 상인들이 많이 모이는 니우어 브뤼흐나 성 올라프 성당을 찾아왔다.

투자수익

청약 납입금을 내라는 통고를 받자마자 지분을 팔아치운 사람이 얀 알레츠 혼자만은 아니었다. VOC가 주주들에게 청약 납입금 통지를 보낼 때마다 지분의 양도 건수가 눈에 띄게 늘었다. 알레츠 같은 소액 지분 주주뿐이 아니었다. 무려 10만 5,000길더어치의 지분을 청약한 피터르 링겐스마저도 납입금을 다 내지 못했다. 그는 1603년 첫 번째 납입금은 어떻게 다 납부했지만, 이것도 안면 있는 이사들이 약간 사정을 봐줬기 때문에 가능했다. 1605년 여름 두번째 납입금을 낼 때가 됐는데 이번엔 정말 돈이 모자랐다. 그래서 링겐스는 청약했던 지분의 절반을 팔았다. 세번째 납입금 역시 돈을 모을 시간이 부족했다. 같은 해 연말에 바로 세번째 청약금 납입에 대한 공고가 났기 때문이다. 결국 링겐스는 청약한 지분을 다 팔고 나갔다.

링겐스 같은 부자 상인에게도 10만 5,000길더나 되는 지분 매입은 무리였을까? 결과만 놓고 보면 그렇지만, 처음 청약에 참여할 당시 링겐스의 마음엔 예전 프리컴퍼니들의 성공이 인상깊게 남아 있는 상태였다. 프리컴퍼니들은 보통 설립 2년 내에 두둑한 배당을 지급하곤 했다. 링겐스는 VOC가 첫번째 배당금을 지급하면 그걸 받아 2회차 납입금을 낼 수 있겠다고 생각했을 것이다. 투자에서 나온 수익으로 다음 납입금을 충당할 계획이었는데, 결과적으로 실패했다. VOC 정관에는 초기 자본의 5%에 해당하는 금액 이상의 수익을 얻으면, 그러니까 그만큼의 가치를 가진 물품이 VOC 무역선 편으로 네덜란드 영토 안으로 들어오면 곧바로 주주들에게 배당을 하도록 돼 있었지만, 실제로는 그렇게 되지 않았다.

링겐스를 비롯해 납입금을 내지 못한 초기 주주들은 VOC의 성격을 제대로 이해하지 못했던 것 같다. 이전의 프리컴퍼니들과는 달리 VOC는 아주 장기적이고 거국적인 계획을 갖고 세워진 회사였다. 첫번째 무역선단이 무사히 교역품을 싣고 돌아왔을 때에도 이사들은 주주들에게 배당금을 지급하지 않기로 결정했다. VOC의 사업이 활발해질수록 더 많은 배를 바다로 보내기 위해, 또 해외에 무역 거점을 설립하고 운영하기 위해 더 많은 돈이 필요했다. 결국 첫번째 항해에서 나온 수익금은 모조리 사업에 재투자됐다.

링겐스의 지분 거래 내역은 VOC 장부에 남아 있지만, 그가 정확히 얼마를 받고 지분을 팔았는지는 기록돼 있지 않다. 다른 자료도 없으니 그가 얼마만큼의 이익을 남겼는지 알 방법이 없다. 다만 그해, 1605년 초반에 주가가 105~106 사이를 오갔다는 기록은 있다. 아마도 그해 가을쯤에는 링겐스처럼 납입금을 구하지 못해 지분을 팔려는 사람이 많아져서 가격이 좀 떨어졌을 것이다. 게다가 링겐스가 팔려는 지분이 너무 컸기 때문에 사겠다는 사람을 찾기 위해 다른 사람들보다 가격을 더 낮게 불렀을 가능성도 있다.

링겐스가 지분을 104에 팔았다고 가정해보자. 즉, 청약금 대비 4%의 이익을 봤다고 해보자. 2년 반 전에 첫번째 납입금으로 25%를 냈고 다시 1년 후에 33.3%를 냈음을 고려해서 계산해보면 링겐스의 주식투자 수익률은 연간 2.5%로 나온다. 당시 상인들끼리 연간 8%의 이자로 서로 돈을 빌려줬던 걸 고려하면, 링겐스의 VOC 지분 투자는 낮은 수익을 낸 것이다.

한편, 청약 마감일인 1602년 8월 31일 마지막 순간에 용감하게 100길더를 투자했던 반 오스의 하녀 코넬리스 역시 1603년 10월에 자크 데 푸르크라는 사람에게 자기 지분을 모두 팔았다. 기억력이 좋은 독자라면 이 이름이 낯이 익을 것이다. 청약 마감일, 공증인 브뤼닝이 데려온 두 명의 조수 중 한 명이 바로 푸르크였다. 코넬리스 역시 납입금을 마련하지 못해 청약해놓은 지분을 푸르크에게 팔 수밖에 없었던 것 같다.

그런데 회계장부 담당자 람프의 배려 덕분에 주주명부 가장 끝줄에 이름을 올린 하녀 디그눔 얀스는 4차례의 청약 납입금을 모두 냈다. 그리고 청약 후 8년이 지난 1610년 10월 5일에 자신이 보유한, 50길더의 지분을 난닝 클라츠 데 위트라는 사람에게 팔았다. 그때는 이미 지분 가격이 65길더로 올라 있었다.

디그눔 얀스는 왜 8년 후에 지분을 팔았을까. 그만하면 충분히 이익을 봤다고 생각해서였을까. 생활비가 필요해서였을까. 혹시 그해(1610년) 처음으로 회사가 지급한 주주 배당을 받고 너무 황당하고 당황해서 그랬는지도 모른다. VOC는 주주들에게 현금을 주지 않고, 무역선이 싣고 온 육두구 향신료를 그대로 나눠줬다.

니우어 브뤼흐. 우체국이 가까이 있어서 당시 암스테르담과 무역을 하던 여러 지역을 오가는 편지들은 모두 이곳 니우어 브뤼흐를 거쳐갔다. 그래서 상인들에게는 니우어 브뤼흐만큼 사업하기에 좋은 장소가 없었다. 그들은 다리 동쪽 끝에 모여서 해외에서 들어오는 정보를 실시간으로 입수하면서 곡물, 목재 등 각종 상품을 사고팔았다.

1 2015년 여름, 니우어 브뤼흐를 찾은 저자.
2 니우어 브뤼흐 위에서 바라본 담락 운하. 현재는 암스테르담 운하관광 크루즈의 출발점이다. 왼편의 집들은 17세기 상인들의 사무소 겸 창고로 쓰였고 바뮤스스트라트 거리로 문이 나 있다.
3 성 올라프 성당. 17세기엔 곡물과 목재 등 상품거래소로 쓰였고 20세기엔 이 골목에서 마약거래가 성행했다. 현재는 바비종팰리스 호텔의 콘퍼런스 홀로 쓰인다. 오른쪽으로 몇 걸음만 가면 니우어 브뤼흐가 나온다.

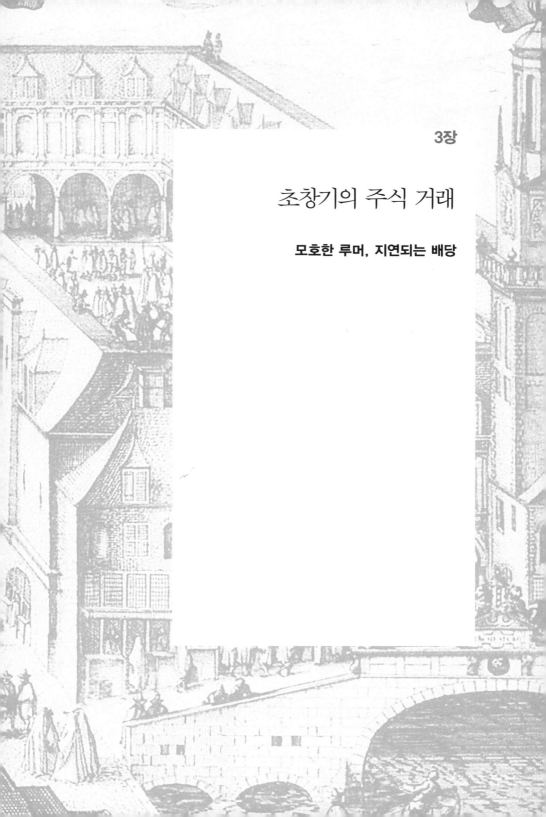

3장

초창기의 주식 거래

모호한 루머, 지연되는 배당

안투안 램페뢰르Antoine L'empereur는 프리컴퍼니들이 활동하던 시대부터 동방무역에 관심이 많은 사람이었다. 그는 실크 무역사업을 하면서 자연스럽게 VOC의 활동과 지분 거래에도 관심을 갖게 됐다. 그런데 한 가지 걸림돌이 있었다. 그가 사는 라이덴이라는 도시에는 VOC 사무소가 없었다. 라이덴에서 암스테르담까지 거리가 아주 멀진 않았지만, 17세기의 교통 상황을 고려해볼 때 두 도시 사이를 오가면서 주식 거래를 하기는 힘들었다. 다행히 그에게는 암스테르담에 처조카가 하나 있었다. 그의 이름은 자크 데 벨라에르 2세Jacques de Velaer Jr.로, 그는 니우어 브뤼흐에 종종 들러서 실크 가격과 VOC에 대한 정보들을 모아 삼촌에게 전해주곤 했다.

1608년이 끝나갈 무렵 램페뢰르는 처조카에게 VOC의 지분을 좀 사고 싶으니 가격 움직임을 더 자세하게 조사해달라고 편지를 썼다. 처조카는 신이 났다. 심부름을 해주는 대신 수수료를 좀 받아낼 생각이었다. 아무리 삼촌의 부탁이라도 돈은 벌어야 했다.

1608년 12월 10일, 벨라에르는 삼촌에게 답장을 썼다. 현재 가격이 130에서 131 사이이며, 이것은 꽤 "낮은 가격"이다. 그리고 "다른 사람들도 지금 VOC 지분을 사려고 한다"라는 내용이었다. 다만 혹시라도 일이 잘못될 경우 삼촌에게 혼나고 싶지 않았기 때문에 이렇게 덧붙였다. "주가가 앞으로 어떻게 움직일지는 시간이 말해주겠죠."

렘페뢰르에게선 답장이 없었다. 벨라에르는 좀더 직접적으로 말해야겠다고 생각했다. 그래서 12월 20일에 다시 편지를 썼다. "제 생각엔 지금 사는 게 나쁘지 않을 것 같아요. 값이 급격하게 오를 가능성이 있어요." 하지만 렘페뢰르는 여전히 답이 없었다. 마음이 급해진 벨라에르는 이듬해 1월 7일에 또 편지를 썼다. "사실 거면 지금 당장 사시라고 권하고 싶어요. 가격이 떨어질 것 같진 않아요. 많이 오를 것 같아요. 시간이 말해주겠지만, 어쨌든 지금 가격은 132에서 133이에요."

렘페뢰르는 드디어 설득당했다. 그는 조카에게 장부가로 3,000길더어치 지분을 사되, 134보다 높은 가격엔 사지 말라고 했다. 또 향후에 지분을 더 살 수도 있지만, 너무 급하게 움직이긴 싫으니 당분간은 기다려보겠다 했다. 그리고 VOC 주식에 대한 최신 뉴스를 계속 업데이트해달라고 덧붙였다.

삼촌의 편지를 받자마자 벨라에르는 "제일 좋은 가격에 사드릴게요", 답장을 보내고 행동에 들어갔다. 니우어 브뤼흐에서 주식을 팔려는 사람을 찾는 건 어렵지 않았다. 안토니 바흐트만스라는 남자가 130의 가격에 팔겠다고 했지만 곧장 동인도하우스로 달려가 지분의 명의 이전을 마치지는 않았다. 구두로는 합의 했지만 당장 벨라에르

수중에 현금이 없었기 때문이다.* 그는 3,900길더를 다른 상인에게서 빌렸다. 빌린 돈에 대해 이자는 연간 8%를 주기로 합의했다.

벨라에르는 바흐트만스에게로 돈을 가져갔고, 두 남자는 동인도하우스로 가서 지분 명의 이전을 완료했다. 물론 장부 담당자 람프가 보는 앞에서였다. 이날이 1609년 1월 12일이었다. 벨라에르는 임무를 완수하고 삼촌에게 편지를 보냈다. "130이면 아주 좋은 가격이에요. 삼촌, 벌써 돈 번 거나 다름없어요. 이렇게 낮은 가격에 팔려는 사람이 없거든요. 가격이 벌써 1포인트에서 1.5포인트 정도 올랐어요. 삼촌의 투자에 신의 가호가 있기를 바랄게요." 몇 달이 지난 후 벨라에르는 삼촌에게 수수료를 청구했다. 장부가 3,000길더의 1%, 즉 30길더였다.

정보 부족

렘페뢰르의 거래는 상당한 의미가 있다. 우선 그는 8%의 이자를 주기로 하고 돈을 빌렸다. 그리고 조카에게 수수료로 1%를 줬다. 조카에게 준 수수료야 일회성 지출이라 하더라도, 대출이자는 매년 꼬박꼬박 갚아야 한다. 그러니 렘페뢰르는 이 주식투자에서 최소 연간 8%의 수익을 기대하고 있었단 얘기다. 그렇다면 대체 어떤 근거로 그만한 수익률을 기대했을까? 그때까지 VOC가 주주들에게 연간 8%의 배당이익을 가져다준 적은 단 한 번도 없었다. 미래에 사업이 좋아질 거라는 증거도 없었다. 그는 그저 주가가 오를 거라는 처조카의 말

---

* 2장에서 얘기했듯 VOC의 지분 가격은 장부에 표시된 최초 투자금 기준으로 100길더 단위로 표시됐다. 가격이 130이면 청약 당시 대비 지분 가치가 30% 상승한 셈이다.

만 듣고 투자한 것이다. 처조카 역시 아무 근거 없이 그냥 자기가 느낀 대로 말했을 뿐이다.

17세기의 투자는 다 이런 식으로 대충 이루어졌을까? 다행히 렘페뢰르와 조카 벨라에르가 주고받은 다른 편지들이 남아 있어서, 이를 통해 당시 사람들이 어떻게 주식을 거래했는지 살펴볼 수 있다. VOC가 설립된 지 10년도 채 되지 않았을 때다.

렘페뢰르는 1563년 네덜란드 남부지방 헤노 주의 투르네 시에서 태어났다. 현재는 벨기에에 속하는 지역이다. 네덜란드에서는 종교혁명이 있고 나서 남부지역의 부유한 상인들이 북쪽으로 많이 도망쳐왔는데, 렘페뢰르도 그런 상인들 중 하나였다. 그는 리에르와 안트베르펜에서 무역사업을 하다가 다시 1584~1585년의 안트베르펜 공성전(도시 포위 공격전으로 성이나 요새를 빼앗기 위해 벌이는 전투) 때 도망친 것 같다. 가톨릭 신도인 파르마 공작 알레산드로 파르네스Alessandro Farnese가 안트베르펜를 접수하면서 렘페뢰르 같은 칼빈교(개신교) 신자들이 그 도시에서 살 수 없게 됐기 때문이다.* 1585년 말에 렘페뢰르는 브레멘에서 사라 반 데르 뮐렌이라는 여성과 결혼했다. 부부는 콜로뉴, 프랑크푸르트, 단치히 등을 떠돌다가 다시 네덜란드로 돌아왔다. 그래도 여전히 한곳에 오래 붙어사는 성격이 아니었다. 위트레흐트에 잠깐 살다가 라이덴으로 옮겼고, 1637년 사망할 당시엔 헤이그에 살고 있었다.

---

* 안트베르펜은 현재의 네덜란드와 벨기에에 해당하는 저지국(Low Countries)의 핵심 무역도시이자 스페인을 상대로 한 독립운동의 중심지이기도 했지만, 1584~1585년의 공성전에서 파르마 공작이 이끄는 스페인 부대에 포위되어 항복한다. 파르마 공작은 신교도 주민들에게 가톨릭으로 개종하든가 아니면 4년 내에 도시를 떠나라고 명령했다. 이때 많은 상인들과 엔지니어들이 안트베르펜을 떠나 북쪽의 암스테르담과 다른 도시들에 정착해 17세기 네덜란드의 황금시대를 이끌었다.

렘페뢰르가 이렇게 거주지를 자주 옮긴 데는 이유가 있었다. 그는 결혼을 통해 남부 네덜란드 출신의 여러 상인 가문들과 네트워크를 갖게 됐다. 여러 가문들은 결혼으로 엮인 동업자 관계를 유지했다. 당시엔 인적 네트워크가 넓을수록 사업에 도움이 됐다. 유럽 구석구석으로 가족의 일원을 한 명씩 파견해 무역의 거점을 만들었기 때문이다.

렘페뢰르가 암스테르담에 사는 처조카를 갖게 된 것도 이런 연유에서였다. 처조카 벨라에르 2세의 아버지인 벨라에르 1세는 렘페뢰르의 처남으로, 원래 브라반트 회사Brabant Company라는 프리컴퍼니의 창업자 중 한 명이었다. 이 회사가 VOC에 흡수되면서 벨라에르 1세는 자동적으로 VOC의 이사가 됐다. 렘페뢰르는 처남을 통해 VOC에 관련된 정보를 남들보다 빨리 얻을 수 있었으니 좋은 일이었다. 다만, 벨라에르 1세는 과묵해서 말을 많이 하거나 편지를 길게 써 보내지 않았다. VOC가 설립될 때 렘페뢰르에게 편지를 보내긴 했지만 여기엔 그저 "사업을 안정적으로 잘하기 위해 회사를 10년 동안 유지시키기로 했다"고만 간략하게 설명했다. 그러고는 "편지로 하기엔 얘기가 너무 길어지니" 다음에 직접 만나서 자세히 얘기해주겠다고도 썼다. 이 남자의 편지에선 알아낼 수 있는 점이 별로 없다. 렘페뢰르가 VOC의 주식 청약에 들어갔는지 아닌지도 확실히 알 수는 없다. 다만 벨라에르 1세는 암스테르담 사무소에서 VOC 지분 청약 당시 57,000길더를 투자했는데, 이중 상당 부분은 렘페뢰르 같은 친척들의 돈이었을 것으로 추측된다.

1608년에 접어들면 렘페뢰르와 벨라에르 부자의 편지 교환 내용은 더 재밌어진다. 렘페뢰르는 더 빈번하게 정보를 요구했고, 이젠 벨라에르 1세가 아닌 아들 벨라에르 2세가 주로 답장을 했다. 주로 인도에서 들어오는 실크의 품질이라든가 암스테르담 시장에서의 실크 가격 등과 같은, 동방무역 관련 소식이었다. 렘페뢰르는 다른 사업 아이템에도 관심이 있었는데, 현재 암스테르담에서 유통되는 후추와 육두구 향신료 1파운드의 가격 같은 것들이었다. 함부르크와 런던 외환시장의 환율 같은 금융시장 정보도 자주 언급됐다. 반면 가족과 관련된 소식은 "부인(렘페뢰르의 아내이자 벨라에르 2세의 고모인 사라 뮐렌)에게 안부를 전해주세요" 같은 의례적 인사에 그치는 경우가 대부분이었다.

아주 드물게, 가족 소식에 대해 좀더 자세히 쓴 적이 있긴 했다. 예를 들어 1612년 9월 16일 보낸 편지에서 벨라에르 1세는 디에멘에서 암스테르담까지 걸어가는 중에 자신의 아들 벨라에르 2세가 갑자기 쓰러져 죽었다고 간단히 적었다. 어쨌든 이 친척 간 서신 교환의 중심 내용은 최신 비즈니스 뉴스였다. 벨라에르 부자는 상인들이 활동하는 거리에서 가까운 아우데제드 푸어뷔르흐발에 살았기 때문에 무역 관련 정보를 쉽게 수집할 수 있었다. 그는 니우어 브뤼흐에도 자주 가서 최신 정보를 입수했다.

렘페뢰르로서는 최고의 정보 소스를 갖고 있는 셈이었다. 부지런한 벨라에르 2세는 암스테르담 상인들과 주식 트레이더들 사이에 도는 온갖 루머와 소문들을 다 수집했다. 아버지가 VOC 이사라서 회사 내부 사정도 잘 알고 있었다. 하지만 그런 벨라에르도 막상 렘페뢰르가 VOC 지분을 사겠다고 하자 자신감이 떨어졌다. 그냥 "제 생각에는 값이 낮아 보이네요" "앞으로 오를 것 같아요" 정도의 두루뭉술한 말밖에는 할 수가 없었다. 뭔가 쓸모 있는 고급정보는 없었을까?

렘페뢰르에게 필요한 고급정보가 있긴 있었다. 네덜란드 공화국은

1606년부터 스페인과 휴전 협상중이었다. 일반적으로 평화는 무역에 도움이 되지만 이 경우는 반대였다. VOC는 네덜란드가 스페인과 전쟁중이었기 때문에 존재할 수 있는 회사였다. 당시 아프리카와 아메리카 대륙에 대한 탐험과 해상무역은 스페인과 포르투갈이 경쟁하고 있었는데, 이 두 나라 간의 경쟁이 심해지고 싸움이 예상되자 교황 알렉산더 6세가 중재에 나섰다. 그 결과 1494년 토르데시야스 조약이 체결됐다. 아프리카 서쪽 끝 해안에서 서쪽으로 1,500km되는 지점에 선을 긋고, 이 선을 기준으로 동쪽에서 발견되는 땅은 포르투갈에게, 서쪽에서 발견되는 땅은 스페인에게 준다는 내용이었다. 네덜란드가 스페인과 전쟁중이라면 이런 조약 따위는 무시할 수 있었지만, 두 나라가 평화조약을 맺고 나면 얘기는 달라진다. 그러니 전쟁의 종료는 곧 VOC의 폐업을 의미할 수도 있었다.

그래서 스페인과의 휴전 협상에 나선 네덜란드 측은 VOC의 무역권을 보장받는 것을 협상의 주요 조건으로 내걸었다. 렘페뢰르 역시 이 점을 알고 있었을 가능성이 높다. 네덜란드의 협상단을 이끌었던 이들 중에는 VOC 설립에 직접적으로 관여했던 사람도 있었기 때문에 무역권 확보는 중요하게 여겨졌을 것이다. 그렇긴 해도, 이들이 무역권 때문에 휴전 협상이 깨지는 것까지 감수할 수 있을지에 대해서는 확신할 수 있는 분위기가 아니었다.

당시 네덜란드의 협상 전략은 아주 강경했다. 특히 VOC는 이 협상을 위해 저명한 법학자 휴고 그로티우스Hugo Grotius에게 『자유로운 바다Mare Liberum』라는 책을 쓰게 했다. 이 책에서 그로티우스는 어떤 나라도 넓은 바다를 독점할 수는 없다며 토르데시야스 조약의 법률적 허점을 공격했다. 또 당시 스페인 정부는 돈이 없어 다급히 휴전을 해야 할 상황이었다. 그 결과 네덜란드 측에 유리한 조건으로 휴전이 성립됐다. 이른바 '12년간의 휴전(1609~1621)'으로 역사에 기록된 조약이다. 네덜란드는 북아메리카, 남아메리카 대륙과의 무역을 위한 '서인도회사'를 세우지 않기로 하는 대신, 아시아와 무역하는 VOC의 권리는 그대로 인정받았다.

휴전 조약의 내용은 VOC 주주들에게 큰 기쁨을 줬을 것이다. 그런데 흥미롭게도 벨라에르는 삼촌에게 보내는 편지들에서 이런 내용을 거의 언급하지 않는다. 1609년 2월 말에 보낸 편지에서는 휴전 협상이 성사될 가능성이 줄어들고 있다고 얘기했는데, 2주 후에는 다시 조약이 서명됐고 발효됐다는 내용의 편지를 보냈다. 그게 전부였다. 렘페뢰르는 다른 정보 소스를 갖고 있었을까? 아니면 그냥 이런 종류의 소식에는 무관심했던 걸까?

당시 이런 종류의 정보는 국가 기밀로 다뤄졌기 때문에 주식을 거래하는 사람들이 궁금증을 풀기는 어려웠다. 스페인과의 외교관계에 대해서도 애매모호한 루머들만 돌았기 때문에 벨라에르가 굳이 삼촌에게 전달하지 않았는지도 모른다. VOC에 대한 정보 역시 구하기 어렵기는 마찬가지였다. 주주들이 아무리 궁금해해도 회사는 내부 사정에 대해 답을 주지 않았다. 투자자들은 다른 정보원을 찾아보는 수밖에 없었다.

정보가 얼마나 부족했었는지에 대한 일화가 있다. 1610년 봄부터 여름까지 벨라에르와 렘페뢰르가 나눈 편지에 나오는 내용인데, 벨라에르는 니우어 브뤼흐에 돌고 있던 최신 루머를 전한다. 1610년 3월 25일 보낸 편지에서 그는 "어제 제일란트에서 온 소식"이라며 말한다. 정확히 말하면 영국의 플라이머스에서 온 소식이 제일란트를 거쳐 암스테르담으로 들어온 것이었다. 루머에 따르면 영국의 한 상선이 네덜란드로 돌아오는 VOC 상선대를 바다 위에서 만나 북위 45도까지 같이 항해했는데, 그 영국 배가 VOC 배들보다 빨랐기 때문에 먼저 항구로 들어와 소식을 전하게 됐다. 그들이 본 VOC 배 네 척의 이름은 겔데르란트Gelderlant, 반탐Bantam, 실란트Seelant, 그리고 반다Banda 혹은 델프트Delft였다. 마지막 배의 이름에 대해서는 확실하지 않았던 것 같다. 이 네 척의 배가 정확히 무엇인지 알 수 없는 화물을 갑판 위까지 가득 싣고 있었다는 내용이었는데 화물의 내용이 불분명하고 네번째 배의 이름이 정확하지 않다는 점에서 이 소문의 진위에 대해 의심을 갖는 사람들도 많았다. 그리고 두 명의 해군 제독에 대한 소식도 있었다. 카르덴 제독이라는 사람은 "중대한 사건이 있은 후에" 죄수로 잡혔고, 페르호프 제독은 인도네시아의 반탐이라는 동네에 요새를 쌓으면서 원주민들과 친하게 지냈는데 요새가 완성되고 나자 원주민들이 제독과 부하들을 잔인하게 살해했다는 것이다.

이 뉴스들이 정확한 것이었는지는 확인할 방법이 없었다. 벨라에르는 암스테르담의 상인들을 만나고 다니며 정보를 구했다. 2주 후 삼촌에게 보낸 편지에서 그는 "소문은 계속 돌고 있고 많은 사람들이 그걸 믿어요"라고 적었다. 소문을 부정할 만한 새 소식은 들어오지 않았지만 다른 소식이 있었다. 역시 플라이머스의 영국 배에서 전해진 것이었는데, 반다와 파타니아Patania라는 두 척의 배가 말라카 제도에서 실은 향신료를 가지고 네덜란드로 돌아오고 있다는 내용이었다. 반다라는 이름의 배가 2주 만에 다시 뉴스에서 언급된 것을 볼 때, 플라이머스에서 암스테르담으로 전해지는 과정에서 뉴스가 뒤섞여버렸음을 알 수 있다.

먼저 목격됐다는 네 척의 배는 여전히 네덜란드에 도착하지 않고 있었다. 어떤 화물을 싣고 있는지도 전해지지 않았다. 벨라에르가 알고 있는 것은 바다의 날씨가 좋지 않았다는 것, 그래서 배들이 좀처럼 앞으로 나아가지 못하고 있다는 것이었다. 겔데르란트의 경우는 바다에 나간 지 벌써 11개월이나 흘렀고 많은 선원이 죽었다고 전해졌다.

이런 정보들을 가지고 렘페뢰르는 무얼 할 수 있었을까? 일단 배 여섯 척이 돌아오고 있다는 사실은 좋은 뉴스였다. 하지만 뭘 싣고 오는지가 중요했다. 예상 외로 값비싼 화물일까? 아니면 별 볼 일 없는 화물일까? 이런 것들이 주가에 큰 영향을 미칠 것이었다. 렘페뢰르는 아직 결정을 내릴 수 없었다. 갖고 있는 정보의 신뢰성에도 문제가 있었다. 예를 들어, 왜 첫번째 정보가 암스테르담에 전해진 지 2주나 지난 다음에야 두번째 정보가 들어왔을까? 이렇듯 불확실성이 아주 높았지만, 렘페뢰르는 보유한 지분을 팔 생각까지는 하지 않았다.

한참이 지나고 다시 벨라에르가 편지를 보냈다. 기쁨에 찬 편지였다. 마침내 배 두 척이 돌아왔다. "동인도에서는 좋은 일들만 벌어지고 있답니다"라고 그는 썼다. 배들은 후추 등의 향신료와 실크, 그리고 도자기를 잔뜩 가지고 돌아왔다. 또한 네덜란드가 테르나테(인도네시아 북동부의 항만도시)를 정복할 수 있을 것 같다는 소식, 그리고 네덜란드가 일본과 동맹을 맺고 VOC의 대표들이 일본에서 융숭한 대접을 받았으며 일본 국토 전체에서 무역을 할 수 있는 권리를 부여받았다는 소식이 있었다. 아직 VOC의 주식 가치는 이런 뉴스에 반응하지 않고 있었다. 벨라에르 생각에 바로 지금이 주식을 살 찬스였다. "삼촌, 망설이지 마세요!"

하지만 렘페뢰르는 망설였다. VOC에 더 투자하기 전에 더 많은 정보, 더 정확한 정보를 얻고 싶었다. 벨라에르는 슬슬 짜증이 나기 시작했다. "삼촌은 질문을 너무 많이 한다는 생각이 들지 않으세요? 제가 답할 수 있는 것보다 항상 더 많은 걸 물어보시네요." 정보만 물어보면서 거래는 하지 않으니, 거래 수수료를 바라고 심부름을 해주던 벨라에르로서는 돈을 벌 수 없었다. 그는 삼촌에게 이젠 더이상 VOC에 대해 자세한 정보를 적어서 보낼 수 없으며, 그저 "제가 듣는 얘기만" 전해드리겠다고 편지를 썼다.

렘페뢰르가 원하는 정보를 갖고 있는 사람들이 있었을까. VOC의 이사들은 아무래도 회사의 재정상태에 대해 잘 알고 있었을 것이다. 그럼에도 아버지가 이사였던 벨라에르 2세나 처남이 이사였던 렘페뢰르마저도 회사의 내부 정보에 접근할 수 없었다는 것은 이사들이 그만큼 철저히 비밀 유지에 신경썼음을 의미할 것이다. 이사들은 선단에서 전해오는 기밀문서를 통해 VOC가 진출하는 아시아 지역의 상황에 대해서도 더 많이 알 수 있었을 테지만, 그런 문서들 역시 대부분은 배와 함께 들어오기 때문에 누가 먼저 정보를 입수할 수 있는 상황이 아니었다. 또 배가 항구에 들어올 때쯤이면 상인들은 이미 플라이머스의 영국 배와 같은 다른 소스를 통해 정보를 확보한 경우가 많았고, 배가 항구에 닿자마자 이러한 정보들은 선원들의 입을 통해 빠르게 퍼져나가기도 했다. 결국 벨라에르가 렘페뢰르에게 보낸 편지에 들어 있는 내용이 당시 상인들이 구할 수 있는 최대한의 정보였을 것이다.

향신료로 지급된 배당금

VOC에 대한 정보는 매우 제한적이었지만 그래도 이 회사의 지분을 사고 싶어하는 사람들은 많았다. 주주들에게 이익 배당을 많이 해주지 않을까 하는 기대가 컸기 때문이다. 사실 VOC 이전에 활약했던 무역회사들, 즉 프리컴퍼니들은 실제로 많은 배당을 줬다. 프리컴퍼니들은 무역선이 수입품을 싣고 항구로 돌아오는 즉시 수익을 주주들에게 나눠줬다. 화물을 돈으로 바꾸지 않고 그냥 나눠주는 경우도 있었는데, 당시 '극동' 혹은 '동인도'라고 불렸던 인도, 인도네시아, 말레이시아 등 남아시아와 동남아시아 지역에서 가져온 후추, 육두구 같은 향신료나 다른 물건들을 그대로 주주들에게 나눠주는 식이었다.

과거에 프리컴퍼니들이 주주들에게 바로 배당을 해줄 수 있었던 건 회사가 오래 지속되지 않고 항해가 끝나자마자 해산했기 때문이다. 동방으로 보냈던 배가 항구에 무사히 도착하면 바로 회사를 청산하고 수익금을 주주들에게 배분하는 작업에 들어갔다. 그래서 VOC의 주주들은 VOC 역시 금세 배당금을 나눠주지 않을까 생각했다. 실제로 회사 정관에 따르면, 무역선이 회사 초기 자본금의 5% 이상의 가치를 가진 물품을 싣고 네덜란드로 돌아올 때마다 주주 배당을 해줘야 했다.

하지만 일은 그들의 기대대로 진행되지 않았다. VOC 경영진은 정관에 엄연히 적혀 있는 배당 조항을 무시했다. 주주들은 배가 아시아에서 돌아오는 것을 지켜봤지만 배당금은 한 푼도 받지 못했다. 경영진은 회사를 가능한 한 오래 존속시키고, 동인도 지역에서 회사가 확실하게 자리잡을 수 있도록 하는 데 중점을 뒀다. 그래서 초기에는 무역에서 얻은 수익을 바로 사업 확장에 재투자했다.

현대에는 이렇게 신생 기업이 배당을 자제하는 일이 흔하다. 새로 생긴 회사들은 성장을 위해 많은 자금이 필요하기 마련이고, 영업이익을 많이 내는 회사라도 주주 배당에는 인색한 경우가 많은데, 구글이 그 대표적인 예다. 구글은 주주에게 한 번도 현금 배당을 한 적이 없고 앞으로도 그럴 계획이 없다는 걸 자랑처럼 여긴다.

하지만 17세기엔 사정이 완전히 달랐다. 일단 장기간 유지되는 회사 자체가 없었다. VOC가 그후 200년이나 지속될 것이라고 예상한 사람이 있었을 리가 없다. VOC가 처음 설립될 때, 주주들은 "동인도회사의 최초 10년간 계정"에 투자하는 것이라고 들었다. 설립 10년째가 되는 1612년에 회사가 일단 한 번 청산된다는 것을 전제로 한 얘기였다. 그후에 회사를 계속 유지할 것인지 어떨지는 그때 가서 결정할 일이었다.

이 "첫 10년" 동안 이뤄지는 배당은 1612년에 있을 청산에 앞서 미리 지급되는 선금과 같은 것이었다. 어차피 회사가 청산되면 투자한 돈과 수익금을 모두 다 받기는 하겠지만 그래도 미리 돈을 당겨 받을 수 있는 게 더 좋았다. 당시 17세기 초반엔 물가상승률이 상당히 높았기 때문이다. 물가가 오르면 시간이 갈수록 돈의 가치는 그만큼 떨어진다. 당시 네덜란드 정부가 발행한 1년 만기 국채의 이자율이 6.25%였다. 국채 이자율은 정부가 민간으로부터 돈을 빌릴 때 지급하는 이자율이고, 물가상승률의 지표가 된다. VOC의 주주 입장에서는 1612년까지 기다리는 것보다는 몇 년 앞서 일부라도 수익금을 받을 수 있으면 그만큼 이득인 셈이다. 1년이 지날 때마다 재산의 약 6.25%를 잃는 것이나 마찬가지기 때문이다.

결국 VOC는 1609년 8월에 가서야 첫 배당을 하겠다고 공지했다.

주식 청약부터 7년이나 지난 시점이었고, 실제 배당은 다음해 4월에 이뤄졌다. 각 주주에게 명목 지분 가치의 약 75%에 해당하는 메이스가 현물로 지급됐다.* 주주들은 오랫동안 기다려온 배당을 환영했다.

그런데 여기서 고민이 하나 더 생겼는데, 지금 당장 메이스를 현물로 찾아가지 않는 주주는 1612년으로 예정된 회사 청산시에 그만큼의 돈을 더 받아갈 수 있는 권리를 갖게 된다는 것이었다. 주주들은 고민에 빠졌다. 지금 메이스를 챙길까, 아니면 몇 년 더 기다렸다가 돈으로 받을까?

실크 상인 렘페뢰르는 조카로부터 이 배당에 대한 얘기를 1610년 3월 19일자 편지를 통해 알게 되었다. VOC는 1610년 4월부터 2년 동안은 메이스 가격을 떨어뜨리지 않겠다고 약속했다. 메이스를 팔아야 하는 주주들이 손해를 보지 않게 하기 위해서였다. VOC가 배당으로 지급하는 메이스는 두 종류였는데, 1파운드에 45센트를 받을 수 있는 저품질 메이스와 1파운드에 55센트를 받는 고품질 메이스가 있었다. 회사는 이 두 가지를 1:2의 비율로 섞어서 주기로 했다. 예를 들어 어떤 주주가 장부 가치로 120길더어치 지분을 갖고 있다고 하자. 회사는 그에게 90길더어치의 메이스를 배당으로 지급하는데, 저급 메이스 30길더어치와 고급 메이스 60길더어치, 무게로 따지면 저급 메이스 66.6파운드와 고급 메이스 109파운드다.**

---

* 육두구 씨를 말려 만든 향신료는 너트메그(nutmeg)이고, 씨의 껍질을 말린 향신료가 메이스 (mace)다. 메이스가 너트메그보다 좀더 고급으로 여겨진다. VOC 상인들은 처음에 이 두 가지 향신료가 같은 나무에서 난다는 것을 모르고 동인도 식민지에서 '너트메그를 뽑고 메이스를 심어라'라고 원주민들에게 지시했다고 한다.

** 저급 메이스 1파운드가 0.45센트의 가치가 있었으니, 30길더어치는 30/0.45=66.6파운드다. 고급 메이스도 마찬가지 방식으로 계산하면 60길더어치는 60/0.55=109파운드다.

이런 절차는 VOC 사무소의 회계장부 담당자 앞에서 진행됐다. 우선 장부 담당자가 주주명부를 펼쳐서 해당인이 얼마큼의 지분을 갖고 있는지를 확인하고, 그에 따라 얼마큼의 메이스를 배당으로 지급해야 하는지를 계산했다.

장부 담당자가 종이에 지급해야 할 메이스의 양을 적으면 이사 중 한 명이 이를 확인하고 서명을 했다. 그러면 주주는 이 종이를 가지고 VOC의 창고에 가서 메이스를 수령했는데, 아마도 많은 주주들이 배당을 타러 갈 때 청약 납입금 영수증도 가지고 갔을 것이다. 영수증에는 자신의 계좌가 주주명부 몇 페이지에 있는지 그 쪽수도 적혀 있어서 장부 담당자가 빨리 확인할 수 있었기 때문이다. 또 이 영수증에 자신이 받은 배당금의 액수를 적어놓기도 했다. (이런 관습은 17세기 후반에는 거의 사라진다. 그때쯤에는 거의 모든 주식의 주인이 한 번 이상 바뀐 다음이기 때문이다. 지분을 팔면서 납입금 영수증은 전달하지 않는 경우가 많았기 때문에 나중에 주식을 산 사람들은 이 영수증이 없는 경우가 많았다.)

벨라에르는 삼촌 렘페뢰르에게 일단 향신료를 받으라고 권했다. 현금으로 배당을 받을 수 있는 날이 언제가 될지 불분명했기 때문이다. "제가 삼촌 몫의 메이스를 대신 받아올까요? 그걸 어디로 보내실지 말씀해주세요."

VOC의 무역선이 가져온 메이스는 네덜란드 시민들이 소비하기엔 양이 너무 많았다. 대신 벨라에르의 말처럼 다른 나라, 다른 도시로 수출할 수 있었다. 메이스는 요리용이나 의료용으로 유럽 전역에서 인기가 많은 향신료였다. 암스테르담에서 외국으로 떠나는 무역선들이 매일 있었기 때문에 벨라에르 같은 상인이 메이스를 실어나를 배를 수배하는 건 어렵지 않았다. 실제로 다른 상인들과 배 한 척을 공동으로 빌려서 수출품을 운송하는 사업도 종종 해왔다.

하지만 렘페뢰르는 여전히 확신이 서지 않았는지, 조카에게 "어떻게 하면 좋겠니?"라고 물었고, 벨라에르는 살짝 몸을 사렸다. "삼촌, 그건 삼촌 스스로 결정하셔야 하는 일이에요."

렘페뢰르는 자기가 쓰는 편지들에 대한 기록을 일기장에 매일매일 남겼지만 아주 짧게 요약했기 때문에 구체적으로 왜 그가 망설였는지는 나와 있지 않다. 메이스를 받아서 어떻게 처리해야 할지 몰라서였을 수도 있고, VOC 회사가 정한 메이스의 가치가 너무 과대평가됐다고 생각했을 수도 있었다. 이런 추정을 할 수 있는 이유는 당시 비슷한 사례가 있었기 때문이다. VOC가 메이스를 배당으로 지급하기 바로 얼마 전에 '14척 배의 회사Compagnie van de veertien schepen'라는 이름의 프리컴퍼니가 회사를 청산하면서 주주들에게 배당금 대신 후추를 나눠줬다. 그런데 이 후추가 시장에 대량으로 풀리자 가격이 폭락했고, 결국 주주들은 생각했던 만큼의 돈을 벌지 못했다. 렘페뢰르는 이 얘기를 조카로부터 들어서 알고 있었기 때문에 메이스 역시 가격 폭락이 올 수 있다고 생각했을 것이다. 그러니 일단 좀 기다리면서 상황을 보는 게 현명했을 수 있다.

렘페뢰르는 이후 두 번의 추가 배당도 받지 않았다. 1610년 가을에 지급된 지분 명목 가치 50%의 후추 배당과 7.5%의 현금 배당, 그리고 1612년 봄에 지급된 30퍼센트의 너트메그 배당을 그는 모두 건너뛰었다. 조카 벨라에르는 물론 삼촌에게 제발 배당을 좀 받으라고 권했다. 그래야 그 역시 수수료를 청구할 수 있었기 때문이다. 그는 삼촌에게 향신료를 받아서 베니스나 나폴리, 단치히로 수출하자고 제안했다. "삼촌, 여기 지금 믿을 만한 배들이 떠날 준비를 하고 있어요."
하지만 렘페뢰르는 거부했다. 더 좋은 기회가 올 거라 믿으며.

렘페뢰르의 선택이 옳았는지는 말하기 힘들다. 향신료 가격은 실제로 VOC가 정한 가치보다 떨어지긴 했다. 앞서 말한 1610년부터 1612년 사이 지급된 세 번의 배당(메이스, 후추, 너트메그와 약간의 현금 배당)을 다 합치면 장부상 지분 가치의 162.5%에 해당하는 금액이 되어야 하지만, 실제로 시장에서 그 향신료들을 팔아서 받을 수 있는 돈은 약 125%에 그쳤다. 물량이 대규모로 시장에 풀리면서 향신료 가격이 회사가 생각했던 것보다 떨어졌기 때문이다.

그렇다고 향신료 배당을 받지 않고 기다리기로 한 주주들이 이득을 본 것도 아니었다. 1612년으로 예정되어 있던 1차 회사 청산이 취소됐기 때문이다. 네덜란드 공화국 의회의 허가를 받은 이사진이 청산 계획을 백지화시킨 것이다. 이제 주주들은 VOC가 완전 청산하기로 되어 있는 설립 21년차, 즉 1623년까지 기다려야 할 판이었다. 이사진 스스로 생각하기에도 이건 좀 너무했다 싶었는지, 청산을 하지 않는 대신 일부를 현금으로 배당하기로 했지만 회사가 갖고 있는 현금이 부족해서 주주들에게 충분히 나눠줄 수가 없었다. 1612년 12월에는 지분 장부 가치의 57.5%에 해당하는 배당을 했고, 1년 후에는 42.5%, 그리고 1618년 2월에 마지막으로 62.5%의 배당금이 나갔다.

이것도 다 더하면 162.5%다. 향신료로 받았든, 현금으로 받았든 주주들은 다 자신이 보유한 장부상 지분 가치의 162.5%에 해당하는 만큼의 수익을 배당받았다. 현금으로 받은 주주들은 정확히 162.5%를 받았다. 향신료를 택한 주주들은 향신료의 시장 가격이 폭락하면서 실제로 손에 쥔 현금은 훨씬 적었지만, 대신에 몇 년 빨리 돈을 받았다는 이점이 있었다. 그 돈을 예금하거나 다른 곳에 투자하면 이자를 받을 수 있었기 때문에 결과적으로 두 그룹의 주주들이 받은 돈은 큰 차이가 없었을 것이다.

지금까지 봤듯이, VOC의 활동 초기에는 렘페뢰르를 비롯한 주주들과 주식 브로커들이 논리적이고 이성적인 판단을 내리기가 힘들었다. 회사에 대한 정보가 너무나 부족했기 때문이다. 무역선들의 상태가 어떤지, 어떤 화물을 얼마나 싣고 돌아오는지 등이 다 불분명했고, 증명하기 힘든 루머들만 난무했다.

처음 VOC 지분을 샀을 때 렘페뢰르는 희망에 차 있었던 것 같다. 정보는 부족했지만 그래도 VOC가 큰 배당을 해줄 것으로 기대했기 때문이다. 하지만 시간이 가면서 배당이 자꾸 지연되고 배당금도 기대했던 것에 미치지 못하자 렘페뢰르는 점점 더 불안해졌다. 지분을 팔아버리지는 않았지만, 그렇다고 조카에게 지분을 더 사달라고 부탁하지도 않았다. 향신료 현물 배당을 받아야 할지 말아야 할지에 대해서도 몇 번이나 마음을 바꾸고 오락가락하는 모습을 보였다.

다른 주주들 역시 렘페뢰르처럼 느꼈던 것 같다. 1609년에 비교적 많은 지분의 거래가 투자자들 간에 이뤄지긴 했지만, 그래도 총 지분 거래횟수는 276번에 불과했다. 1602년 청약에 참가했던 VOC의 초기 주주수가 1,143명이었으니 그리 많은 거래는 아니다. 대부분의 투자자들은 좀더 오래 지분을 보유하면서 지켜보고자 했다. 아직 요세프 데 라 베가의 책 『혼란 속의 혼란』에 나온 것 같은 시끄러운 주식 거래의 모습과는 거리가 멀었다.

앞서 말했듯, 렘페뢰르의 조카 벨라에르 2세는 1612년에 아버지와 길을 걷다가 갑자기 죽었다. 34세 때였다. 죽음과 함께 편지 교류도 끝나버렸기 때문에 이후 렘페뢰르가 주식을 어떻게 했는지에 대해서는 남은 기록이 없다. 다만 1612년에서 1628년 사이에 보유 지분을 다 팔아버렸다는 사실만 알 수 있다. 이 기간 동안의 VOC 장부는 다소실돼버렸고, 1628년의 주주명부에는 렘페뢰르의 이름이 없기 때문이다. VOC의 짜디짠 배당 정책에 대해 렘페뢰르를 비롯한 많은 주주들의 불만이 쌓여갔을 것이고, 결국은 참지 못하고 화가 폭발한 경우도 있었다.

4장

주주들의 분노

자신들의 배만 불리는 이사들

1613년, 이삭 르 매르Isaac le Maire는 에그몬트 안 덴 호프라는 도시에
살고 있었다. 그는 VOC 초기 설립자 중 한 명이었고, 또 암스테르담
사무소의 최대 지분 보유자이기도 했다. 그가 가진 지분은 장부 가치
로 85,000길더나 됐다.

　이런 부유한 상인이 에그몬트 안 덴 호프라는 작은 바닷가 마을로
이사를 간 건 평화롭고 여유로운 삶을 즐기기 위해서도, 바다를 너무
좋아해서도 아니었다. 인간관계 때문에 암스테르담에서 지내기가 힘
들어졌기 때문이었다. 그는 VOC 암스테르담 사무소의 다른 이사들
과 다툼이 생겨 법정 소송까지 벌이고 있었는데, 이 때문에 VOC 이
사회는 소송이 끝날 때까지 르 매르가 지분을 제3자에게 팔지 못하도
록 했다. 그러나 르 매르는 이미 여러 명의 상인들에게 지분 상당량을
팔기로 하고 선금을 받은 상태였으므로 이런 빚쟁이들을 피해 다녀야
했다. 소송과 관련해서 그를 법정으로 불러내려는 사람들도 한둘이

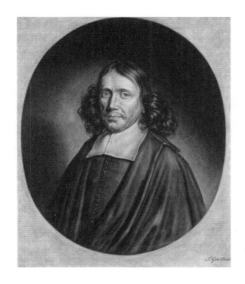

이삭 르 매르. VOC 초기 설립자로 암스테르담 사무소의 최대 지분 보유자였다.

아니었다. 시골 마을 에그몬트 안 덴 호프에서는 이런 사람들을 마주칠 일이 그나마 적었다.

르 매르는 소송을 빨리 끝내고 싶었다. 그래서 암스테르담 시장들 burgomasters*에게 다른 VOC 이사들을 설득해달라고 부탁했다. 1613년 3월에 보낸 탄원서에 그는 이렇게 적고 있다. "저는 이 도시에 27년간 살았고 22명의 자녀를 키웠습니다.** 무역업에 종사해오면서 신의 도움을 받아 흥했던 적도 있고 실패했던 적도 있습니다. 여러 민간 회사의 경영진으로 일해왔고 VOC의 이사직도 맡았습니다."

그는 이어서 시장들에게 자신의 입장을 설명한다. "어떤 사람들"이

---

* 암스테르담 시장직은 1년 임기로 매년 4명이 함께 직무를 수행했다.

** 르 매르의 22명의 자녀 중 막시밀리안은 1641년 나가사키에 있던 VOC 일본 지사의 초대 총독이 되었다.

VOC 이사진에게 영향력을 행사해서 자신을 괴롭히고 있다. 그 이사들은 르 매르를 암스테르담 법정으로 데려간 다음 의도적으로 재판을 자꾸 늦춰서 피해를 주고 있다. 이미 재판이 2년이나 지연됐다. 그동안 르 매르는 자신의 지분에 손을 댈 수 없기 때문에 채무자들에게 빚을 갚을 수가 없다. 그래서 채무자들이 다시 자신에게 소송을 걸었고, 이로 인해 심각한 비용과 불편함이 발생하고 있다.

그런 다음 그는 요점으로 들어갔다. 시장이 "중립적인 상인들과 중재자들"을 직접 골라주면 자신은 그들의 결정에 따를 의향이 있으니, VOC의 다른 이사들도 협상에 좀 긍정적이고 적극적인 자세로 나오도록 압력을 넣어달라는 것이었다. 그렇게 하면 "저의 재산에 대한 소유권을 되찾아서 재정적인 문제도 풀고, 제 명예도 되찾고, 또 저의 대가족도 먹여살릴 수 있습니다"라고 그는 적었다.

탄원서는 효과가 없었다. 다섯 달 후 르 매르는 암스테르담에서 성직자로 일하는 동생 요하네스_Johannes_로부터 편지를 받았다. 요하네스는 형의 탄원서를 시장들에게 전달한 인물이다. 그의 반복되는 부탁으로 시장들이 마지못해 VOC 이사들에게 르 매르 얘기를 꺼냈지만 이사들은 협상에 응할 의향이 전혀 없었다. 그들은 소송을 계속 진행할 것이며 자신들의 예산이 떨어질 때까지 계속 르 매르를 괴롭히겠다고 말했다. 요하네스가 보기에 탄원이 실패한 이유는 간단했다. 시장들은 VOC 이사진을 비판할 수 있는 입장이 아니었다. VOC는 암스테르담 시 당국의 권력구조와 밀접히 연계되어 있었기 때문에 이 회사의 이사들은 자신들이 원하는 대로 행동할 수 있었다.

르 매르와 VOC의 대결

그 자신도 VOC의 이사였던 르 매르가 다른 이사들과 싸우게 된 이유는 무얼까. 이 모든 소동은 '14척 배의 회사'라는 프리컴퍼니로부터 시작됐다. 3장에서 잠깐 언급된 이 회사는 동방무역을 했고, 공식적으로 VOC 소속은 아니었지만 실제로는 VOC에 의해 운영됐다. 일종의 우회 경영인데, 이렇게 된 이유는 간단하다. '14척 배의 회사'는 VOC보다 먼저 설립됐고 자체적으로 170만 길더의 자본금을 갖고 있었다. VOC는 650만 길더의 자본금으로 설립됐다. '14척 배의 회사' 입장에서는 VOC라는 거대 회사에 소속되는 편이 운영이나 행정적인 측면에서 더 효율적이었기 때문에 경영권을 VOC에게 넘겼다.

르 매르는 '14척 배의 회사'의 이사였다. 보통 프리컴퍼니의 이사들은 선단을 조직할 때 먼저 자신들의 사비를 들여서 배를 준비하고 그 비용은 나중에 자기들끼리 정산했다. '14척 배의 회사'의 경우 어떻게 된 일인지 르 매르를 비롯한 이사들 사이에서 비용 정산 문제로 충돌이 생겼는데, 단순한 돈 문제였던 것 같다. 암스테르담 시 경찰총감*과 르 매르가 속한 개신교 교회가 나서서 문제를 해결해보려 했지만 양측 모두 근본 원인을 찾지 못했다. 경찰총감이 르 매르를 소환했지만 그는 응하지 않았다. 자초지종을 알아보기 위해 이사들도 찾아갔지만 그들 역시 만나주지 않았다. 결국 그는 르 매르에게 1,200길더의 벌금을 부과했다. 이 돈은 총감 자신과 시장들이 일단 가져갔다. 교회는 교회대로 벌칙을 내렸다. 사건의 자초지종이 명백히 밝혀질 때까지 르 매르가 교회 모임에 나오는 것을 금지시킨 것이다. 독실한

---

* 스카우트라 불렸으며 경찰과 검찰의 역할을 함께 수행했다.

신자였던 그는 큰 충격을 받았다.

어떤 일로 그가 그런 처벌까지 받았는지는 모르지만, 어쨌든 1605년 2월 22일에 르 매르가 '14척 배의 회사' 이사직에서 물러났다는 것만은 기록으로 확실히 남아 있다. '14척 배의 회사' 이사는 VOC의 이사이기도 했기 때문에 그는 자동적으로 VOC 이사직에서도 물러나게 됐다. 게다가 그는 아프리카 최남단의 희망봉 혹은 남아메리카 최남단의 마젤란 해협을 지나는 무역업무에 종사하지 않겠다는 서약서에도 서명해야 했다. 이는 곧 그가 다시는 동방무역 관련 사업을 할 수 없다는 뜻이었다.

한동안 그는 이 서약을 충실히 지키며 해외무역에 손을 대지 않았다. 그런데 1608년, 슬그머니 '프랑스 동인도회사'의 설립 과정에 관여하게 됐다. 프랑스 동인도회사는 VOC, 즉 네덜란드 동인도회사의 직접적인 경쟁자가 될 수 있는 회사였다. 이 계획은 1610년 프랑스의 왕 헨리 4세가 살해당하면서 없던 일이 되긴 했지만 르 매르는 멈추지 않았다. 1609년 그는 동방으로 향하는 북쪽 항로를 새롭게 개척하는 프로젝트에 자금을 투자한다. 예전에 그가 서명했던 서약서에는 남쪽의 희망봉과 마젤란 해협의 항로를 이용하는 해외무역에 종사하지 않겠다고 되어 있었기 때문에, 북극을 지나가는 항로를 이용하는 루트를 발견하게 된다면 다시 동방무역 사업에 뛰어들 수 있는 길이 열리는 것이었다. 하지만 아쉽게도 이 탐험 역시 실패했다.

몇 년 후 르 매르는 또다른 길을 찾는 데 성공했다. 1614년 그는 아시아로 통하는 다른 항로를 찾기 위해 '남방회사Austraalse Compagnie'라는 회사를 설립하고, 1615년 두 척의 배를 서쪽으로 보냈다. 이 배들의 이름은 에인드라흐트Eendracht와 호른Hoorn이었고, 선장은 르 매

야콥 르 매르. 이삭 르 매르의 자녀 중 한 명으로 항로 개척을 위한 탐험을 이끌었다. 르 매르 해협과 케이프 혼이 그가 찾아낸 항로다.

르의 22명의 자녀 중 하나인 야콥Jacob 르 매르였다. 이 배들은 북쪽이 아니라 남쪽 바다로 나아갔다. 배들은 대서양을 건너 남아메리카에 도착, 마젤란 해협보다 더 남쪽에 있는 항로를 찾아낸다. 이들이 찾아낸 항로가 바로 '르 매르 해협Le Maire Strait'과 '케이프 혼Cape Horn'이다. 탐험대를 이끈 선장의 이름과 선박의 이름을 딴 것이다.

하지만 이런 대발견에도 불구하고 르 매르 가문은 아무 이익도 얻지 못했다. 일단 다른 사람들이 새로운 항로를 발견했다는 걸 믿어주지 않은데다, 1621년에는 네덜란드 서인도회사가 설립되면서 공식적으로 모든 대서양 방면의 무역 항로에 대한 독점권을 가져가버린 것이다. 이삭 르 매르는 법정에서 케이프 혼을 통한 무역 항로의 사용권을 주장했지만 판결을 보지 못한 채 1624년 세상을 떠났다. 그가 세운 '남방회사'의 다른 이사들이 이 소송을 이어받아 거의 20년이나 싸웠다.

잠깐 옆길로 샜지만, 우리의 관심사는 이 남방회사가 아니라 르 매르와 VOC간의 분쟁이다. 르 매르는 자신을 버린 VOC에 복수를 하고 싶었지만, 그러기 위해서 굳이 엄청난 돈을 투자해 남방회사 같은 무역회사를 만들 필요까지는 없다는 것을 깨달았다. 주식시장을 이용하면 돈과 노력을 훨씬 덜 들이고 복수할 수 있을 거라는 데 생각이 미쳤다.

그는 아주 치밀한 계획을 세웠다. 몇 명의 공범을 모아서 VOC의 지분을 대량으로 팔아치우기로 했다. 시장에서 다른 상인들에게 지분을 팔되, 돈을 먼저 받고 명의 이전은 나중에 해주기로 합의하면 아직 갖고 있지 않은 지분까지 팔 수 있었다. 그렇게 하면 시장에서 거래되는 지분의 가격을 떨어뜨릴 수 있었다. 여기서 그치지 않고 르 매르와 공범들은 가격이 더 떨어지도록 VOC 회사 운영에 대해 나쁜 소문들도 퍼뜨리기로 했다.

이런 일을 혼자 하지 않고 공범을 동원하기로 한 것은 현명한 판단이었다. 르 매르는 암스테르담에서 유명인사라 혼자서 작전을 실행할 경우 VOC 이사들이 금세 간파할 수 있었을 것이다. 총 아홉 명의 상인들, 즉 '트레이더'들이 르 매르의 작전에 참가했다. 이 작전에 필요한 자본의 약 25%를 르 매르가 대고, 나머지 9명의 멤버[*]은 그보다 적은 돈을 냈다. 작전에서 벌어들일 수익은 투자한 비율대로 나누기로 했다.

이들 10명의 주가조작단의 계획대로라면 VOC 지분 가격은 폭락해야 했다. 10명이 VOC 지분을 시장에서 대량 선도 매도하고, 여기에 안 좋은 루머까지 돌게 되면 가격은 내려가지 않을 수가 없었다. 일을 확실히 하기 위해 이들은 지분의 일부를 더 낮은 가격에 매도하려는 계획도 세웠다. 이러면 시장 전반에 비관적인 전망을 더욱 강하게 만들 수 있으리라 예상했다. 이런 일련의 작업들이 성공해서 가격이 폭락하고 나면, 그때 다시 지분을 사들여 이전에 양도하기로 한 사람들에게 갚을 계획이었다.

이 작전이 성공하면 가격 차익으로 큰 수익을 챙길 수 있었고, 무엇보다 VOC 이사들에게도 복수할 수 있었다. 주가가 떨어지면 투자자들이 동요하게 될 것이고, VOC의 미래 역시 불안정하게 보일 것이다. 1612년에는 회사의 1차 청산이 예정되어 있었기 때문에, 주가가 많이 떨어지면 1차 청산 후 회사가 계속 존속할 수 있을지 여부도 장담할 수 없었다. 르 매르는 마침내 적에게 복수할 수 있는 좋은 기회를 잡은 것이다.

선도 거래

'르 매르 신디케이트'라고 불러도 좋을 정도의 전문성을 갖춘 이 일당의 첫번째 작전은 지분의 선도 매도였다. 당시 VOC 지분을 거래하는 상인들은 선도 계약에 익숙했다. 선도 계약이란 주식이나 상품을 미래의 어느 시점에 양도하기로 합의하는 거래다. 쉽게 얘기해 거래 가격만 미리 정해놓고 대금 지급과 물건의 양도는 나중에 하는 것이다.

이런 방식의 거래는 새로운 것이 아니었다. 암스테르담과 안트베르펜의 곡물 시장에서는 16세기 중반부터 선도 계약이 많이 이루어졌다. 풍작이든 흉작이든 수확량에 관계없이 곡물 가격을 안정적으로

---

* 한스 바우어, 코르넬리스 아케르슬로트, 코르넬리스 반 포레스트, 빌럼 브라세르, 얀 헤드릭츠 로트칸스, 자크 다만, 마에르텐 데 메이에레, 하르만 로세크란스, 스테번 흐리츠

받기 위해서였다. 그런데 주식 거래에서는 선도 거래를 하는 목적이 달랐다. 17세기 초반부터 주식, 즉 VOC 지분의 선도 거래가 활발하게 이뤄졌는데, 이는 주로 트레이더들의 편의성 때문이었다. 이전 장에서 봤듯이 VOC의 지분을 양도하기 위해서는 거래 당사자 두 명이 동인도하우스까지 직접 찾아가 주주명부를 수정해야 하는 것이 공식적으로 정해진 절차였다. 하지만 선도 거래를 하면 이런 불편함을 대폭 줄일 수 있었다. 동인도하우스까지 가지 않고도, 또 당장 돈을 지불하지 않고도 일단 종이에 계약 내용을 적고 양측의 서명을 받아두는 것으로도 충분했다. 선도 계약은 양측이 합의한 시점이 올 때까지는 지분을 넘겨줄 필요도, 값을 치를 필요도 없기 때문이다. 심지어 합의 시점이 와도 그렇게 하지 않고 더 쉽게 계약을 정산할 수 있는 방법이 있었다.

1608년 10월 23일에 있었던 거래를 살펴보자. 한스 테스Hans Thijs라는 암스테르담의 다이아몬드 상인이 코넬리스 반 포레스트Cornelis van Foreest라는 사람과 선도 계약을 맺었다. 반 포레스트는 르 매르의 일당이었지만 테스는 몰랐다. 이들은 넓은 종이의 위쪽과 아래쪽에 계약 내용을 각각 똑같이 적었다. 종이 한가운데는 알파벳 A, B, C가 화려한 장식체로 적혀 있어서, 이 세 글자 위로 종이를 자르면 두 장의 종이가 원래는 한 장이었다는 것을 증명할 수 있게 된다. 이를 카이로그래프chirograph라 부르는데, 위조서류를 알아보기 위해 유럽에선 중세부터 널리 쓰이던 방법이었다.

테스와 반 포레스트가 선도 계약을 맺었던 1608년 10월의 주가는 약 130이었다. 이들은 1년 후에 테스가 반 포레스트로부터 VOC의 장부 가치 지분 3,000길더를 145의 가격에 산다는 내용으로 계약에

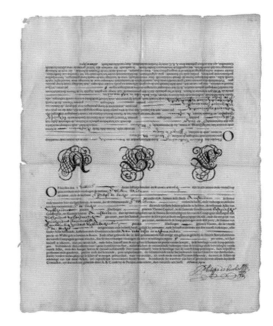

1644년 9월 2일자 VOC 지분 선도 매매 계약서. 빌렘 무일만 Wilem Muijlman이 필립스 데 바케르Philips de Baccher에게 장부가 3,000길더 지분을 넘긴 다는 내용이다. 계약 기준 가격은 457다. 이 계약서는 위와 아래가 동일한 내용으로 반복되어 적혀 있으며, 위조를 방지하기 위해 중앙의 장식체 글자 3개를 지나가도록 계약서를 절취해서 매수자와 매매자가 한 장씩 나눠 가지게 되어 있다. 그러나 이 경우는 상단부에 무일만이 서명하지 않았기 때문에 실제로 계약이 이뤄지지는 않았다.

합의했다. 이는 곧 테스가 4,350길더를 지불해야 한다는 말이다.*

테스와 반 포레스트는 1년 후에 만났다. 이 두 남자가 동인도하우스에 함께 가 VOC 지분의 명의를 이전하고 4,350길더를 주고받았을까? 아니다. 그들은 훨씬 더 간단한 방법으로 계약을 마무리했다. 계약서상의 거래 가격과 현재 니우어 브뤼흐에서 거래되고 있는 가격의 차이만큼을 지불한 것이다. 이들이 1608년 10월 계약을 맺은 가격은 145였는데, 1년 후인 1609년 10월에는 126으로 떨어져 있었다. 따라

---

* 반복해서 강조하듯이, VOC 초기에는 주식 '한 주'의 개념이 없었다. 장부에서 투자자의 지분은 최초 투자금액으로 표시됐고, 배당금 역시 이 장부 가치에 따라 지급됐다. 이 책에서 얘기하는, 또 당시 중개인들이 언급하는 VOC의 주가는 1602년 최초 투자금을 100으로 봤을 때의 가치를 말한다.

서 그 차액에 해당하는 19길더(장부가 100길더당 19길더)만큼을 테스가 반 포레스트에게 주면 간단하게 해결되는 것이었다. 3,000길더의 19%는 570길더다. 570길더의 현금이 전해지고 이들의 계약은 정산됐다. 동인도하우스까지 가서 지분 명의 이전을 했을 수도 있지만, 두 사람은 훨씬 덜 번거로운 방법으로 계약을 끝냈다.

당시 상인들은 계약을 정산하면 계약서를 찢어버렸다. 계약서가 남아 있으면 나중에 어느 한쪽이 계약이 이행이 안 된 것처럼 거짓말할 수도 있기 때문이다. 이런 전통 때문에 오늘날까지 남아 있는 선도 매매 계약서는 드물다. 계약에 분쟁이 생겨서 정산되지 못하고 소송까지 간 경우에만 계약서를 남겨두는 것이 일반적이었다.

다른 방식으로 선도 계약을 정산한 예도 있다. 1609년 3월 13일 피터르 오베르란데르와 아브라함 아벨레인이 서명한 선도 계약은 비슷한 종류의 다른 계약과 상쇄되어 없어졌다. 이런 식이다. 아벨레인은 오베르란데르에게는 선도 계약으로 지분을 팔고 더르크 세메이에게서는 선도 계약으로 지분을 샀다. 이 두 계약은 모두 장부 가치 3,000길더어치의 지분에 대한 것이었고, 이행 날짜도 같았다. 세메이는 또 마에르텐 데 메이에르에게서 선도 계약으로 지분을 샀다. 마찬가지로 데 메이에르는 한스 바우어에게서 선도 계약으로 지분을 샀다. 결과적으로 이들이 맺은 계약들은 서로 상쇄되면서 다 없어지고 장부상으로는 딱 한 번, 바우에르로부터 오베르란데르에게로 3,000길더의 지분 양도만 이뤄지면 되도록 정리된 것이다. 물론 이 계약들이 각각 다른 가격을 기준으로 맺어졌다면 당사자들 사이에서 그 차액만큼의 현금이 오고갔을 것이다.

위의 두 사례에서 봤듯이 선도 계약은 실제로 회사에 있는 주주명부에 기록된 지분을 명의 이전할 필요 없이 간편하게 지분을 트레이 딩할 수 있도록 해주어 상인들은 엄청난 시간과 노력을 절약할 수 있었다. 동인도하우스까지 가지 않아도 됐고, 또 회계장부 담당자에게 주는 건당 60센트의 수수료도 절약할 수 있었다. 그리고 계약 정산에 필요한 현금은 지분의 가치보다 훨씬 적었다(테스와 반 포레스트는 장부가로 3,000길더어치의 지분을 거래했지만 실제로 이들 사이에 오간 돈은 570길더뿐이었다). 이런 이유로 선도 거래는 급속도로 트레이더들 사이에서 인기를 얻었다.

선도 거래라고 해서 실시간(현물) 거래*보다 특별히 더 위험한 것은 아니다. 매수자 입장에서 선도 거래는 상품은 지금 구매하되 대금을 나중에 치르는 것이다. VOC 회사 장부상의 주주로 등록되지는 않지만 그 지분에 대한 '경제적 주인'의 역할은 하게 된다. 다시 말해 계약을 맺은 후 주가가 오르면 이익을 얻고, 주가가 떨어지면 손해를 본다. 매도자 입장에서는 대금 결제를 뒤로 미뤄주는 것이니 그만큼 대가를 받아야 했다. 17세기 초반의 자료를 보면 당시 트레이더들은 선도 거래를 '지불 연기'의 개념으로 생각했고, 따라서 예금 이자율만큼의 대가를 요구했다. 3장의 등장인물이었던 벨라에르 2세는 삼촌 렘페뢰르에게 편지를 쓰면서 VOC 주식의 현재 가격과 선도 가격을 함께 보고했다. 1608년 12월 10일자 편지에서 그는 주식이 현재 130에 팔리고 있으며 "1년 후 양도하는 계약은 140"이라고 전한다. 달리 말하면 1년 후 만기되는 선도 계약의 거래가가 140인 것이다. 이 두 가

---

* 영어로 spot transaction, 우리말로 흔히 현물 거래라고 말한다. 계약 체결과 동시에 상품의 소유권을 이전하는 일반적인 거래를 말한다. 그러나 VOC의 경우 '현물'이라고 부를 만한 증권 증서가 있었던 것이 아니라 장부상의 주주 명의 이전을 하는 것이 전부였으므로, 현물 거래보단 실시간 거래라고 표현하는 편이 적당해 보인다.

격, 130과 140의 차이는 퍼센트로 따지면 7.5%다. 당시 이자율이 이정도 수준이었다. 한 달 후 렘페뢰르가 VOC 지분을 사기 위해 벨라에르를 통해 상인들에게 돈을 빌리면서 연간 8% 이자를 주기로 했음을 생각해보면 자연스러운 수치다.

선도 거래가 현물, 실시간 거래보다 워낙 편리하고 신속했기 때문에 상인들은 더 과감하게 거래했다. 돈 한 푼 내지 않고 선도 계약만으로 장부가 3,000길더의 지분 5개, 총 15,000길더어치의 지분을 구입하는 것도 가능했다. 이럴 경우 지분 가격이 1%포인트 떨어질 때마다 150길더를 손해보게 돼 있었다. 어쨌든 이 선도 거래 방식 덕분에 돈을 전혀 쓰지 않고도 큰 지분을 확보하거나 반대로 지분을 전혀 보유하지 않고도 남에게 팔아치우는 것이 가능했다.

네이키드 숏셀링 금지령

선도 거래 시장은 점차 커져갔지만, 르 매르 일당이 쓴 수법이 점차 다른 트레이더들에게도 알려지면서 이런 관행에 대한 반대 여론 역시 커졌다. 르 매르 일당은 나쁜 소문을 퍼뜨려 주가를 낮추려 했고, 이는 분명 정당한 행위가 아니었다. 법으로 금지되지는 않았지만 분명 남들을 속이는 행위였다. VOC의 이사들은 특히 르 매르가 사용한 방법에 분노했다.

그들은 현대 금융 산업에서 쓰이는 용어로 표현하자면 '숏short' 포지션을 취했다.* 이는 실제로 가지고 있지도 않은 지분을 선도 거래로 팔면서, 정산일이 오기 전에 주가가 떨어져서 싼 가격에 지분을 매입할 수 있게 되기를 바라는 것을 일컫는다. 주주장부의 계정이 텅 비어 있는 사람이 매도한다는 뜻에서 17세기 당시엔 공空매도blank selling라고 불리는 행위였다. 현대의 금융시장에서는 이런 숏셀링 기법이 자주 활용되는데, 불법도 아니다. 다만 대부분의 경우 숏셀링을 하려는 투자자는 일단 주식을 다른 사람에게서 빌려와야 한다. 하지만 르 매르와 그의 일당은 VOC 지분을 다른 투자자로부터 빌려오지도 않은 채, 존재하지도 않는 가상의 지분을 팔겠다는 계약을 맺었다. 현대 금융에서는 네이키드 숏셀링naked short selling, 혹은 '무차입 공매도'라 불리는 기법이다. 2008년의 글로벌 금융 위기 이후 많은 국가가 이런 무차입 공매도를 금지시켰다.

시장에서 뭔가 이상한 일이 벌어지고 있음을 눈치챈 VOC 암스테르담 사무소의 이사들은 즉시 대응책을 마련했다. 자신들의 적인 르 매르가 작전의 배후에 있다는 것을 알고 그에 대한 분노 때문에 신속하게 움직였을 수도 있지만, 무엇보다도 그들 자신이 VOC 지분을 상당히 보유하고 있었기 때문에 재산을 보호하기 위해서라도 신속하게 대응해야 했다.

이사들은 먼저 암스테르담이 속한 홀란트 주의회에 청원을 냈다. "최근 VOC 지분 거래와 관련해 악독한 행위들이 벌어지고 있음을 발견했다"며, 이런 행위가 특히 과부와 고아 들에게 큰 피해를 주고 있다고 적었다. 많은 과부와 고아 들이 VOC 투자에서 나오는 수입으로 생활하고 있는데 르 매르 일당의 작전 때문에 주가가 떨어져 이 불쌍한 사람들의 수입 역시 줄어들 것이라는 주장이었다. 단, 청원서에서

---

* 가격이 오를 것으로 예상하고 미리 사놓는 행위를 롱(long), 가격이 떨어질 것으로 예상하고 미리 팔아두는 행위를 숏(short)이라 부른다. 예를 들어 "We are long on Samsung Electronics"라 말하면 삼성전자 주식을 사두고 있다는 뜻이고 "We are going short on Samsung Electronics"는 삼성전자 주식을 선도 매도하고 있다는 뜻이다.

르 매르의 이름을 직접 언급하지는 않았다.

실제로 과부나 고아*가 VOC 지분을 보유하고 있는 경우는 흔치 않았겠지만, 이런 불쌍한 사람들의 고통스러운 상황을 상기시키며 호소하는 방법은 정부 당국자들의 기독교적인 양심을 움직이는 데 아주 효과적이었을 것이다. 원래 네덜란드 공화국은 상인들이 주축이 되어 세운 나라로 종교적인 이유 때문에 비즈니스와 관련된 사안을 규제하는 일은 드물었다. 유럽의 다른 나라들은 상인들 간의 이자율을 직접적으로 제한하기도 했지만 네덜란드는 그렇게 하지 않았다. 하지만 소외 계층을 보호하는 데 있어서는 네덜란드 공화국 정부도 다른 나라만큼이나 적극적이었다. 다른 사람에게 피해를 입히면서 돈을 버는 일이 종교적, 도덕적으로 비난을 받을지언정 법으로 금지되지는 않았지만, 그 피해자가 과부와 고아 같은 취약계층일 때는 얘기가 달라졌다. VOC의 이사들은 이런 사회적 분위기를 이용해 르 매르 일당을 사악한 범죄자로 보이게 만들었다.

청원서는 여기서 그치지 않았다. VOC 이사들은 지금 VOC와 네덜란드 정부가 '공동의 적'을 대면하고 있다고 주장했다. VOC의 주가가 떨어지면 회사의 존립 자체가 취약해지고, 이는 정부가 VOC를 영원히 청산시켜야 하는 상황으로 가게 될 수도 있다고 적었다. 1차 청산 시기인 1612년에 주주들이 돈을 다 찾아가버리면 실제로 회사가 무너질 수 있었다. 물론 이런 주장 역시 아주 영리하게 포장됐다. 당시는 네덜란드가 스페인으로부터 독립을 선언한 지 채 30년도 지나지

---

* "과부와 고아(widows and orphans)"는 현대 금융 산업에서도 주주 배당금을 올려달라고 요구할 때 흔히 쓰는 표현이다. 실제로 연금생활자들의 재산을 관리하는 연기금들은 배당을 많이 주는 배당주에 많이 투자한다.

않은 시점이었다. 네덜란드 공화국은 걸음마 단계의 초기 국가였고 해외에선 아직 독립국가로 인정받지 못한 상태였다. 공화국 지도자들에게 이는 손톱 밑의 가시처럼 아주 아픈 상처였다. 그들에게 VOC라는 대형 무역회사는 신생 네덜란드 공화국의 힘과 권위를 대외적으로 과시할 수 있는 국가적인 프로젝트였다. 네덜란드 의회와 홀란트 주의회의 정치인들은 VOC라는 국가 차원의 장대한 프로젝트가 고작 몇 명의 트레이더들 때문에 깨지는 것을 원치 않았다. 청원서는 르 매르 일당을 국가의 적으로 묘사했다.

VOC 이사들은 한발 더 나아가 르 매르 일당의 작전을 막을 수 있는 방법까지 제안했다. 공화국 의회가 새로운 법안을 만들어서 모든 종류의 선도 계약이 계약 시점으로부터 한 달 이내에 VOC 사무소에 신고되도록 강제하는 것이다. 이렇게 하면 VOC의 회계장부 책임자가 시장 상황을 더 확실하게 모니터링할 수 있고, 지분을 보유하지 않는 사람이 공매도 계약을 맺을 수 없게 된다. 형식적으로는 시장의 혼란을 예방할 수 있는 방법이었다.

그러나 주식 중개인들 입장에서, 선도 거래 신고제는 최악의 법안이었다. 일군의 트레이더들은 VOC의 청원서에 반대하는 청원서를 써서 홀란트 주의회와 네덜란드 공화국 의회에 보냈다. 이들이 실시간 거래보다 선도 거래를 선호했던 이유는 동인도하우스까지 가서 명의 이전을 신고해야 하는 번거로움을 피할 수 있기 때문이었는데, 선도 거래 의무 신고제가 도입되면 그런 장점이 사라지게 되었다.

또다른 문제점도 있었다. 선도 거래 신고제가 도입되면 VOC의 이사들이 "모든 주식 거래에 대한 정보를 손에 넣게 되고 이를 통해 개인적 혹은 집단적인 이익을 추구할 수 있다"는 것이 이들의 주장이었다. 다른 사람들의 거래에 대한 정보를 모두 입수할 수 있는 VOC 이사들이 그걸 이용해 자신들의 배를 채울 수 있다는 뜻이다.

트레이더들에겐 정부의 규제야말로 반드시 방지해야 할 적이었다. 이들은 자신들의 청원서에 무게를 싣기 위해 "저희는 모두 애국자들이며 국가의 번영을 위해 헌신하고 있습니다"라는 문구도 넣었다. 또 주가가 떨어지는 이유가 꼭 숏셀링 때문만은 아니라고도 상세히 설명했다. 실제로도 다른 이유들이 있었다. 동인도 지역에서 사업과 관련해 종종 부정적인 뉴스가 전해지기도 했고, VOC의 경영 상태도 그리 좋지 않았다. 청원서에는 "무능한 경영진이 애국자와 투자자 들을 낙담시키고 있습니다"라는 표현도 있었고, 경영진이 무역선을 마련하는 데 들어가는 비용을 너무 분별없이 쓰고 있어서 그것이 회사의 가치에 악영향을 미치고 있다고도 이들은 주장했다.

만일 이 청원서가 르 매르 조직이 써서 보낸 것이라면, 이들의 활동을 또다른 측면에서 해석해볼 수도 있다. 물론 이들이 주가 폭락 작전을 펼친 이유는 돈을 벌기 위해서였지만, 다른 시각에서 보면 이는 요즘 말로 '주주 행동주의' 혹은 '소액주주 운동'에 해당하는 행동이기도 하다. 청원서를 쓴 주식 중개인들은 VOC 경영진의 경영 방침에 반대하고 있음을 공개적으로 밝히고 이를 행동으로 옮겼다. 무차입 공매도는 이들이 현 경영진에 반대하고 있음을 상징적으로 보여준 행동이었다.

르 매르는 홀란트 주의 행정장관인 요한 반 올덴바르네벨트에게 편지를 보내 경영진을 비난했다. 그는 주가가 떨어지는 이유가 숏셀링 때문이 아니라 경영진의 무능함과 불운 때문이라고 장관을 설득했다. 우선 VOC는 배 몇 척을 잃었다. 발헤렌Walcheren호와 히나China호가

인도네시아의 마키안 섬 해변에서 좌초했다. 다행히 배에 실려 있던 현금과 화물들은 살렸지만 새로운 배를 보내는 데 돈이 들었고, 배를 기다리는 동안 선원들의 급료도 계속 지출됐다. 이렇게 추가적으로 들어가는 비용이 약 70만 길더였다. 또 마우리티우스Mauritius호는 어떻게 됐나? 1607년 12월 27일에 인도네시아의 반탐 섬에서 출항한 이후 이 배를 본 사람이 없다. 싣고 있던 화물을 제외하고 배 자체의 가격과 장착된 대포들의 가격만도 무려 20만 길더였다. 르 매르는 이런 식으로 낭비된 지출액을 더해나가면서 행정장관을 설득했다. 그의 계산에 따르면 회사 설립 이후 첫 10년 동안 난파 등으로 입은 피해가 150만 길더에 달했다.

물론 무사히 화물과 선원을 싣고 네덜란드로 돌아온 배들도 많았지만, 문제는 이 배들이 가져온 화물이 대부분 메이스 향신료라는 점이었다. 이미 VOC 창고에는 80만 길더어치의 메이스가 쌓여 있었다. 매년 팔리는 메이스의 양은 한계가 있었다. 팔리지 않은 메이스가 창고에 쌓여 있는 동안 품질은 점점 떨어져갔다. 색이 바래고 향기도 흐려졌다.

르 매르의 주장을 한마디로 요약하면 '이 모든 게 경영진의 책임'이었다. 그럼에도 불구하고 경영진, 즉 이사들은 회사가 어려워진 책임을 몇몇 트레이더들에게 지우려 하고 있다는 게 그의 주장이었다. 트레이더들은 "그저 매일매일 들어오는 뉴스와 정보를 가지고 회사 지분을 사고파는 사람들일 뿐"이라고 르 매르는 변호했다. 트레이더들에게 무슨 잘못이 있습니까? 네덜란드 공화국은 자유무역을 하는 나라 아닙니까? 그리고 곡물은 아직 밭에서 싹이 나오지도 않은 상태에서도 선도 거래가 허용되는데, 왜 VOC 지분은 선도 거래하면 안 됩

니까? 선도 거래라 해도 정산 시점에서는 실제로 지분을 받을 수도 있는데 말입니다.

홀란트 주 정부는 지금까지 접수된 청원서와 각종 증거 서류들을 모아 홀란트 주 상고법원과 공화국 대법원에 제출해 의견을 구했다. 트레이더들 역시 이 두 사법기관에 접근해 주가 하락은 자신들의 잘못이 아니라 회사 이사진의 잘못이라고 마지막 변론을 펼쳤다. 1610년 1월 19일에 이들이 제출한 청원서 내용은 다음과 같다.

"필요 이상으로 많은 선박이 아시아로 보내지고 있다는 건 다들 알고 있는 사실입니다. 또 너무 많은 향신료가 창고에서 썩고 있다는 것도 모두들 알고 있습니다. 도저히 다 팔 수 없는 양입니다. 그러니 가까운 미래에 회사가 현금 배당을 할 수가 없습니다. 이런 점을 고려하면 회사의 주가는 여전히 너무 높은 상태로 거래되고 있습니다."

회사의 경영 전략이 잘못됐고, 그러니 주식 거래를 규제하기보다는 회사 경영을 제대로 감독하라는 것이 이들의 주장이었다.

이들의 '소액주주 운동'은 이빨이 날카롭지 못했다. 현대 상장기업들의 주주들은 주주총회에서 경영진을 공격하기도 하고 표결을 통해 이사진의 결정을 뒤엎을 수도 있지만, 17세기 VOC의 주주들에겐 그런 권리가 공식적으로 주어지지 않았다. 이사들을 개인적으로 회유하거나 홀란트 주 정부, 공화국 의회나 대법원 등에 청원할 수는 있지만 이런 기관들이 청원을 꼭 들어줘야 하는 의무는 없었다. 실제로도 이들은 무시당했다. 법원에 첫번째 청원서가 제출되고 나서 한 달이 지난 1610년 2월 27일, '네이키드 숏셀링'을 금지하는 법안이 통과됐다.

역사상 최초의 공매도 금지 조치였다.

공화국 의회는 VOC의 지분 가치를 떨어뜨리려는 르 매르 일당의 시도가 불명예스럽다고 간주했다. 같은 달 발표된 결정문에서 의회는 이런 행위가 "회사의 명예를 훼손하고, 과부와 고아 들처럼 회사가 청산할 때까지 기다릴 여력이 없는 VOC 투자자들에게 피해를 주고 있다"고 밝혔다. 이 조치는 발표 두 달 만에 시행에 들어갔다. VOC 지분 트레이더들은 VOC의 주주장부에 적힌 자신의 보유 지분보다 더 많은 양의 지분을 매도할 수 없게 됐다. 만일 위반사항이 적발될 경우 해당 계약은 무효가 되고 지분을 공매도한 사람은 계약 금액의 1/5에 해당하는 벌금을 내도록 했다. 벌금의 1/3은 고발한 사람에게 포상금으로 지급되고, 1/3은 사건을 맡은 법원 판사에게 지급되고, 나머지 1/3은 도시의 빈민 구제기금으로 들어갔다. 마지막으로, 실시간 거래건 선도 거래건 간에 모든 거래는 계약 한 달 이내에 VOC에 신고해야 한다고도 규정했다.

VOC 지분 거래에 관한 1610년의 이 조치는 공화국 의회의 법전에 공식적으로 기록됐다. 이로 인해 '네이키드 숏셀링'뿐 아니라 존재하지 않는 지분을 파는 모든 행위가 금지됐다. 그러나 선도 거래 자체가 금지된 것은 아니었다. 남에게 지분을 빌려올 수만 있다면 얼마든지 선도 매도가 가능했다.

이런 측면에서 볼 때, 1610년의 이 공매도 규제법안은 2008년 금융 위기 때 미국과 영국의 금융 감독기관들이 한시적으로 시행했던 공매도 금지조치와 일맥상통한다. 이 역시 금융시장의 안정과 투자심리 보호를 위해 취해진 조치였다.

르 매르 신디케이트의 최후

자, 이제 르 매르와 그의 일당에게 돌아가보자. 무차입 공매도 금지법안은 그들에게 직접적인 피해를 주진 않았다. 규제 조치가 발표되고 나서 효력을 발휘하기까지 두 달의 시간이 주어졌기 때문이다. 1610년 4월까지는 여전히 시장 조작이 가능했다. 하지만 이 '곰bear' 투자자들은 큰 난관에 부딪혔다.* 거래가 중단된 건 아니지만 이제 모든 사람들이 자신들의 계략을 알게 됐기 때문에 시장을 뜻대로 움직일 수 없었다.

원래 이들의 계획은 선도 매도 계약을 대량으로 맺은 다음, 이 계약들이 발효되기 직전에 나쁜 루머를 퍼뜨리고 아주 낮은 가격에 지분을 팔겠다는 시늉을 내서 가격을 확 떨어뜨리는 것, 그런 다음 다시 지분을 사들이는 것이었다. 그렇게 하면 먼저 선도 매도 계약을 맺었던 가격과 나중에 매수할 때의 가격 차이만큼 이익을 낼 수 있다. 하지만 이제 아무도 이들이 퍼뜨리는 루머를 믿지 않았고, 이들의 거래 제안을 심각하게 받아들이는 사람도 없었다.

이 작전 조직에 들어 있던 사람들이 누구였는지 당시에는 공식적으로 알려지지 않았다. 오랜 시간이 지나고 당시 공증인들의 기록이 공개되면서 밝혀진 것이다. 그렇긴 해도 암스테르담의 상인들이 그들의 정체를 몰랐을 리가 없다. 인맥이 복잡하게 얽혀 있긴 했으나 그만큼 좁은 네트워크였기 때문이었다.

또다른 변수는 배당이었다. 르 매르 일당이 무차입 공매도 작전을 막 시작하던 1609년 8월에 VOC 최고 이사회에서 회사 역사상 최초

---

* 주식시장에서 흔히 주가가 오를 것으로 기대하는 투자자는 황소(bull)로, 주가가 떨어질 것으로 생각하는 투자자는 곰(bear)으로 비유된다. 세계 주요 증권거래소 앞에는 황소 상이 서 있다.

의 배당 계획을 발표했다. 3장에서 봤듯이 1610년 4월 주주들에게 장부상 지분 가치의 75%만큼의 메이스 향신료가 지급될 예정이었다. 물론 이것이 주주들의 기대를 완전히 충족시켜준 건 아니지만 그래도 배당은 배당이었다. 배당 발표가 주가를 확 올리지는 못했지만 폭락을 막아주는 역할은 했다. 르 매르 일당의 계획이 수포로 돌아가게 만든 것이다.

이 '곰'들은 불안에 떨기 시작했다. 주가가 올라가버리면 이미 맺어버린 선도 매도 계약 때문에 엄청난 손해를 입을 상황이었다. 당황한 르 매르 일당은 갖고 있는 선도 매도 계약들을 최대한 빨리 청산해서 손해를 줄여보려 했지만 이마저도 잘되지 않았다. 계약의 상대들은 주가가 오를 것을 기대하면서 계약 만기일까지 기다리는 편을 선택했다.

르 매르 프로젝트는 실패했다. 손해액이 얼마였는지는 전해지지 않는다. 모든 거래 기록이 지금까지 살아남지도 못했고, 기록됐다 하더라도 얼마에 정산됐는지는 적혀 있지 않은 경우가 대부분이기 때문이다. 르 매르 일당이었던 코넬리스 반 포레스트의 경우 앞서 언급한 한스 테스와의 선도 계약을 통해 570길더를 벌긴 했지만 아마도 다른 계약에서 훨씬 큰 손해를 봤을 것이다.

멤버들 사이의 정산에서도 말썽이 생겼다. 이 주가 조작 작전은 9명의 합동 프로젝트였고 각자 투자한 금액이 달랐다. 여러 명의 돈이 하나의 선도 계약에 얽혀들어간 경우들이 있었다. 르 매르의 경우 프로젝트 투자금의 약 25%를 제공했으니 수익이 날 경우 25%를 챙기도록 되어 있었지만 손해가 날 경우에도 25%를 떠안아야 했다. 조직의 피해액이 점점 커지면서 멤버들은 각자 자신의 피해를 최소화하기 위해 주판을 두들기기 시작했다. 다른 멤버들 몰래 자신의 돈이 들어간 계약을 청산해버리고 이를 숨기는 경우도 있었다.

르 매르와 그의 비밀 조직 일당들의 작전은 분명 도덕적으로 지탄받을 만했다. 그들의 피해자가 될 수도 있었던 다른 상인들이 이들에게 동정심을 보이기는커녕 고소해했던 것도 이해할 수 있다. 작전을 세웠다가 역풍을 맞아 엄청난 피해를 보고 또 자기들끼리 싸움까지 붙었으니, 보는 사람들 입장에서는 재미난 구경거리였을 것이다. 그러나 르 매르의 한 가지 업적만은 인정해줘야 한다. 그는 공개적으로 VOC의 경영 상태를 비판한 최초의 주주였다.

이사진에 대한 비판

르 매르 사건이 있은 후, 다른 주주들도 회사 정책을 비판하기 시작했다. 1613년, 르 매르와 일당들이 여전히 손실 처리 문제로 다투고 있을 무렵, 다른 한 무리의 주주들이 VOC 이사들을 비난하고 나섰다. 회사가 해외에서 군사적 행동을 너무 많이 벌인다는 게 이들의 불만이었다. 네덜란드 공화국 의회가 볼 때 VOC는 단순한 민간 회사가 아니었다. 국가조직의 확장이었다. 의회는 VOC가 해외에서 일종의 군사조직의 역할도 해주길 바라고 있었다. 특히 동인도(아시아) 지역에서 공화국의 이권을 보호하기 위해 적극적으로 전투에 나설 것을 요구했다.

전쟁엔 당연히 돈이 들어간다. 이 주주들은 VOC가 돈이 되는 무역에 집중하고 전투에는 신경을 덜 써야 한다고 주장했다. 그래야 배당도 할 것이 아니냐는 얘기였다.

이들 역시 무시당했다. 앞서 르 매르 사건 때와 마찬가지로 회사는 주주들의 요구를 들어줘야 할 의무가 없었다. 그러자 14명의 주주는 자신들의 뜻을 관철시키기 위해 이사들에게 공증인을 통해 내용증명 서류를 보냈다. 이를 위해 공증인 얀 프란츠 브뤼닝을 고용했다. 낯익은 이름 아닌가? 바로 2장에서 VOC의 최초 주주명부가 마감되는 순간 공증인으로 참석했던 사람이다.

내용증명을 보내는 절차는 다음과 같다. 우선 공증인이 증인 두 명을 데리고 수취인의 집으로 간다. 그리고 문서의 내용을 크게 소리내어 읽는다. 듣는 사람은 이에 대해 대답을 해야 하지만 문서의 내용에 대해 특별히 언급할 필요는 없다. 보통은 "잘 들었습니다"라거나, "공식 문서 한 장을 제게 주십시오" 같은 별 의미 없는 대답을 한다. 수취인이 집에 없는 경우는 하녀나 수취인의 가족 등에게 대신 읽어주기도 했는데, 그럴 경우 문을 열어준 사람은 "집에 돌아오시면 전하겠습니다"라는 식으로 답했다.

공증인이 내용증명을 읽어주는 행위 자체는 법적으로 직접적인 효력이 없지만 이는 앞으로 법적, 공식적 절차를 밟겠다는 예고다. 내용증명을 보내는 사람이 원하는 바를 확실히 밝힘으로써, 자신의 요구를 들어주지 않을 경우 법으로 해결하겠다는 의지를 보여주는 것이다.

그러나 VOC 이사진에 반대하는 주주들이 보낸 내용증명이 법정 소송으로 이어질 가능성은 전무했다. 당시 VOC의 정관에 따르면 주주가 회사의 경영 방침에 개입할 수 있는 권리가 없었기 때문이다. 따라서 내용증명은 형식에 불과했다. 다만 14명의 주주가 현재의 경영 방침에 반대하고 있음을 확실하게 밝혔다는 것, 그리고 서류 마지막에 적혀 있듯 앞으로 더 많은 주주들의 목소리를 모으겠다는 뜻을 이사들에게 전달했다는 데 의의가 있었다.

이들의 요구사항은 간단명료했다. 모든 종류의 군사활동을 멈추라는 것이었다. 전투엔 돈이 너무 많이 들어갈뿐더러 성공할 가능성도 낮았다. 이들은 VOC가 영국의 동인도회사English East India Compay, EIC 와 군사적으로 경쟁해서는 승산이 없다고 봤다. EIC는 VOC보다 2년 앞선 1600년 설립됐으며 지갑도 더 두둑했다. 그래서 "동방탐험과 동방무역에 있어서 EIC가 VOC보다 더 유리한 지위에 있다"는 것이 이들의 판단이었다. 만일 네덜란드 정부가 국가 차원에서 영국과 전쟁중이라면 모를까, 그러지 않고 VOC 단독으로 EIC와 전투를 벌이는 건 옳지 않다고 이들은 생각했다. 아직 신생국인 네덜란드는 영국의 맞수가 될 힘이 없었다. 전투가 벌어지면 상황이 악화될 것이 뻔했다. 이들은 빨리 무역선을 몇 척 동인도 제도로 보내서, 항구에서 배송을 기다리고 있는 화물이나 가져오라고 주장했다. 여기서 다시 '과부와 고아' 들이 등장한다. 청원서를 낸 주주들은 자신들의 주장을 설득력 있게 펼치기 위해 이렇게 덧붙였다. "이렇게 성공 가능성도 낮은 헛된 일(전투)에 투자자들의 돈을 쓰실 겁니까? VOC 주주 중에는 수많은 과부와 고아, 그리고 빈민들도 있습니다."

이 14명의 주주들은 왜 이렇게 비관적이었을까? 영국이 동방무역의 이익을 다 가져가는 걸 보고만 있어야 할 정도로 네덜란드의 상황이 좋지 않았을까? 물론 이 주주들도 영국 무역선들이 동방무역을 싹쓸이하는 걸 원하지는 않았을 것이다. 이들은 현 VOC 경영진이 주주들에게 배당을 충분히 하지 않는 것에 대한 불만을 그런 식으로 표현한 것이다. 이들은 병사 모집이나 해외 요새 건설과 같은 군사활동에 계속해서 비용을 쓰게 되면, 가뜩이나 군사적으로 열세인 영국과의 경쟁에서는 좋은 결과를 보기 힘들고, 결국 주주들에게 돌아오는 것은 아무것도 없을 거라고 생각했다. 게다가 VOC는 이미 빚도 상당히 지고 있었기 때문에, 지금까지 동방무역으로 가져온 향신료를 제값에 다 판다고 해도 추가적인 주주 배당까지 해줄 여력은 없었다. 향신료를 제값을 받고 팔기는 힘들었다. 물량이 풀릴 때마다 가격이 뚝뚝 떨어졌다. 창고에 쌓여 있는 동안 향신료의 품질이 떨어지는 것도 문제였고, 화재 같은 사고로 인한 손실도 무시하지 못했다. 이대로 가다간 주주들의 몫으로 남는 것은 아무것도 없었다.

회사의 이사들은 공증인의 내용증명을 받고도 개의치 않았다. 주주들에 대한 배려 없이, 가던 길을 그대로 갔다. 심지어 회사 설립 20주년이 되는 1622년, 정관이 만료됐지만 회사를 청산하고 투자금을 돌려주기는커녕, 50년간 유효한 정관을 새로 써달라고 의회에 요청했다.

팸플릿 전쟁

지금까지 해오던 것처럼 VOC를 50년이나 더 운영하겠다는 뜻이었다. 50년이라니! 당시 네덜란드인 평균수명이 약 50세였다. 지난 20년간 이사들은 회사를 마음대로 운영하면서 주주들에게 회계장부를 들여다볼 수 있는 기회조차 주지 않았다. 1602년 최초 청약에 참가해 주식을 팔지 않고 20년간 가지고 있었던 주주 중엔 장부 한 번 보지 못한 채 사망한 사람도 많았을 것이다.

이젠 참을 만큼 참았다고 생각한 주주들은 다시 한번 집단행동에 나섰다. 이번엔 전략을 바꿨다. 의회나 법원에 청원서를 내봐야 효력이 없는 걸 봤기 때문에 이번엔 대중을 상대로 팸플릿을 제작하기로

1622년 발행된 소액주주운동 팸플릿. VOC 이
사들이 주주들을 등쳐서 자신들의 주머니를 채우
고 있다는 내용을 비롯해서 회사 구조를 개선하
고 주주의 권리를 확보하라는 글들이 쓰여 있다.

했다. 당시 네덜란드에서는 팸플릿을 돌리는 게 유행이었다. 팸플릿은
작은 인쇄책자 형태로 만들어져 유료로 팔렸는데, 오늘날의 시사 주
간지처럼 정치나 종교 등 많은 사람들이 관심을 가질 만한 이슈를 다
뤘다. 그래야 팸플릿 제작자와 판매자 입장에서 수익을 확보할 수 있
었기 때문이다(보통은 제작자가 판매까지 겸했다). VOC 주주들의 주장
이 팸플릿 형태로 제작됐다는 것은 곧 이 이슈가 소수 주주들만의 문
제가 아닌 네덜란드 국민들 전체가 관심을 가질 만한 내용이란 걸 보
여준다.

일부 주주들이 제작한 이 팸플릿의 주제는 VOC 이사들이 자신들
의 주머니를 채우기 위해 정관을 갱신하고 있다는 내용이었다. 이 주
주들은 흔히 '반대자들'로 불렸다. VOC의 정관은 원래 20년간 유효
했고, 그래서 1622년에는 회사를 청산하고 투자금과 수익금을 주주
들에게 돌려주도록 되어 있었다. 그런데 이사들은 청산을 준비하기는

커녕 새 배를 만들고 장비를 장착하는 데 비용을 쓰고 있었다. 청산할 회사가 왜 배를 새로 준비한단 말인가. 반대자들에 따르면 이유는 간단했다. 새 배를 사고 각종 장비를 구입할 때 하청업자들이 VOC 이사들에게 뒷돈을 준다는 것이다. 이사들이 이런 리베이트에 눈이 멀어서, 회사를 원래 약속대로 청산하지 않고 계속 운영하려 한다는 게 반대자들의 주장이었다.

1622년 발행된 이 팸플릿의 제목은 '얄팍한 이익에 대한 짧은 설명'이었다. 이름을 밝히지 않은 필자는 VOC 이사들에 대한 공격의 수위를 높였다. 회사 주주명부를 보면 이사들은 이미 오래전에 자기들의 지분을 처분했을 것이며, 그러니 이들이 주가에 신경쓰지 않는 것도 당연하다고 그는 주장했다. 같은 해 발행된 또다른 팸플릿의 제목은 '이사진에 대한 짧은 설명'이다. 역시 필자는 이름을 밝히지 않았다. 그는 앞서 소개한 팸플릿과 마찬가지로 이사들이 주주들을 등쳐서 돈을 벌고 있다고 주장했지만, 그 세부적인 방법에 대해서는 다른 해석을 했다.

"이사들은 동방에서 들어오는 정보를 비밀로 감추고 있다가 자신들의 이익을 위해 사용한다. 회사 상황에 대해 칭찬을 공개적으로 늘어놓아 지분 거래 가격을 끌어올린 다음, 자신들과 지인들의 지분을 팔아치워 이익을 챙긴다. 또 어떨 때는 일부러 배당금 지급을 늦춰서 주주들 사이에 비관적인 분위기가 조성되도록 만들고 가격을 떨어뜨린다."

가장 많은 논란을 불러일으킨 팸플릿의 필자는 '나는 진실을 말한다'와 '나는 아담이다'라는 가명을 썼다. 당시 이런 종류의 팸플릿은 대부분 가명이나 익명으로 출판됐다. 17세기의 여러 기록들을 분석한 결과, 이 두 가명을 쓴 사람의 진짜 이름이 시몬 반 미델헤스트 Simon van Middelgeest라는 걸 밝혀낼 수 있었다. 반 미델헤스트가 만든 팸플릿의 제목은 각각 '꼭 필요한 이야기'와 '두번째, 더욱 필요한 이야기'였다. 이 책자들은 아주 구체적으로 이사들을 비난했다. 예를 들어 "21년째 감사받지 않는 이사들"이란 대목이 있다. 반 미델헤스트는 그렇게 오랜 기간 동안 이사들이 아무런 감시감독도 받지 않고, 특히 회사의 주인인 주주들에게 제대로 보고한 적도 없음을 비난했다. 그는 아무런 개선 없이 회사의 정관이 현재 그대로 갱신되는 건 있을 수 없는 일이라 공격했다.

그의 팸플릿에서 이사들은 개인의 이익만을 추구하는 욕심쟁이들로 묘사된다. 그의 주장에 따르면 VOC의 구조 자체가 이사들의 부를 늘리는 데 너무 유리했다. 배를 새로 만들 때 업자로부터 커미션을 받을 수 있다는 것이 가장 큰 문제였다. 팸플릿의 표현에 따르면 이는 "금광으로 가는 지름길"이었다. 이런 식이다. VOC의 이사들은 원래 무역업이나 항해업에 종사했던 상인들이 대부분이다. 이들은 회사로부터 기본 월급을 받을뿐더러, 새 배를 구입해서 정비를 할 때 필요한 자재를 자신의 개인 사업체에서 만들어 제공하면서 계약 금액의 일부를 커미션으로 받았다. 그때 청구 가격(입찰 가격)을 높여서 지나친 수수료를 챙기곤 한다는 게 반 미델헤스트의 주장이었다. 이사들은 근거 없는 비난이라고 일축했지만, 그는 "떳떳하다면 장부를 까라. 숨길 게 없다면 두려워할 것도 없지 않나?"라고 공격했다.

그는 대놓고 인신공격을 하기도 했다. '두번째, 더욱 필요한 이야기'라는 팸플릿에서 그는 VOC 이사들을 가톨릭 신부들에 비유하면서 글을 마무리짓는다. 당시 네덜란드가 가톨릭 국가인 스페인으로부터 막 독립했고, 여전히 스페인과 전쟁중이었으며, 가톨릭의 박해를 직접 받은 신교도들이 세운 나라라는 걸 생각하면 이는 엄청난 비난이었다. VOC 이사들은 공화국 의회에 압력을 넣어서 주주들이 이사진 선임에 영향력을 행사하지 못하도록 막았다. 스페인 왕의 추종자가 이사진에 들어올 가능성이 있다는 게 그들의 논리였다. 반 미델헤스트는 이런 논리야말로 가톨릭 교회의 비밀주의와 비슷하다고 공격했다.

이런 식의 인신공격이 일부 들어 있긴 했지만, 팸플릿의 대부분은 회사의 구조를 개선하고 주주의 권리를 확보하라는 취지의 진지하고 건설적인 제안들로 채워졌다. 예를 들어 그는 주주들이 이사를 직접 선출할 수 있는 권리를 가져야 한다고 주장했다. 또 2년마다 이사의 1/3을 교체해야 장기 집권의 폐해를 막을 수 있다고도 했다. 마지막으로 VOC의 회계장부를 매년 공개하고 정관의 유효기간도 20년보다 훨씬 더 짧게 줄여야 한다고 했다. 그래야만 이사진이 회사의 이익을 위해 최선을 다할 수 있으리라고 봤다. 요즘 기준으로는 전혀 이상하지 않은 요구들이다. 회사의 주인인 주주들이 회사의 경영에 개입할 수 있어야 한다고까지는 말하지도 않았다.

그럼에도 불구하고 반 미델헤스트의 요구는 VOC가 들어주기 힘든 것들이었다. 이 회사의 정관은 공화국 의회가 만든 것이었고, 따라서 회사는 국가의 이익을 위해 행동할 것을 요구받았다. 국가의 이해관계와 주주의 이해관계가 항상 같을 수는 없었다. 주주들이야 무역회사답게 사업을 잘해서 배당을 많이 주기를 바랐겠지만, 네덜란드 정부는 이 회사가 해외에서 국가의 이익을 대변하고 때로는 전쟁까지도 치를 수 있는 조직이 되기를 원했다.

반대자들의 팸플릿 작전은 일정 부분 성공을 거뒀다. 그들의 제안이 상당 부분 받아들여진 것이다. 이사들은 50년 유효한 회사 정관을 원했지만 예전과 마찬가지로 21년으로 유효기간이 줄어들었다. 또 새 배를 구입할 때 드는 비용에서 이사들이 커미션을 챙기는 행위도 금지됐다. 다만 무역 거래에서 나오는 성과급 성격의 커미션은 유지됐다. 또한 이사직 임기가 최대 3년으로 정해졌고, 주주들에게도 일정 부분의 권리가 주어졌다. 암스테르담 사무소의 경우, 장부가 6,000길더 이상의 지분을 보유한 주주라면 누구나 '선임주주'가 될 수 있었다. 선임주주에게는 회사의 회계장부를 감사하고 이사 선임 투표에 참가할 수 있는 권리가 주어졌다.

하지만 현실에서는 이런 조치들이 큰 의미가 없었다. 우선 선임주주가 될 만한 지분을 가진 사람은 대부분 기존 이사들의 친척이나 지인들이었다. 또 일단 선임주주가 되고 나면 그 권력에 도취돼서 이사들을 감시감독하는 본연의 임무를 등한시했다. 새 정관에 따르면 이사는 3년 임기를 마치면 물러나야 했지만 본인들이 원하고 특별히 반대가 없으면 즉시 재선임될 수 있었다. 1622년에 회계장부가 선임주주들에게 공개되긴 했지만 그때 한 번뿐이었다. 장부가 다시 공개되고 회계 감사를 받게 된 것은 1647년이었다. 21년간 유효한 두번째 정관이 만료되고 나서도 3년이나 지난 후였다. 이는 세번째 정관의 내용에 대한 논의가 길어졌기 때문이다. 그리고 설령 선임주주들에게 장부가 공개된다 해도 선임주주가 아닌 일반 주주들에겐 별다른 혜택이 없었다. 선임주주가 '그런 정보를 이해할 수 있는 지적 능력을 갖추지 못한 일반 주주들'에게 정보를 전달해서는 안 된다는 조항이 정관에 들어 있었기 때문이다.

르 매르의 묘비. 르 매르가 비록 30여 년 동안 무역과 주식 거래로 150만 길더를 잃었지만 자신의 명예만큼은 지켰다고 적혀 있다.

결과적으로, 반대자들이 온갖 노력을 했지만 얻어낸 것은 별로 없었고, 주주의 계급만 갈라진 꼴이 됐다. 더 많은 권리를 가진 선임주주 계급과, 더 적은 권리를 가진 일반 주주 계급으로 이해관계가 확연히 나뉘게 됐다. 르 매르 일당의 소액주주 운동이나 회사의 군사활동을 반대했던 14인의 소액주주단, 그리고 팸플릿 홍보전을 펼쳤던 이들의 노력은 거의 대부분 수포로 돌아갔다.

한편 이 모든 일의 시작이었던 이삭 르 매르는 VOC 트레이딩에서 손을 뗀 지 오래였다. 그는 자신의 공범들과 각자 손해를 정산하는 싸움에 계속 정력을 빼앗기고 있었고, 케이프 혼을 통과하는 새 항로에 대한 권리와 관련한 소송 역시 그를 지치게 했다. VOC의 정관을 바꾸는 일에는 더이상 신경을 쓸 수가 없었다.

그는 1624년에 죽었다. 에그몬트-빈넨이라는 마을 교회에 묘비가 남아 있는데, 누가 썼는지는 모르는 묘비문에는 르 매르가 비록 30여 년 동안 무역과 주식 거래로 150만 길더를 잃었지만 자신의 명예만큼은 지켰다고 적혀 있다. 하지만 르 매르 일당의 작전에 빠질 뻔했던 다른 주식 중개인들도 그렇게 생각했을까. 또 르 매르와 수십 년간 맞서 싸웠던 VOC의 이사들은 그를 어떤 사람으로 평가했을까.

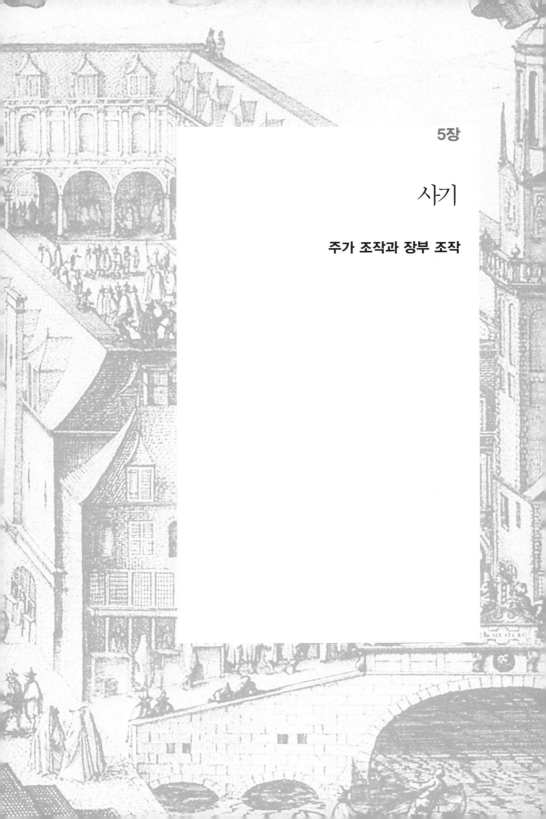

5장

사기

주가 조작과 장부 조작

바렌트 람프Barent Lampe는 꽤 괜찮은 직업을 갖고 있었다. 1602년 회사 설립 때부터 VOC 암스테르담 사무소의 회계장부 책임자로 일해온 그는 회사의 수입과 지출을 매일매일 장부에 기록, 정리하고 그 대가로 회사에서 월급을 받았다. 그는 또한 주주들 간의 지분 교환을 기록하는 자본 회계 업무도 맡았는데, 한 쌍의 트레이더, 즉 매도자와 매수자가 서로의 지분을 옮겨달라고 요청하면 장부에 기록하는 일이었다. 이런 일은 불규칙했다. 어떤 날은 네댓 건의 거래가 있었고 어떤 날은 하나도 없었다. 거래가 있을 때마다 람프는 약간의 수수료를 받았다. 고정적인 수입은 아니었지만 용돈벌이로는 꽤 짭짤했다.

처음 몇 년간 그는 규정을 철저히 지키면서 주주들 간의 지분 거래를 기록했다. 명의 이전 신청자가 있을 때마다 그는 이사 두 명을 방으로 불러 증인으로서 그 과정을 지켜보게 했다. 그런데 시간이 지나면서 람프는 이사들이 이렇게 호출당하는 걸 별로 좋아하지 않는다는 사실을 알게 됐다. 그들의 업무에 방해가 되기 때문이다. 명의 이전 신청자가 많은 날이면 이사들은 하루 종일 람프의 방에 들락거려야 했다. 이사들 본인들도 싫고 람프도 번거로웠다. 람프는 일을 꼼꼼하게 하는 편이라 이사들이 지켜보지 않아도 실수할 리가 없다고 생각했다. 하지만 규정상 장부엔 이사들의 서명이 꼭 필요했고, 람프 혼자서 처리한다고 하면 명의 이전을 신청하는 주주들이 반발할 게 뻔했다. 혹시라도 기록이 잘못돼서 거래가 법적 효력을 인정받지 못하게 되면 누군가는 피해를 보기 때문이다.

람프의 호출을 받으면 이사들은 하던 일을 멈추고 부리나케 람프의 작은 사무실로 들어와 장부에 휙 서명을 하고는 곧장 나가버렸는데, 이런 일이 계속 반복되다보니 사실상 람프만이 자본 계정의 내용을 책임지게 됐다. 이사들은 람프가 장부에 써놓은 내용을 제대로 보지도 않고 하라는 대로 서명만 하고 나갔다. 명의 이전을 신청하는 트레이더들 조차도 별로 신경쓰지 않았다. 장부에 자기 이름과 거래 액수가 잘 표시되기만 하면 상관없었다.

하지만 단 한 사람만은 다르게 생각했다. 그 한 사람, 한스 바우어Hans Bouwer는 대박을 꿈꾸는 사람이었다. 그는 VOC 지분 트레이딩 비즈니스로 부자가 될 수 있지 않을까 생각했고, 그래서 르 매르가 주가 조작 작전을 짤 때 가장 먼저 참여하기도 했다. 개인적으로는 VOC 이사들과 사이가 나쁘지 않았고 이사들의 경영 정책에 대해서도 별 불만이 없었지만, 그에게 중요한 건 어떻게 해야 큰돈을 벌 수 있느냐 하는 것이었다. 그는 주가 조작 작전에 합류해 필요한 자금의 무려 1/6를 댔다. 주범인 르 매르 다음으로 큰 투자금이었다.

그런데 선도 거래를 통해 주식을 공매도하고, 나쁜 루머를 퍼뜨리고, 그다음에 다시 더 많은 주식을 사들이려면 오랜 기간 많은 노력을 들여야 하고 작전이 깨질 위험도 컸다. 바우어는 '이것보단 쉬운 길이 있지 않을까?' 의문을 품었다. 주식 거래 때문에 다시 동인도하우스를 찾았을 때, 바우어는 장부 기록 절차가 끝난 다음에도 방을 나가지 않고 잠시 기다렸다. 자신과 거래한 트레이더와 증인으로 들어왔던 이사 두 명이 나가자 방 안에는 바우어와 장부 책임자인 람프 둘만 남았다.

바우어는 말을 돌려서 하는 성격이 아니었다. 그는 단도직입적으로 람프에게 자신의 계획을 얘기했다. 람프는 바로 찬성하진 않았지만 그렇다고 단번에 반대하지도 않았다. 바우어는 '됐다!'고 생각했다.

르 매르의 주가 조작 작전과 달리, 바우어의 계획에는 시장에 거짓 정보를 흘린다거나 하는 복잡하고 번거로운 작업이 필요 없었다. 심플하고 화끈하게 사기를 치자는 생각이었다. 그의 생각은 이랬다. 우선 자신이 가지고 있는 VOC 지분을 다른 트레이더들에게 판다. 여러 명일수록 좋다. 규정에 따라 VOC의 회계장부 책임자 람프는 주주명부에 있는 그 트레이더들의 계정에 거래된 만큼의 지분을 추가할 것이다. 동시에 바우어의 계정에서는 그만큼을 차감해야 하지만, 람프가 그렇게 하지 않는다 해도 눈치챌 사람은 없지 않은가! 그러니 바우어의 계정은 그대로 놓아둔다. 계약의 증인이 되어야 할 이사들은 또 별다른 의심 없이 서명만 하고 나갈 것이다. 지분을 사는 상대 트레이더들 역시 자기들의 계정에 구입한 만큼의 지분이 제대로 추가됐는지에만 신경을 쓰고 바우어의 계정은 들여다보지 않을 것이다. 그렇게만 하면 쉽게 돈을 벌 수 있다.

바우어의 작전은 순조롭게 진행되었다. 첫번째 희생자는 1610년

1월 13일에 나타났다. 프란스 반 크루예스베르겐Frans van Cruijsbergen이라는 트레이더였다. 그는 나중에 법정에서 "바우어와 람프는 아주 조직적으로 움직였습니다. 전 바우어의 지분이 진짜 존재하는 줄 알았습니다"라고 증언했다. 2주 후, 두번째 희생자가 나왔다. 토비아스 회르츠라는 이 남자는 바우어에게서 장부가 2,400길더에 해당하는 지분을 사들였다. 이런 식으로 바우어-람프 콤비의 장부 조작은 계속 이어졌다.

3월 말까지 이들은 장부가 24,900길더어치의 유령 지분을 팔았다. 당시 주가가 133 정도에서 오르락내리락하고 있었으니 실제 가치로는 33,000길더 정도 되는, 상당히 많은 액수였다. 당시 바우어가 좋은 집 한 채를 1년 동안 빌리는 데 쓴 돈이 300길더였다.

자기 혼자서 너무 많이, 그리고 너무 자주 주식을 파는 것처럼 보이면 의심을 사지 않을까 걱정한 바우어는 다른 사람들을 끌어들였다. 예전 르 매르의 작전 당시 함께 일했던 동료들 중 두 명[*]이 합류했고, 바우어의 조카 야스퍼도 참여했다. 이들은 바우어와 람프에게 커미션을 떼어줬다. 지분을 사겠다는 사람을 찾아 동인도하우스로 데리고 오기만 하면 끝이었다. 나머진 람프가 알아서 처리해줬다. 돈이 홍수처럼 밀려들었다. 아무도 눈치채지 못했다.

도망가버린 사기꾼
이런 식으로 바우어-람프 콤비에게 속아 유령 지분을 샀던 사람들

---

[*] 하르만 로세크란스와 코넬리스 반 포레스트.

은 그들에게 저주를 퍼부었겠지만 나머지 주주들에게는 이들의 사기 행각이 큰 도움이 되었다. 이 사건으로 인해 사람들이 VOC 지분을 보유한다는 것의 법률적인 해석에 대해 더 깊이 논의하기 시작한 것이다. 당시 VOC의 지분은 증권, 즉 종이 증서 형태가 아니라 장부상의 숫자로만 존재했으며, 주식 1주가 아닌 '장부가 몇 길더'라는 단위로 거래됐다. 또 지분을 사는 순간 주주가 법적으로 어떤 권리를 갖게 되는 것인지도 구체적으로 명시된 바가 없었다. 바우어와 람프의 장부 조작 사건 이후 이런 점들이 보다 명확해지게 됐다.

이 콤비의 사기극은 1610년 3월 두 달 만에 끝이 났다. 그 무렵 르매르 사건의 여파로 무차입 공매도 금지법이 통과되었고 또 모든 거래를 한 달 안에 장부에 기록하도록 하는 규정도 만들어졌기 때문이다. 이 새로운 규정들 때문에 증인이 되는 이사들은 장부에 서명을 할 때 예전보다 훨씬 주의 깊게 지분 거래 내역과 주주 계정을 확인하게 됐다. 이런 분위기 때문에 람프 스스로 조작을 중단했을 것이다.

그해 10월쯤, 드디어 이사들 중 몇몇이 이상한 점을 눈치챘다. 주주 계정 장부를 확인하다가 발견했을 수도 있고, 바우어 일당 중 누군가가 말을 흘렸을 수도 있다. 정확한 이유는 모르지만 아무튼 람프가 해고당하고 새로운 장부 책임자가 고용되었으며, 이 장부 조작에 관련됐던 지분들은 거래가 정지되어 타인에게 양도할 수도 없고 또 배당금도 지급되지 않았다. 지분의 주인들, 즉 바우어-람프 콤비에게 속아 유령 지분을 샀던 사람들은 동인도하우스에 와서야 이런 사실을 알게 됐다.

피해자들은 당연히 VOC 이사진에게 어떻게 된 일인지를 따져 물었지만 이사들은 묵묵부답이었다. 애초에 그들이 람프를 잘 감독하고 장부에 서명할 때 제대로 확인했더라면 이런 일은 없었을 것이므로 잘못을 인정하고 싶지 않았던 것이다. 화가 난 피해자들 중 몇몇은 십시일반 돈을 모아 공증인 브뤼닝을 고용했다. 브뤼닝은 1장에서 봤듯 VOC의 설립 때부터 이 회사의 일에 깊숙이 관여해온 인물이다. 그는 주주들을 대신해 내용증명 서류를 동인도하우스로 가지고 가 크게 읽었다. "왜 우리가 가진 지분을 처분할 수 없는지 정확히 설명하라"는 내용이었다. 이사들이 제대로 된 대답을 하지 않으면 법정 소송으로 가겠다는 말도 들어 있었다.

공증인 브뤼닝에 대한 이사들의 대답은 "알겠으니 우리에게 지금 읽은 서류를 한 장 달라"는 것이었다. 내용증명을 받았다는 의례적인 대답일 뿐 자세한 설명은 없었다. 피해자들은 10월 18일 다시 공증인을 동인도하우스로 보냈다. 이번엔 이사들의 솔직한 대답을 들을 수 있었다. "바우어가 자신이 실제로 가진 VOC 지분보다 더 많은 지분을 여러분에게 양도했습니다. 우리 회사는 여기 해당하는 지분에 대해서는 배당금을 지급하지 않을 것이며 양도도 허락하지 않을 것입니다."

피해자들은 그제야 상황을 파악했다. 당연히 합법적으로 지분을 구매했다고 생각했던 것들이 모두 사기였던 것이다. 이들은 발을 동동 구르며 바우어를 찾았다. VOC 관련 소송들을 다루던 암스테르담 지방법원*은 바우어에게 소환장을 발부했지만 그는 나타나지 않았다. 법원의 집행관이 그를 찾아나섰지만 어디에도 그의 모습은 보이지 않았다. 재차 소환장이 발부됐지만 아무 소용이 없었다. 판사는 바우어

---

* Alderman's court. 당시 네덜란드는 지방법원—홀란트 주 상고법원—공화국 대법원의 3심 제도를 채택하고 있었으며, 이 제도는 19세기 초 프랑스가 네덜란드를 점령할 때까지 지속됐다.

없이 재판을 열었고, 바우어가 가짜 주식을 산 피해자들의 손해를 모두 보상해야 한다는 판결을 내렸다.

하지만 바우어를 찾지 못하면 그런 판결이 무슨 소용이 있으랴. 바우어도 람프도 더이상 암스테르담에서 모습을 드러내지 않았다. 유럽의 근대 초기에는 빚을 진 사람이 멀리 도망가버리는 경우가 흔했다. 주가 조작 작전을 벌였던 르 매르 역시 작전 실패 후 암스테르담을 떠나 조용한 바닷가 마을로 이사를 가버렸다. 그에게 소송을 걸려는 사람들은 그 마을까지 공증인을 보내거나 소환장을 보내야 했는데, 교통이 발달하지 않은 17세기엔 사람을 멀리 보내는 것 자체가 비용이 많이 드는 일이었다. 그러니 피해를 보고도 가해자가 너무 먼 곳에 살면 그냥 포기해버리고 마는 경우가 많았다.

바우어는 네덜란드 법의 힘이 미치지 않는 곳으로 도망갔을 가능성이 크다. 암스테르담에서 50km 정도 떨어진 비아넨이 특히 유력한데, 비아넨은 당시 네덜란드 공화국에 속하지 않은 '자유도시'였다. 빚을 지고 이곳으로 도망가면 채권자들이 법적으로 어떻게 해 볼 도리가 없었다. 때문에 '비아넨에 간다'는 말이 파산한다는 뜻으로 쓰일 정도로 이 도시에는 빚을 지고 도망온 사람들이 많았다.

바우어는 사라져버렸고 피해자들은 피해 보상을 받을 수 없게 됐다. 이제 피해자들은 어떤 방법을 모색했을까.

정상적이고 온전한 지분

유령 지분을 산 피해자들은 이제 사기꾼 바우어가 아니라 다른 관련자들을 표적으로 삼았다. 바우어의 첫번째 피해자였던 프란스 반 크루예스베르겐은 바우어에게 직접 지분을 산 것이 아니었다. 바우어의 유령 지분이 반 크루예스베르겐에게 들어가기까지는 여러 트레이더들 간의 선도 거래가 있었다. 앞서 4장에서 봤듯이 트레이더들은 지분을 거래할 때마다 명의 이전을 하기 위해 동인도하우스까지 가는 대신 니우어 브뤼흐 위에서 자기들끼리 선도 계약을 맺고, 양도 시점이 오기 전에 다른 계약을 맺어 매도 혹은 매수하기로 한 약속을 청산해버리는 게 일반적이었다. 이번 경우 역시 마찬가지였다. 반 크루예스베르겐에게 선도 계약을 통해 직접 유령 지분을 판 사람은 그의 처남인 피터르 오베르란데르였다. 오베르란데르는 아브라함 아벨레인이라는 사람에게서 샀고, 아벨레인은 더르크 세메이라는 사람에게서 샀다. 세메이는 또 마에르텐 데 메이에레에게서 샀다. 이 메이에레가 바우어와 직접 거래한 인물이다. 이런 연쇄 계약 관계는 앞서 4장에서 선도 계약을 소개하며 언급한 바 있다. 요약하자면, 반 크루예스베르겐―오베르란데르―아벨레인―세메이―메이에레―바우어, 총 6명이 일렬로 연결된 매매구조다.

최종 피해자인 반 크루예스베르겐은 자신에게 문제의 지분을 판 처남 오베르란데르에게 가서 하소연했다. 미안해진 오베르란데르는 자기가 가서 그 지분이 진짜인지 아닌지를 확인해보겠다며, 혹시 가짜로 판명되면 자신이 대신 보상해주겠노라고 통 크게 위로해줬다. 오베르란데르는 아벨레인을 만나 문제를 상의했다. 법정 기록에 따르면 이들은 암스테르담 구교회Oude Kerk 안에서 만났다고 한다. 1600년과 1611년 사이엔 성 올라프 성당이 트레이더들의 모임 장소로 자주 쓰였지만 거래가 잦은 여름엔 이 성당이 너무 좁아서 더 큰 암스테르담 구교회에서도 거래가 이루어졌다. 성 올라프 성당이야 신교도 국가인 네덜란드에서 미사가 금지된 가톨릭 성당이었기 때문에 비어 있었지만, 암스테르담 구교회에선 이 두 사람이 예배중에 만나서 얘기했을 가능성도 있다. 아무튼 아벨레인 역시 자기는 이 지분이 진짜 지분인 줄 알았다며 보상을 거부했다. 결국 오베르란데르는 아벨레인을 상대로 소송을 걸기로 했다.

여기서 재미있는 점이 나온다. 원래 아벨레인은 오베르란데르에게 지분을 팔 때 바우어로부터 받을 지분이 아니라 자크 반 데 헤르 Jacques van de Geer와 한스 펠리코르네라는 사람이 공동으로 소유한 지분을 넘기려 했다. 하지만 오베르란데르는 이 두 사람의 신용이 좋지 않다는 점을 들어 거부한다. 아벨레인은 자신이 보증서를 써주겠다고까지 했지만 오베르란데르는 그것도 거부한다. 그러자 아벨레인은 평소 거래를 몇 번 해봤던 바우어를 떠올리고는 바우어에게 팔 지분이 있는지 물어보겠다고 한다. 오베르란데르는 본인 역시 바우어와 매일같이 거래를 해왔기 때문에 바우어의 지분을 받는 데에는 별 문제가 없을 거라고 생각하고 동의했다.

아벨레인이 고용한 변호사는 이 얘기를 듣고 무릎을 쳤다. 승산이 조금은 있었다. 처음에 아벨레인이 오베르란데르에게 팔려고 한 건 헤르와 펠리코르네의 공동 소유 지분이었는데, 오베르란데르는 미심쩍다며 이를 거부했다. 보증서까지 써준대도 싫다고 했다. 그런데 바우어의 지분을 받아 넘기겠다고 했더니 보증서도 요구하지 않고 덥석 받지 않았는가? 유독 바우어의 지분만 제대로 확인하려 하지 않은 건 오베르란데르 본인의 부주의 아닌가? 이런 약점을 노리고 들어가자는 게 아벨레인 측 변호사의 생각이었다.

하지만 지방법원 판사는 이 주장에 설득되지 않았다. 아벨레인보다는 오베르란데르 쪽으로 마음이 기울었다. 판사는 오베르란데르에게 "당신이 사려는 지분이 진짜 제대로 된 지분이라고 믿었다면 여기서 선서하라"고 말했다. 오베르란데르는 두 번 생각하지 않고 지시를 따랐다. 선서가 끝나자 판사는 오베르란데르의 말이 진실이라고 판단해 그의 손을 들어줬다. 가짜 지분을 넘긴 것은 이제 아벨레인의 책임이 됐다.

아벨레인이라고 여기서 멈췄을 리는 없다. 그는 이제 바우어의 유령 지분을 자신에게 넘겼던 중간 거래자인 세메이를 상대로 소송을 걸었고, 이겼다. 오베르란데르가 걸었던 소송과 내용은 똑같고 입장만 바뀐 소송이니 당연한 일이었다. 세메이도 물론 가만있지 않고 바우어의 유령 지분을 자신에게 넘긴 메이에레를 상대로 소송을 냈고, 역시 이겼다.

이제 메이에레가 바우어를 상대로 소송을 낼 차례지만, 바우어가 이미 멀리 도망가버린 관계로 그런 헛수고를 하진 않았다. 메이에레는 실종된 바우어 말고 다른 상대를 찾았다. 그는 바로 얼마 전에 자신을 이긴 세메이를 상대로 상급 법원인 홀란트 주 상고법원에 항소심을 걸었다. 항소심에선 승산이 있다고 봤을까? 새로운 증거가 나온 것도 아니니, 결과가 바뀌지 않을 것은 아마 본인도 잘 알고 있었을 것이다. 그러나 장부 가치로 3,000길더나 되는 지분은 그냥 넘어갈 수 있는 재산이 아니었다. 그사이 VOC 주가가 더 올라 장부가 3,000길더의 지분은 실제로 5,000길더 정도에 거래되고 있었다. 큰돈이었다. 다시 집값에 비교하자면, 암스테르담 시내에 꽤 살 만한 집 50채를 1년 동안 빌릴 수 있는 돈이었다. 질 줄 알면서도 지푸라기라도 잡는 마음으로 항소하는 것이었다. 이길 가능성은 아주 적었지만 그래도 혹시 모르는 일이었으니까.

그런데 당시 네덜란드 법에는 1심 판결에 불복한 사람이 상급법원에 항소할 수 있는 기한이 정해져 있었다. 만일 메이에레가 항소심에서 이길 경우 세메이도 아벨레인에게, 아벨레인은 오베르란데르에게 역순으로 줄줄이 항소심을 내야 할 판인데, 각 재판의 결과를 기다렸다가 소송을 내면 항소심을 낼 수 있는 기한을 넘길 수밖에 없을 것이었다. 그래서 이들은 메이에레 재판의 결과와 상관없이 일단 각자 항소심을 신청하는 편을 택했다. 결국 1심의 재판 3건이 고스란히 항소심에서 반복됐다. 다만 1심의 피고가 항소심에선 원고가 되고 1심의 원고가 항소심의 피고가 됐다는 차이뿐이었다.

판결 결과는 모두 1심과 같았다. 각 계약들은 유효한 것으로 인정받았다. 메이에레는 포기하지 않았다. 이번엔 최고법원인 공화국 대법원으로 상고했다. 홀란트 주 상고법원이나 공화국 대법원이나 모두 헤이그 시에 있다. 두 법원은 법리적인 측면에선 별반 다르지 않았다. 공화국 대법원이 홀란트 주뿐 아니라 제일란트 주까지 관할한다는 것이 유일한 차이였다. 어쨌든 메이에레는 마지막 희망을 걸었다. 역시 시간 제한에 쫓긴 나머지 사람들 모두 메이에레를 따라 각자의 상대에게 상고심을 걸었다. 똑같은 3건의 재판들이 또다시 반복됐다.

상고심 역시 결론은 변하지 않았다. 메이에레는 3번의 소송을 하느라 더 큰 빚더미를 짊어지게 됐다. 그런데 1심과 비교해 항소심과 상고심에서 달라진 부분이 있었다. 1심에선 판사가 오베르란데르에게 "이 지분이 진짜 제대로 된 지분이라고 믿었다면 여기서 선서하라"고까지 요구했다. 하지만 항소심과 상고심 판사들은 그런 요구를 따로 하지 않았다. 이는 선도 거래를 하는 트레이더들이 거래하는 지분의 진위를 굳이 확인하지 않아도, 또 상대방에게 보증서를 요구하지 않아도 책임을 묻지 않겠다고 밝힌 것이나 다름없는 것이었다. 그 결과, 이 재판들은 바우어의 사기 행위에 대한 판결을 내렸을 뿐 아니라 선도 거래라는 행위 자체에 대한 해석까지 내려준 셈이 됐다.

이 판결로 인해 선도 거래는 확실하게 법적으로 인정받는 매매행위로 인정받게 됐다. 트레이더들 사이에 따로 보증서 같은 것을 쓰지 않고 사적으로 맺는 계약이라 하더라도 법률적 효력을 인정받게 된 것이다. 트레이더들은 이제 더이상 선도 거래를 하면서 보증서를 요구하지 않아도 됐고, 상대방의 지분이 가짜가 아닌지 걱정하지 않아도 됐다. 법원의 입장이 확실히 정해진 것이다.*

진퇴양난에 빠진 이사들

메이에레 혼자서 모든 책임을 져야 할 판이었다. 사기꾼 바우어는 도망가버렸으니 바우어로부터 1차적으로 유령 지분을 구매한 메이에레가 피해자들에게 배상을 해줘야 했다. 토비아스 회르츠 역시 메이에레와 비슷한 처지였다. 그 역시 바우어로부터 유령 지분을 샀다. 그런데 회르츠는 메이에레와 중요한 차이점이 있었다. 메이에레는 바우어로부터 받기로 한 지분을 곧바로 세메이에게 선도 계약을 통해 넘겨버렸지만(그리고 세메이는 아벨레인에게, 아벨레인은 오베르란데르에게, 오베르란데르는 반 크루예스베르겐에게로 연이어 넘겼지만) 회르츠의 경우는

---

* 이런 관습은 현대까지 이어지고 있다. 개인 투자자들은 금융상품을 사고팔 때 계약서에 서명을 하거나 도장을 찍는 게 보통이지만, 기관 투자자들끼리는 구두로, 심지어 전화통화나 인터넷 메신저, 손짓이나 몸동작으로 하는 거래도 법적인 효력을 인정받는다.

이 지분을 아무에게도 넘기지 않고 계속 갖고 있었다. 바우어와 회르츠는 (유령) 지분을 양도하는 계약을 맺고 나서 동인도하우스에서 장부에 기록을 했고, 이때 VOC 이사들이 분명 증인으로 참관했기 때문에, 회르츠는 이사들의 감독 소홀 책임을 묻는 쪽을 택했다.

좋은 생각이었다. 당시 장부에 계약 내용을 기록할 때는 모든 것이 절차대로 진행되는 것처럼 보였고, 두 명의 이사가 현장에서 서명까지 했다. 회르츠는 그 이사 두 명의 이름까지 기억해냈다. 얀 포펜Jan Poppen과 레오나르트 라이였다. 이 둘은 VOC 창립 멤버였다. 또한 회르츠는 그 유령 지분을 산 다음 배당금까지 받았다. VOC는 1차 배당으로 지분 장부가의 75%에 해당하는 메이스 향신료를 주주들에게 지급했었는데, 회르츠가 이걸 받으러 갔을 때 이사 중 아무도 그에게 문제를 제기하지 않았다. 장부 책임자 람프가 향신료 배당의 양을 계산하는 과정을 당직 이사였던 자크 드 벨라에르 1세가 다 지켜봤고, 창고에서 향신료를 받아가라는 수령증에도 그가 서명을 해줬다. 그리고 회르츠는 몇 달 후인 1610년 12월 1일에 두번째 배당인 후추를 받으러 다시 동인도하우스에 갔다. 이번엔 장부가의 50% 배당이었다. 이번에 당직을 서고 있던 이사는 얀 포펜이었고, 그 역시 별다른 의심 없이 회르츠의 수령증에 서명해줬다. 그때는 심지어 바우어의 사기극이 드러나고 난 이후였다. 그때까진 아직 모든 전모가 밝혀지지는 않았던 것이다.

회르츠가 바우어에게 당했다는 걸 알게 된 건 그가 다른 사람에게 지분을 팔기 위해 다시 동인도하우스에 갔을 때였다. 이사들은 그의 지분이 '나쁜' 지분이라며 명의 이전 신청을 거부했다. 순식간에 회르츠의 지분이 쓰레기가 된 것이다.

회르츠는 지방법원에 가서 이사들이 그를 정식 주주로 인정하게 해달라고 소송을 걸었다. 그는 이미 세 번이나 동인도하우스에서 정식 주주 대접을 받았다고 밝혔다. 처음에 바우어로부터 지분을 구입했을 때, 그리고 메이스 배당과 후추 배당을 받았을 때다. 그렇게 인정해놓고 이제 와서 자신을 '가짜' 주주 취급을 해선 안 된다고 그는 주장했다.

재판은 1612년 12월 암스테르담 한복판 담 광장에 있는 시청 건물에서 열렸다. 회르츠와 이사들의 논쟁이 시작된 지 2년이나 지난 뒤였다. 재판엔 엄청난 인파가 몰렸다. 원고는 회르츠 외에 아브라함 데 리녜라는 이도 있었다. 회르츠와 똑같은 케이스로 당한 데 리녜는 본인 외에 자크 니퀘트, 피터르 시몬츠 반 데르 셸링이라는 다른 피해자들도 대표했다. 모두 바우어로부터 유령 지분을 산 이들이었다.

원고들은 자신들의 지분 장부에 서명했던 VOC 이사들을 모두 재판으로 불러냈다. 회르츠 건의 경우엔 포펜과 라이가 해당됐다(당직 이사였던 벨라에르 1세는 재판이 열리기 직전에 죽었다). 데 리녜 외 2인의 건에는 7명의 이사가 호출됐다. 라이는 이 건에도 이름이 불렸다.

그중 레이니르 파우Reinier Pauw라는 이사가 특히 중요했다. 그는 이 도시의 유명인사로, 그 자신이 지방법원의 판사로 일한 적도 있고, 1605년부터 1620년 사이에 4인 공동의 암스테르담 1년 임기 시장 직을 여덟 번이나 지냈으며 1619년에는 특별 법원의 배심원으로서 홀란트 주 행정장관 요한 반 올덴바르네벨트*에게 사형선고를 내리고 유명 변호사인 휴고 데 그로트Hugo de Groot에게 종신 연금형을 내리기

---

* 스페인으로부터의 독립과 VOC 설립에 주도적 역할을 한 인물로, 군사적 실권을 쥐고 있던 홀란트 주 총독 마우리츠와의 의견 충돌 끝에 체포돼 사형당했다.

도 한 인물이었다. 물론 그것은 이 소송이 있고 한참 후에 일어난 일이지만 아무튼 파우는 권력이 센 사람이었다. 이런 사람을 피고로 두고 과연 지방법원 판사들이 제대로 된 판결을 내릴 수 있을지가 관건이었다. 게다가 판사 대부분은 동료였던 파우와 친분이 있었다.

판사들은 꼿꼿했다. 파우를 비롯한 이사들은 피해자들의 유령 지분을 '진짜' 지분으로 인정해준 데 대해 책임을 지라는 판결을 받았다. 어떤 부분에 대해서는 공동의 책임이, 어떤 부분에 대해서는 이사 개개인의 책임이 있다는 판결이 내려졌다. 피해자들은 지분을 타인에게 매각할 수 있게 됐다. 이사들은 자신들은 사기 거래의 당사자가 아니라 단지 회계장부 담당자의 행위를 감독했을 뿐이라고 변호했지만 받아들여지지 않았다.

판사들은 또 피해자들에게 진짜 지분을 주기 전까지는 VOC가 더 이상 자본금을 늘릴 수 없다고 판결했다. 이사들은 자기 돈으로 VOC의 지분을 사서 네 명의 피해자들에게 나눠주든가, 자신들이 갖고 있는 지분을 내주는 수밖에 없었다. 이사들은 모두 부유한 상인이었지만 그래도 워낙 큰돈이 걸린 문제라 타격이 컸다. 회르츠에게 배상해 줘야 할 지분이 장부가로 2,400길더, 데 리네 외 2인에게 줘야 할 지분이 각각 장부가 3,000길더였다. 재판이 있던 시점에서 VOC의 주가는 150 정도를 오갔다. 그러니 이사들이 피해자들에게 물어줘야 할 지분은 장부가로 총 11,4000길더, 시장 가격으로는 약 17,000길더나 됐다. 총 8명의 이사가 책임을 져야 했으니 이사 1인당 2,000길더 이상의 돈을 내야 할 판이었다. 이 금액이면 당시 암스테르담에서 운하 옆에 있는 꽤 괜찮은 집을 살 수 있었다.

이 재판 이후 이사들은 바짝 긴장하게 됐다. 장부에 서명을 할 때 예전처럼 슬렁슬렁 넘기지 않고 꼼꼼히 살펴보게 됐다. 아주 작은 실수라도 나중에 엄청난 피해를 가져올 수 있음을 깨달은 것이다. 그래서 이들은 아예 지분 양도 절차를 바꿨다. 1616년부터는 지분 양도가 있을 때 받는 사람이 '받는 지분에 만족하며, 향후 문제가 있더라도 회사 측에 책임을 묻지 않겠다'는 내용의 서약서에 서명을 하도록 했다.

한편 이사들 역시 상급법원인 홀란트 대법원에 항소했다. 결론이 어떻게 나든 배상해줄 수 있는 시간을 벌 수 있었기 때문이다. 1심의 결과가 2심에서 뒤집힌다면 더 좋을 것이다. 판결은 1616년 12월 22일에 내려졌다. 이사들이 VOC의 지분 양도 절차를 보다 엄격하게 변경하고 열흘이 지난 다음이었다. 2심 판결 역시 1심과 대체로 같았으나 손해배상을 책임져야 할 이사가 사망했을 경우 그의 가족들에게는 연대 책임을 묻지 않는다는 조항이 새로 들어갔다.

여기서 이사들은 한 가닥의 희망을 또 찾아냈다. 소송에서 이기지 못할 것 같으면 시간이라도 최대한 끌어보자는 것이었다. 재수 좋게 그 기간 안에 죽어버리면 돈을 물어줘야 할 필요가 없어진다. 아주 긴 시간이 걸릴 것도 아니었다. 1602년 VOC가 창립할 당시 이사로 뽑힌 사람들은 이미 업계에서 오랜 경력을 쌓은 베테랑 상인들이었으므로, 14년이 지난 지금 그들 대부분은 인생의 노년기에 접어들고 있었다. 벨라에르 1세는 1심 판결도 나기 전에 이미 죽었고, 얀 포펜은 1심과 2심 사이에 죽었다. 다른 사람들도 그리 오래 살지는 않을 것이 확실했다.

재판은 자연스럽게 3심으로 이어졌다. 공화국 대법원이 판단을 내릴 차례였다. VOC 이사들의 전략은 아예 노골적인 시간 끌기로 바뀌었다. 자꾸 새로운 증거를 가져오면서 재판을 연기하고 또 연기했다. 결국 공화국 대법원의 최종 판결은 1621년 12월 말에 나왔다. 1심 판결이 피해자들의 손을 들어준 지 9년이나 지난 후였다. 그사이 이사 두 명이 더 죽고 4명만이 남아 있었다. 그런데 이들 역시 더이상 돈을 물어줄 필요가 없어져버렸다. 모든 이들의 예상을 뒤엎고 3심에서 VOC 이사들의 승소 판결이 나온 것이다. 피해자들에게 진짜 지분으로 배상해줄 의무는 사라졌다.

왜 3심 재판정이 이사들의 편을 들어줬는지는 결국 밝혀지지 않았다. 3심 판사들은 VOC 이사들이 업무상 저지를 수 있는 실수를 했을 뿐이라고 봤을 수도 있고, 결국 법이 부자와 힘 있는 자의 편을 들어준 것일 수도 있다. 공화국 대법원의 판결 이유는 밝히지 않는 것이 이 시대의 관례였고, 비밀로 붙이는 것이 더 적절하다고 여겨졌다.

정상적인 매수자들

사기꾼 한스 바우어는 다른 사람들을 난처하게 만드는 데 탁월한 재주가 있는 사람이었다. 가짜 지분뿐 아니라 진짜 지분을 거래할 때 역시 마찬가지였다. 지금부터는 그가 알레르트 반 발크Allert van Balck라는 사람을 어떻게 골탕먹였는지 살펴보자.

발크는 1610년 4월 5일 바우어에게 장부가 3,000길더어치의 VOC 지분을 팔았다. 가격은 155로 합의했다. 선도 거래가 아니라 즉석에서 현물 거래를 하기로 했기 때문에 발크는 바우어에게 현금 4,650길더를 받아야 했으나 바우어는 아직 돈이 없으니 잠깐 기다리라고 했다. 그래서 발크 역시 지분을 바로 넘기지 않고 돈을 받을 때까지 기다리겠다고 했다.

다음 날 발크는 다시 니우어 브뤼흐에 나갔다. 이날도 많은 상인들이 다리 위에서 VOC 지분과 기타 여러 상품들을 거래하고 있었다. 그는 얀 헨드릭츠 로트간스Jan Hendricksz Rotgans라는 남자를 만났다. 로트간스는 흥미로운 이야기를 했다. 바우어가 발크로부터 산 지분을 자신에게 팔았다는 것이다. 물론 아직 현금과 현물이 오간 것은 아니지만 어쨌든 그렇게 하기로 합의가 되었으니 굳이 중간에 바우어를 거칠 것 없이 자신에게 직접 지분을 넘기면 귀찮은 중간 과정을 생략할 수 있지 않겠냐는 것이었다.

발크는 조금 망설였다. "하지만 난 당신과 계약을 맺은 게 아니오." 로트간스는 그래도 계속 발크를 설득했다. 바우어랑 얘기를 해서 이미 그렇게 해도 된다는 동의를 받았다는 것이다.

중간에 바우어를 생략하고 둘이 직접 지분 거래를 하려면 로트간스가 발크에게 4,650길더를 지급해야 한다. 그런데 로트간스는 자신이 바우어와 다른 채무관계가 있어서 1,000길더만 주기로 했으니 나머지는 바우어에게 받으라고 했다. 이 둘은 바우어를 찾았다. 바우어는 발크에게 침착하게 말했다. "로트간스가 나한테 줄 1,000길더는 당신에게 일단 줄 거고, 나머지는 돌아오는 금요일(4월 9일)에 은행에 가서 당신 계좌로 넣어주겠소."

여기서 그가 말한 은행이란 1609년 창립된 암스테르담 은행Wisselbank이었다. 이 은행은 중심가 담 광장에 있는 시청 건물 안에 있었다. 당시 많은 상인들이 이 은행에 계좌를 만들어두고 있었고, 바우어와 발크도 마찬가지였다. 금화나 은화로 계좌에 입금해둔 돈을 다른 사람의 계좌로 이체해주는 서비스가 상인들 사이에 특히 인기였다.

발크는 은행 얘기를 듣고 안심했다. 그래서 일단 1,000길더만 로트간스에게 받고, 자신의 장부가 3,000길더짜리 지분(시장 가격 4,650길더)을 로트간스에게 넘겼다. 이들은 4월 7일에 동인도하우스에 가서 정식 지분 양도 절차를 밟았다.

금요일이 됐다. 바우어는 물론 은행에 가지 않았다. 발크가 그의 집을 찾아갔지만 바우어는 없었다. 아내와 함께 암스테르담에서 도망친 것이다. 발크는 순간 당황했지만 곧 이성을 되찾고 동인도하우스로 달려갔다. 그리고 며칠 전 자신이 로트간스에게 넘긴 지분을 동결해달라고 했다. 그건 그리 어렵지 않은 절차였다. 지분 양도에 문제가 있는 경우 설득력 있게 설명할 수만 있으면 VOC에서는 계좌를 동결해주곤 했다. 그렇게 되면 법원에서 판결이 날 때까지 다른 사람에게 양도할 수 없다.

이제 사건은 지방법원으로 넘어갔다. 발크는 로트간스가 가져간 지분을 돌려달라고 했다. 어떤 물건을 팔았는데 대금을 다 받지 못하거나 혹은 물품에 대한 설명에 거짓이 있었음을 증명할 수 있다면, 혹은 매수자가 부도가 났거나 돈을 낼 수 없는 상황이라면, 소유권을 원 주인에게 돌려주는 것이 당연했다. 하지만 발크는 재판에서 졌고, 지분을 돌려받지 못했다.

발크는 항소했다. 홀란트 주 상고법원에 사건이 올라가 있는 동안은 지분을 계속 동결시킬 수 있었다. 로트간스 역시 화가 났다. 그의 입장에서 보면 정당하게 돈을 다 지불하고 가져온 지분인데 마음대로 처분할 수 없게 된 것이다. 바우어가 돈을 지급하지 않은 건 바우어와 발크 사이의 문제일 뿐 자신과는 상관이 없다는 게 그의 입장이었다. 그는 경고의 의미로 발크에게 공증인을 통해 내용증명을 보냈다.

암스테르담의 구 시청사 안에는 암스테르담 은행과 지방법원도 자리잡고 있었다.

암스테르담 신 시청사와 그 내부. 1648년 구 시청사에서 화재가 발생해 전소하자 새 건물을 지어 1655년 문을 열었다. 당시 황금시대를 맞은 네덜란드 공화국의 국력을 상징하듯, 독일에서 수입해온 석재로 화려하게 지어졌다. 암스테르담 은행은 건물 왼쪽에 있는 별도의 출구를 이용했다. 암스테르담은 상인들의 도시였고 시장 직도 상인들이 맡았기 때문에 시청사 꼭대기에는 무역선의 조형물이 올라갔다.

"당신은 부당하게 나를 곤경에 빠뜨리고 있습니다. 당신 때문에 내가 지금 지분을 팔지 못하고 있는데, 그사이 주가가 158로 올랐습니다." 로트간스는 아울러 지분 매각 동결조치로 인한 모든 손해를 발크에게 물리겠다고 협박했다. 발크는 개의치 않았다. 공증인이 내용증명을 다 읽고 나자 그는 "잘 보고 들었습니다"라는 의례적인 답만을 전했다.

발크는 2심에서도 패했고, 또 상고했다. 이제 공화국 대법원의 차례였다. 사건으로부터 12년이나 지난 1622년, 공화국 대법원 역시 발크의 패소를 최종 선언했다. 이 모든 재판 과정은 시간은 물론 돈도 많이 들었을 것이다. 발크는 승산이 있다고 생각했기에 3심까지 왔겠지만 판사들은 그의 편을 들어주지 않았다.

승산이 조금은 있긴 했다. 재판마다 판사들은 신중하게 양편의 의견을 듣고 시시비비를 따졌다. 발크가 사기를 당했고 따라서 지분을 되찾을 권리가 있다는 것은 분명했지만 로트간스 역시 잘못한 게 하나도 없었다. 그는 정당한 절차를 통해 계약했으며 대금 역시 모두 지급했기 때문에 지분을 뺏겨야 할 이유가 없었다. 로트간스가 아주 정직하고 깨끗한 사람이었다는 얘긴 아니다. 사실 그는 바우어와 함께 르 매르의 주가 조작단 일원이었다. 바우어와 로트간스가 친한 사이였고 뭔가 교감이 있었을 수는 있다. 하지만 로트간스가 나쁜 의도를 갖고 계약에 임했다는 결정적 증거는 없었다.

로트간스가 12년에 걸친 발크와의 재판에서 이김으로써 VOC 지분 거래의 또다른 기준이 만들어졌다. 매도자인 로트간스와 매수자인 발크 모두 각각 정당한 논리가 있었지만 법원은 둘 중에 매수자의 이익을 우선시했다. 매수자가 거짓 없이 정직하게 거래에 임했다면 매도자의 권리에 앞서 매수자의 권리를 보호해줘야 한다는 기준이 만들어진 것이다. 즉, 자신이 산 지분이 이중 판매가 된 건지, 법적으로 효력이 있는지를 매수자가 일일이 확인해보지 않아도 권리를 보호받을 수 있게 됐다. 발크와 로트간스의 재판은 이렇게 지분, 즉 주식의 소유권에 대해 법적인 정의를 내려준 셈이 됐다. 이 두 사람 덕분에 이후 주식 거래가 더욱 활발하게 이뤄질 수 있는 토대가 마련되었다고도 볼 수 있다.

계약 무효

지금까지 르 매르 사건과 바우어 사건에 대해 얘기하다보니, 17세기 네덜란드의 주식 거래가 니우어 브뤼흐 위가 아니라 법원에서 더 많이 이뤄진 듯한 인상을 받은 독자들도 있을 것 같다. 하지만 실제로 법원까지 가는 경우는 아주 드물었다.

법이 잘 지켜져서는 아니었다. 니우어 브뤼흐에서는 특정 형태의 불법 거래행위가 자주 이뤄졌지만 그래도 법원까지 가는 일은 드물었다. 거래 당사자들이 이 행위가 불법이라는 점을 모두 잘 인지하고 있었으며, 이에 대해 이의를 제기하지 않기로 합의를 하고 계약을 진행했기 때문이다.

트레이더들이 상호 동의 하에 지키지 않은 법은 바로 네이키드 숏셀링, 즉 무차입 공매도였다. 앞서 1610년 2월 갖고 있지도 않은 지분을 먼저 매도하는 무차입 공매도가 법으로 금지됐다. 르 매르 일당의 주가 조작 사건의 여파였다. 하지만 대부분의 트레이더들은 처음부터 이런 규제를 반기지 않았다. 자신들의 희망과는 달리 법이 의회를 통과하자 이들은 그 법을 최대한 무시하기로 했다.

정확히 언제부터 상인들 간에 무차입 공매도가 다시 시작됐는지는 기록을 찾을 수 없다. 불법 행위였기 때문에 남아 있는 공식 기록이 거의 없는데다, 1612년부터 1628년 사이의 VOC의 자본 회계장부가 소실되는 바람에 이 기간에 있었던 공매도 건에 대해서는 확인할 수가 없다. 1610년과 1612년의 지분 양도 기록은 있지만 이중에 선도거래에 대한 것은 없다.

우리가 지금 알 수 있는 것은 1623년경에는 확실히 무차입 공매도가 활발히 이뤄지고 있었다는 사실이다. 이건 어떻게 알 수 있을까? 1623년은 21년간 유효했던 VOC의 1차 정관이 만료되고 2차 정관이 쓰인 해다. 그에 따라 1610년에 만들어진 무차입 공매도 금지법 역시 재개정됐다. 재개정된 법은 1623년 6월 3일에 발효됐는데, 이때 몇 가지 조항이 추가됐다. 그중에는 "이 규정을 무력화하려는 시도는 용납되지 않는다"는 조항도 있었다. 바꿔 말하면, 그만큼 무차입 공매도가 빈번하게 일어나고 있었다는 뜻이다.

법이야 어찌 됐든 상인들은 전혀 신경쓰지 않았다. 무차입 공매도 계약은 계속해서 이뤄졌다. 17세기 내내 법이 여러 번 개정되며 똑같은 금지조항이 들어갔지만 관행은 계속됐다.

무차입 공매도 계약을 맺을 때 상인들은 계약서에 다음과 같은 내용을 명시했다. "우선 매도자는 반드시 계약서에 명시된 지분을 미래의 정해진 시점에 매수자에게 양도해야 하며, 매수자는 정해진 금액을 지불해야 한다." 또 "양측은 예외 없이 이 계약서의 내용을 이행해야 하며, 문제가 생길 경우 암스테르담 법원의 판결에 따르기로 한다"라는 내용도 있었다. 이는 한쪽이 계약 내용을 지키지 않으면 상대방은 암스테르담 지방법원에 소송을 걸 수 있다는 뜻이다. 여기까지는 특별한 내용이 없지만, 이 다음이 중요하다. "그러나 현재든 미래든 이외의 목적으로는 법적인 절차를 사용하지 않으며, 여기에는 선도 거래가 반드시 (VOC에) 등록돼야 한다는 조항도 포함된다." 다시 말해, 계약서에 서명을 한 트레이더들은 계약이 지켜지게 하기 위해 소송을 걸 수 있지만 그 목적은 돈 혹은 지분의 완전한 양도를 위한 것이어야 한다는 뜻으로, 선도 거래 자체에 대한 규제는 일부러 무시한 것이다.

상인들이 이렇게 맘대로 법을 무시해도 문제가 없었을까? 그렇다. 별 문제가 없었다. 선도 거래는 사적인 계약이기 때문에 정부 기관이 뭐라고 해도 행위 자체를 금지할 수는 없었다. 원칙상 비즈니스를 하는 개인은 자기가 원하는 계약은 뭐든 할 수 있었다. 그런 한편 공화국 의회와 여타 정부 기관은 무차입 공매도 관행을 막아보려고 온갖 방법을 동원했다. 예를 들어 위에 언급한 것과 같은 조항이 들어간 지분 거래 계약서는 법적으로는 무효 처리할 수 있었다. 심지어 무차입 공매도 거래가 아니라고 해도 이러한 조항이 들어 있는 계약서는 원칙적으로 모두 무효 처리할 수 있었다. 법원의 입장에서는 조항을 명시하는 행위 자체가 불법이기 때문이다. 또 (나중에 설립되는) 거래소에서 일하는 브로커가 무차입 공매도를 주선하다가 적발되면 브로커 자격을 박탈당했다. 암스테르담 시 당국이 브로커 길드를 통제했기 때문에, 규정을 어기는 브로커를 해고할 수 있는 힘이 있었다. 그러나 이런 두 가지 제한에도 불구하고 무차입 공매도는 계속됐다. 트레이더들에게는 그만큼 무차입 공매도가 편리했기 때문이다.

다만 지분을 구매한 당사자가 법적으로 문제를 삼을 경우에는 실제로 계약이 무효화된 사례들이 있다. 1633년의 일이다. 세베리엔 하에크란 사람이 안드리스 폴스테르라는 사람을 상대로 계약 무효 소송을 걸었다. 그가 왜 이런 소송을 냈는지는 기록에 남아 있지 않지만, 선도 거래로 지분을 산 다음에 주가가 폭락했기 때문으로 추정된다.

계약을 그대로 놓아두면 큰 손해를 봐야 할 상황인지라, 하에크는 폴스테르에게 "당신이 가지고 있다고 했던 지분을 내게 보여달라"고 요구했다. VOC 사무실인 동인도하우스에 같이 가서 주주명부에 들어 있는 폴스테르의 계좌 정보를 직접 눈으로 확인하겠다는 뜻이다. 폴스테르가 이를 거부하자 하에크는 속으로 쾌재를 불렀다. 재판으로 끌고 가면 자신이 이길 수 있다는 생각이 든 것이다. 그의 생각이 옳았다. 암스테르담 지방법원의 판사들은 지분을 매각하기로 한 폴스테르가 계약 당일과 계약 기간 중에 그만큼의 지분을 실제로 보유하고 있었다는 증거가 없다고 봤고, 계약은 무효화됐다.

이런 사례는 예외적이었다. '선도 거래 관련 규정을 무시한다'는 문구가 들어간 계약서는 트레이더들 사이에서 계속해서 쓰였다. 법으로 금지된 무차입 공매도가 아닌 일반 선도 거래의 경우에도 마찬가지였다. 거래를 반드시 VOC 사무소에 신고해야 한다는 규정도 상인들의 맘에 들지 않기 때문이다. 원칙대로라면 이런 계약서는 법률적으로 효력이 없어야 했다. 하지만 법원의 판사들조차 일반적인, 즉 무차입이 아닌 선도 거래의 경우 계약서의 효력을 관행적으로 인정해줬다. 심지어 공화국 대법원의 판사였던 빈센트 반 브롱크호스트 역시 개인적으로 VOC의 지분을 거래하면서 이와 같은 계약서 양식을 사용했다.

이 규정을 어겼다는 이유로 자격을 박탈당한 브로커는 17세기 내내 단 한 명도 없었다. 주식 거래 관련 사건을 다루는 판사들은 법률을 글자 그대로 해석하지 않고 자신들의 주관적인 판단을 적용해 판결했다. 무차입 공매도에 대한 소송이 나오면 공화국 의회와 홀란트주의 법률에 따라 계약을 무효로 판정했지만, 다른 종류의 거래에 대해서는 그때그때 다른 판결을 내렸다.

1610년부터 1635년까지 있었던 일련의 재판들을 통해 VOC 지분 거래에 관련된 여러가지 법적으로 불확실했던 부분이 분명하고 깔끔하게 정리됐다. 첫째, 회사의 장부에 지분 양도가 기록되는 순간 소유권이 명확히 매도자에서 매수자로 이전된 것으로 간주되었다. 둘째, 선도 거래로 지분을 살 때 사는 사람이 그 지분이 진짜 지분인지를 확인하지 않고 사도 책임을 묻지 않게 됐다. 셋째, 무차입 공매도는 법으로 금지됐지만, 다른 경우는 정부가 정한 규정을 꼭 따르지 않아도 된다는 점이 명확해졌다. 암스테르담 지방법원과 네덜란드의 상급법원들이 주식 거래의 법률적 기틀을 닦는 데 큰 역할을 한 것이다.

이런 법원들이 공화국 정부의 방침과는 독립적으로 판결을 내렸다는 점도 특기할 만하다. 상인들이 공공연하게 정부의 선도 거래 관련 규제조항을 무시하는 계약서를 쓰더라도 판사들은 그 효력을 인정해줬다. 시장에서 정부의 영향력을 축소시킨 것이다. 이런 판결들 때문에 VOC 이사진의 영향력 또한 눈에 띄게 약해졌다. 이사진은 암스테르담 시 정부와 의회에 영향력을 행사해 여러 규제를 만드는 데는 성공했지만, 상인들이 그 규제를 그냥 무시해버리면 되는 상황이 됐기 때문이다. 이사진들은 짜증이 났겠지만 그들이 어떻게 해볼 수 있는 여지는 없었다.

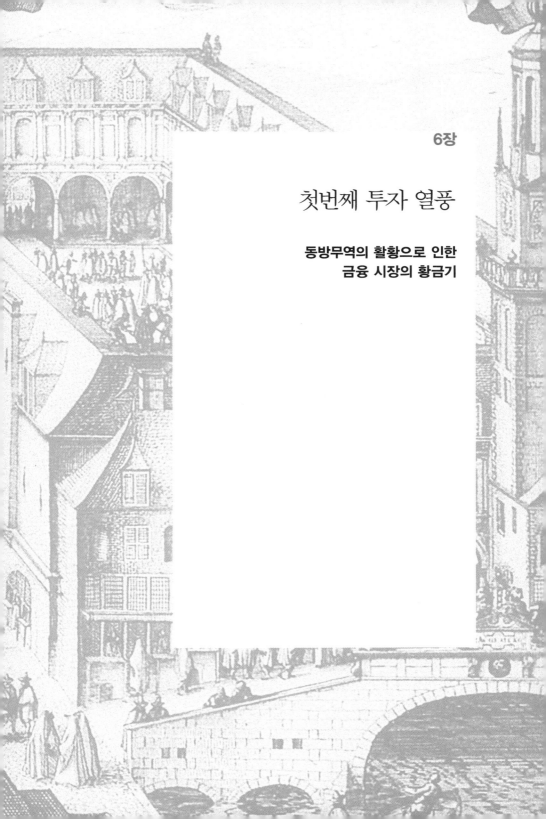

6장

첫번째 투자 열풍

**동방무역의 활황으로 인한
금융 시장의 황금기**

토마스 스프렌크하위센Thomas Sprenckhuysen은 33년 가까이 VOC 지분을 소유하고 있었다. 그는 1602년 처음 지분 청약을 받을 때 다니던 교회의 목사를 통해서 300길더어치 이름을 올렸다. 1635년 3월, 그는 주식 가치가 청약 당시 100을 기준으로 240까지 올랐다는 소식을 들었다. 2년 전만 해도 175였으니 상당히 급격하게 오른 것이다. 지금이 매도 찬스라고 그는 생각했다. 가격이 더 오를 수도 있지만 떨어질 수도 있는 일 아닌가? 어떻게 될지는 아무도 몰랐다. 지금 팔아도 상당히 괜찮은 수익을 남길 수 있었다.

그런데 스프렌크하위센은 거래소에 매일 들르는 사람도 아니었고, 평소엔 VOC에 대해 큰 관심이 없는 사람이었다. 사람들이 니우어 브뤼흐나 성 올라프 성당에서 VOC 지분을 거래한다는 얘기는 많이 들었지만 실제로 거래가 어떻게 이루어지는지는 몰랐다. 일단 그는 시내 중심가의 담 광장으로 나갔다. 광장은 여느 때처럼 많은 사람들로 붐

비고 있었다. 자, 이제 저 사람들 중에서 내 지분을 살 사람을 어떻게 찾는다? 그리고 사기당하지 않으려면 어떻게 해야 하나?

사실 33년 전 VOC 지분을 청약하고 나서 네 번에 걸쳐 자본금을 납입할 때 스프렌크하위센은 재정적으로 상당히 고통을 겪었다. 부유한 상인이 아니라 평범한 시민이었던 그에게 300길더는 꽤 큰 금액이었다. 그렇게 고생해서 사모으고 33년이나 지켜온 지분을 사기당해 날리게 된다면 그 상실감을 어떻게 감당하겠는가? 절대 사기당하지 말아야지, 스프렌크하위센은 다짐하고 또 다짐했다. 그런데 사기꾼이 아닌 정직한 구매자를 찾아낸다고 해도 그다음 역시 문제였다. 암스테르담 상인들 대부분은 모두 암스테르담 은행에 계좌를 갖고 있어서 서로 계좌 이체를 하면 그만이었지만, 스프렌크하위센에겐 은행 계좌가 없었다. 돈을 꼭 현금, 즉 은화로 받아야 했다. 과연 누가 그런 현금을 가지고 있을까?

스프렌크하위센은 우선 동네에 사는 친구와 지인 들에게 조언을 구했다. 다행히 사촌 빌렘 쇨린스Willem Seulijns의 장인어른이 안드리스 레이카르트Andries Rijckaert라는 유명한 상인이었다. 그는 VOC의 이사를 지낸 적도 있었다. 스프렌크하위센에게 도움을 주기에 아주 적합한 사람이었다.

장인어른을 만난 쇨린스는 실망스런 소식을 가져왔다. 요즘 상인들 사이에서 VOC 지분은 다들 장부가 3,000길더를 최소 단위로 거래하며, 그보다 적은 단위로는 거래가 거의 안 된다는 얘기였다. 300길더어치의 작은 지분을 가지고 있는 스프렌크하위센으로서는 당황스런 얘기였다. 다행히 레이카르트가 다른 사람을 소개해줬다. 네스 운하 건너편에 있는 크리스토펠 라푼Christoffel Raphoen이나, 아우드 투르

프마르크트 거리에 사는 그의 동생 얀 라푼Jan Raphoen을 찾아가라는 조언이었다. 그들 중 한 명이 스프렌크하위센을 도울 수 있을 거라는 것이었다.

정말로 도움이 됐다. 그가 소개해준 크리스토펠 라푼을 찾아갔더니 그는 자신과 동생이 공동으로 스프렌크하위센의 300길더어치 지분을 사겠다고 했다. 다만 가격은 237.5였다. 스프렌크하위센이 그날 아침에 들었던 시세보다 2.5포인트 낮은 가격이었다. 여기서 그는 약간 망설였다. 혹시 가격을 더 잘 쳐줄 다른 구매자가 있지 않을까? 좀 더 수소문해볼까? 하지만 그는 곧 마음을 돌렸다. 여기까지 힘겹게 왔는데, 이 사람들 말고 사겠다는 사람이 없으면 또다시 이런 수고를 해야 한다는 생각에 귀찮아졌다. 그래서 스프렌크하위센과 라푼은 거래에 합의했다. 3월 23일, 두 남자는 동인도하우스에 가서 회계 담당자 앞에서 지분 양도에 서명했다. 이제 이 지분은 주주명부 스프렌크하위센의 계좌에서 라푼의 계좌로 옮겨졌다.

마켓 메이커의 등장

이제 이 라푼 형제에 대해 알아보자. 이들은 원래 평범한 상인이었다. 암스테르담 시 기록물 보관소의 공증 기록에는 이 형제의 이름이 자주 등장한다. 유럽 각지로 상품을 수출하는 일도 했고, 거래소에도 자주 모습을 보였으며 VOC의 지분도 종종 거래했다. 그런데 이들은 VOC 지분을 사고파는 과정에서 이 거래가 다른 거래들과 조금 다르다는 걸 느꼈던 것 같다.

당시 '상인'이라 하면 한 품목의 거래에 전문성을 가진 사람을 말했다. 예를 들어 곡물 트레이더는 곡물만 거래하고 다른 품목엔 거의 손을 대지 않았다. 실크 상인은 실크만, 맥주 상인은 맥주만 사고팔았다. 다른 품목들도 마찬가지였다. 그런데 VOC의 지분 거래는 조금 달랐다. 누구나 이 지분을 사고팔 수 있었다. 그중에는 물론 이 바다에 오래 몸담은 상인들이 많았지만, 무역이나 장사는 해본 적이 없는 일반인들도 많았다. 1602년 VOC가 설립될 당시 초기 투자자로 지분 청약에 참여했던 이들 역시 마찬가지였다.

1633년경부터 VOC 지분의 가치가 급격히 오르기 시작하자 스프렌크하위센처럼 보유하고 있던 지분을 팔고자 하는 일반인들이 늘어났다. 그러나 비전문가가 직접 지분을 처분하기는 쉬운 일이 아니었다. 거래가 일어나는 니우어 브뤼흐나 성 올라프 성당은 만만한 장소가 아니었다. 늘 거래하는 사람이 아니고서는 그 문화에 적응하기도 어려웠고 사기당하기 십상이었다. 라푼 형제는 바로 이런 사람들을 상대하는 비즈니스를 생각해냈다.

이들은 지분 거래를 원하는 사람만 있으면 얼마든 무조건 거래에 응했다. 현대 뉴욕 금융가에서는 마켓 메이커market makers, 런던의 시티 금융가에서는 저버jobbers라고 불리는 일이다. 다른 투자자들과는 달리, 이들의 목표는 지분 가치 상승으로 인한 투자수익을 내거나 회사에서 주는 배당금을 챙기는 것이 아니었다. 대신 아주 많은 양의 지분을 거래하면서 거기서 약간씩의 수익을 챙겼다. 살 때는 시장 거래가보다 조금 싸게 사고, 팔 때는 시장 거래가보다 조금 비싸게 팔아, 사는 가격과 파는 가격의 차이에서 돈을 벌었다. 요즘 말로 하면 매매호가 스프레드bid-ask spread다(매수호가bid와 매도호가ask의 차이가 'spread'다).

일반인들은 VOC 지분을 사거나 팔 때 라푼 형제를 찾곤 했는데, 여기에는 여러 장점이 있었다. 우선 라푼 형제와 거래하면 브로커를 따로 고용할 필요가 없었다. 앞서 3장에서 안투안 렘페뢰르가 VOC 지분을 사기 위해 조카를 브로커로 고용하고 수수료로 거래 대금의 1%를 췄음을 기억한다면, 라푼 형제의 조건이 나쁜 편이 아니라는 것을 알 수 있다. 또 라푼 형제와 거래하면 내 지분을 사줄 사람, 혹은 나에게 지분을 팔 사람을 찾아다니느라 시간과 노력을 쏟지 않아도 됐다. 가격에 대해서도 눈치보며 협상할 필요가 없었다. 라푼 형제는 딱 잘라서 가격을 제시했다. 물론 이들 역시 이런 서비스의 대가로 스프레드를 수수료로 챙기긴 했지만, 일반인 투자자들 입장에서 이 정도 수수료는 지불할 만한 가치가 충분했다.

헨드릭 데 카이저 거래소

라푼 형제가 마켓 메이커로 활동할 무렵, VOC 지분 거래는 더이상 니우어 브뤼흐 위나 성 올라프 성당에서 이뤄지지 않았다. 1611년, 담 광장 남쪽의 로킨 가에 상업거래소 건물이 따로 세워졌기 때문이다. 17세기에는 따로 이름이 없었다. 당시 시민들은 이 건물을 그냥 '거래소Beurs'라 불렀으나, 후세에 지어진 다른 거래소 건물들과 구분하기 위해 지금은 이 건물을 지은 건축가의 이름을 따서 헨드릭 데 카이저 Hendrick de Keyser 거래소라 불리고 있다. 한편 1845년부터 1903년 사이에 쓰인 건물은 조커Zocker 거래소, 1903년부터 쓰인 건물은 베를라흐Berlage 거래소라 불린다.

카이저 거래소는 암스텔 강의 물길 위에 지어졌다. 지금은 매립됐지

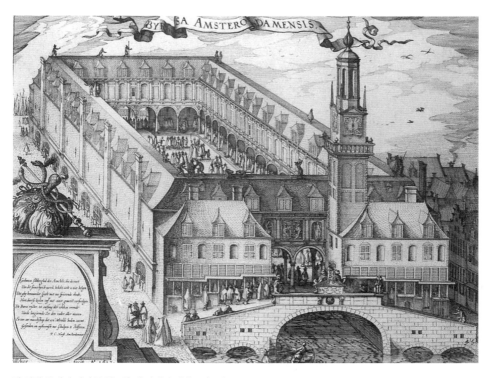

담 광장 쪽에서 바라본 헨드릭 데 카이저 거래소의 모습.

1 카이저 거래소가 있던 자리로 왼쪽이 로킨 가이고, 오른쪽 공사중인 자리에 로킨 운하가 흐르고 거대한 아치 위에 카이저 거래소가 있었다.
2 카이저 거래소와 담 광장을 이어주던 작은 골목. Beurspoortjes는 '거래소의 작은 문'이란 뜻이다.

만 17세기에는 로킨Rokin 운하가 이 아래를 지났다. 암스텔 강에서 흘러들어온 물이 수문을 통해 로킨 운하로 들어오고 담 광장과 담락 선착장을 지나 에이IJ 강으로 이어졌다. 이 운하 위로 거대한 석조 아치가 놓였고 거래소는 그 위에 통째로 지어졌다. 배들은 마스트만 낮추면 거래소 밑을 그대로 통과해 지나갈 수 있었다.

카이저 거래소의 흔적은 지금은 완전히 사라지고 없다. 1660년경에 암스테르담을 여행한 독일의 여행자 필리프 폰 체센Philpp von Zesen이 이 건물을 보고 남긴 기록에 따르면 "굉장히 튼튼히 지어져서 파괴될 수 없어 보인다". 그런데 실제로는 문을 연 후 얼마 되지 않아 문제가 생겼다. 바닥이 자꾸 꺼지는 바람에 건물이 폐쇄되고 인근의 담 광장이나 암스테르담 신교회Nieuwe Kerk에 임시 거래소가 세워지는 날들이 종종 있었다. 19세기에 이르자 암스테르담 시 정부는 더이상 수리가 무의미하다고 판단해 건물을 허물었다.

이 자리에 거래소가 있었다는 흔적은 딱 하나 남아 있는데, 거래소 자리로부터 담 광장으로 통하는 좁은 골목의 이름이 '뵈르스포르티에Beurspoortje'로, '거래소의 작은 문'이라는 뜻이다.

이 거래소를 짓자고 결정한 건 시의회였다. 암스테르담의 상업이 너무 빨리 발전하는 바람에 그 많은 상인들이 모두 니우어 브뤼흐 다리 위에서 일한다는 게 점점 더 어려워졌다. 다리 자체가 그리 넓지 않았고, 여기저기서 무질서하게 상인들이 거래를 하다보니 혼잡스럽기가 이를 데 없었다.

암스테르담보다 일찍 무역업이 발달하기 시작한 런던과 안트베르펜에는 이미 16세기부터 별도의 상품거래소 건물이 운영되고 있었다. 암스테르담 시의회 역시 이 두 도시의 거래소에 대해 잘 알고 있었고,

그 효용과 가치를 이해했다. 그래서 1607년에 안트베르펜과 런던 거래소를 본뜬 건물을 짓도록 발주했다. 주춧돌은 1608년 5월 29일에 놓여졌다. 놓은 사람은 당시 암스테르담의 4인 시장 중 한 명인 코르넬리스 피터르츠 호프트Cornelis Pietersz Hooft의 막내아들 헨드릭 코르넬리츠 호프트Hendrick Cornelisz Hooft였다. 그는 또 저명한 시인이자 역사학자인 피터르 코르넬리츠 호프트Pieter Cornelisz Hooft의 동생이기도 하다.

런던과 안트베르펜, 암스테르담에 세워진 상업거래소들의 특징은 세 곳 모두 건물 한가운데 커다란 중정이 있다는 것이다. 암스테르담 거래소의 경우 가로 세로 각각 65미터, 30미터에 달할 정도로 마당이 넓었다. 어떻게 보면 마을 공터에 세워지는 일반 시장과도 같았지만 벽으로 사방이 막혀 있다는 점이 달랐다. 벽 역시 그냥 벽이 아니었다. 42개의 기둥이 받치고 있는 아치 밑에 회랑이 죽 둘러져 있는 형태였는데, 이 회랑은 마당보다 0.5미터 정도 높이 올라가 있어서, 회랑에 올라가 있으면 마당의 모습이 한눈에 들어왔다. 암스테르담의 역사서를 쓴 멜히오르 포켄스Melchior Fokkens는 이 회랑에 서서 본 마당의 모습을 이렇게 묘사했다. "수천 명의 사람들이 저 아래 모여 있다. 온갖 계급의 사람들이, 온갖 나라에서 온 사람들이."

한편 아치를 받치는 42개의 기둥에는 1부터 42까지 숫자가 적혀 있었다. 각 기둥은 품목별로 상인들이 모이는 기준점이 됐다. 소금 상인이 모이는 기둥, 동물 가죽을 다루는 상인이 모이는 기둥이 번호별로 따로 정해져 있는 식이었다. 뒤편에 있는 기둥 중 하나에 VOC 지분을 거래하는 상인들이 모였다. 사소해 보일 수도 있으나 이런 번호 시스템 덕분에 상인들이 서로를 찾기가 편리해졌다.[*]

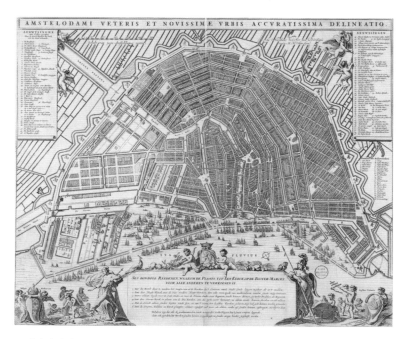

17세기 당시 암스테르담 중심가 지도. 북쪽이 아래로 표시돼 있다.

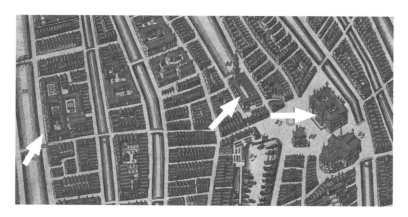

넓은 광장이 담 광장이고, 광장 오른편에 있는 日자 모양의 건물이 현재도 남아있는 시청사 건물이다. 이 건물에는 암스테르담 은행과 지방법원도 함께 있었다. 화살표가 가리키는 건물이 헨드릭 데 카이저 거래소다. 지도 왼쪽 끝에 있는 화살표는 VOC의 본부인 동인도하우스다.

거래소의 운영 시간은 아주 짧았다. 1611년 7월 26일 시의회가 그 조례를 만들었는데, 운영 시간은 일요일을 제외한 매일 오전 11시부터 정오까지 딱 1시간이다. 5월에서 8월까지 여름 시즌에는 오후 6시 반에서 7시 반까지 1시간 동안 다시 문을 열었고, 겨울 시즌에는 도시의 성문이 닫히기 전 30분 동안 다시 열렸다. 그러니 짧게는 하루에 1시간 반, 길게는 2시간 동안만 운영된 것이다.

이렇게 운영 시간에 제한을 둔 이유는 시의회가 되도록 많은 상인들을 한자리에 모아두려 했기 때문이었다. 거래소 안에 많은 상인들이 함께 있어야 서로 거래할 사람을 찾기도 그만큼 쉬워지고, 거래가 늘어나야 도시의 상업 발전에 도움이 된다. 또 이렇게 같은 장소, 같은 시간에 상인들이 모여 있어야 시의회가 통제하기도 쉬워진다. 하지만 상인들을 모두 거래소로 모으려는 시의회의 반복된 노력은 실패로 돌아갔다. VOC 지분은 거래소 안에 지정된 기둥 옆에서가 아니라 거래소 바깥쪽 담 광장에서 오히려 더 많이 거래됐다.

어쨌든 거래소의 준공으로 상인들의 활동이 니우어 브뤼흐에서 남쪽으로 500여 미터 떨어진 담 광장 쪽으로 급속히 이동한 것만은 틀림없었다. 1611년 이후 니우어 브뤼흐를 찾는 상인들은 사라졌다. 거래소 때문만은 아니다. 거의 모든 상인들이 계좌를 터놓고 쓰던 암스테르담 은행 역시 담 광장에 있는 시청사 건물 안으로 들어왔고, 동인도하우스 역시 담 광장에서 가까운 아우드 호그스트라트에 있었다. VOC 지분을 직접 양도하려면 동인도하우스에 들러 명의 이전 절차까지 밟아야 했기 때문에, 동인도하우스에서 상대적으로 멀리 떨어진

---

* 트레이딩 플로어에 상품마다 구역을 정해서 거래하도록 하는 설계는 현대의 증권거래소와 상품거래소에서도 이용되고 있다.

공증인들이 몰려 있던 크로멜부흐 거리. 카이저 거래소에서 시청사로 이어지는 ㄴ자 골목으로,
지금은 한쪽 끝에 새 건물이 들어서 길이 막혀 있다.

니우어 브뤼흐보다 담 광장에서 거래하는 것이 상인들에게 훨씬 편리했을 것이다.

담 광장이 암스테르담의 비즈니스 허브로 떠오르자 다른 서비스 업종도 이 지역으로 이동했다. 공증인들이 대표적이었다. VOC의 초기 공증 업무를 봤던 얀 프란츠 브뤼닝이 우선 니우어 브뤼흐 인근의 헤인티에 후크스 골목에서 카이저 거래소 근처로 사무실을 옮겼다. 여러 공증인들이 그 뒤를 따랐다. 공증인 사무소들이 특히 많이 몰려있던 곳은 크로멜부흐 거리였다. 당시 이 길은 카이저 거래소에서 시청사를 잇는 커브길이었다. 상인들이 거래소에서 일을 본 다음 대금을 정산하려면 거래소를 나와 은행이 있는 시청사로 가야 하는데, 그렇게 가는 중간에 공증인을 데려가기에 편리했기 때문이다. 담 광장은 명실공히 암스테르담의 상업중심지가 됐다.

대부분의 상인들처럼 라푼 형제 역시 매일 거래소에 들렀다. 운영시간에 맞추는 건 어렵지 않았다. 형 크리스토펠은 로킨 운하와 나란히 놓인 네스 거리 동쪽 편에 살았고, 동생 얀은 조금 남쪽에 살았다. 두 곳 모두 담 광장에서 가까운 곳이었다.

특히 이들에게는 거래소에서 가까이 산다는 게 중요했다. 마켓 메이커로서 돈을 벌려면 매일 빠지지 않고 거래소에 나가 있어야 했다. '거래소에 가면 언제든 라푼 형제를 만날 수 있다'라는 인상을 다른 사람들에게 심어줘야 상인들뿐 아니라 일반인들 역시 이들을 찾을 것이기 때문이다. 형제는 사업을 분담해서 했기 때문에 둘 중 한 명만 VOC 지분을 거래하는 기둥 옆에 서 있고, 나머지 한 명은 거래소의 다른 구역에서 다른 상품의 거래를 할 수도 있었다.

표준화

라푼 형제가 마켓 메이커가 된 것은 물론 돈을 벌기 위해서였으나, 이들은 본인들의 의도와는 관계없이 두 가지 큰 공헌을 했다.

첫번째, 이들은 상인이 아닌 일반인이나, 거래소까지 직접 찾아오기 힘든 사람들이 쉽게 VOC 지분을 거래할 수 있도록 해줬다. 암스테르담 시 밖에 사는 사람이 지분을 거래하기란 쉬운 일이 아니었다. 교통수단이 좋지 않던 때라서 일단 시내까지 들어오는 데만도 많은 시간과 비용이 들었고, 들어왔다 하더라도 매일 1시간 반에서 2시간 동안만 열려 있는 거래소 안에서 원하는 만큼의 지분을 사거나 팔아줄 사람을 찾을 수 있다는 보장도 없었다. 그런데 라푼 형제는 항상 거래소 안에 있었고, 어느 누구와도 거래를 했기 때문에 이런 불확실성을 없애줬다. 시 외곽에 사는 사람은 대리인을 시켜 '라푼 형제와 거래해달라'고 부탁하기만 하면 되니, 지분을 거래하는 일이 아주 편리해졌다.

라푼 형제의 두번째 공헌은 VOC 지분 거래의 단위를 표준화했다는 점이다. 이전까지 투자자들 혹은 상인들끼리 지분을 거래할 때 정해진 기본 단위가 없었다. 1602년 회사 설립 당시 '주식 1주'라는 개념이 없었고, 청약 금액은 청약하는 사람 마음대로 적어낼 수 있었다. 이렇게 산 지분을 처분할 때 역시 파는 사람과 사는 사람 맘이었다. 5,000길더어치 지분을 팔든 250길더어치를 팔든 상관없었다. 그러니 VOC 지분을 거래할 때는 가격과 양도 조건을 정하는 것만큼이나 거래하는 지분의 양을 정하는 것도 골치 아픈 일이었다.

이게 꼭 문제라고는 볼 수는 없지만 복잡한 구조의 거래일수록 거래 품목 자체는 단순한 게 도움이 된다. 예를 들어 5장에서 봤던 반 크루예스베르겐의 선도 거래를 생각해보자. 반 크루예스베르겐—오베르란데르—아벨레인—세메이—메이에레—바우어까지 총 6명의 상인들이 이 거래에 연결되어 있었다. 물론 이 경우는 실제로 존재하지 않는 유령 지분을 거래한 것으로 밝혀지긴 했지만, 어쨌든 이들 사이에 거래된 지분의 양은 모두 같았다. 장부 가치로 3,000길더였다. 이렇게 지분을 나중에 양도하고 대금만 먼저 정산하는 선도 거래의 경우 특히, 거래하는 지분의 양이 일정하게 맞춰져야 거래가 활성화될 수 있다. 당시 상인들 역시 이를 경험으로 알고 있었기에 누가 강제로 규정하지 않아도 선도 거래의 기준이 3,000길더로 맞춰진 것이었다.

왜 하필 표준 지분 거래량이 3,000길더로 맞춰졌는지 확실히 밝혀진 바는 없지만 추측은 해볼 수 있다. 아마도 1602년 VOC 회사 설립 당시, 이사들에게 1인당 최소 6,000길더의 회사 지분을 보유해야 한다고 강제했던 규정 때문일 것이다. 원래 이사의 최소 지분 보유 규정은 6,000길더였다. 그런데 규모가 작은 호른과 엥크하위젠 사무소 이사들의 경우는 최소 투자금이 3,000길더로 낮춰지고, 규모가 큰 암스테르담 사무소의 이사들은 다들 12,000길더 이상씩 투자했다. 이렇게 3,000길더, 6,000길더, 12,000길더 등 이사들은 3,000길더를 최소 단위로 해서 그 몇 배씩의 지분을 보유하고 있었기 때문에 상인들 역시 3,000길더를 트레이딩의 기준으로 삼았으리라 생각된다.

그런데 실용적인 측면에서 3,000길더라는 단위가 적절했다고 보기는 힘들다. 3,000길더는 큰돈이었다. 게다가 장부 가치로 따져서 3,000길더였지, 실제로 시장에서 거래되는 지분의 가격은 그보다 높았다. 1640년대에는 장부가 100길더에 해당하는 지분의 가격이 400길더로 올랐다. 회사 설립 약 40년 만에 지분 가치가 4배 이상 오른 것이다. 그러니 장부가 3,000길더의 지분을 사려면 실제로는 12,000길더 이상이 필요했다. 당시 집값과 비교해보자. 암스테르담 시 공증 기록에 따르면 담 광장에서 1km 정도 떨어진 헤렌흐라흐트 105번가에 위치한 집의 가격이 5,100길더였다. 운하가 내려다보이고 뒤뜰도 있는 좋은 집이다.

선도 거래 단위의 표준화는 현물 거래, 즉 즉시 지분을 양도하는 일반적인 거래에도 영향을 미쳤다. VOC 암스테르담 사무소의 자본 거래 장부를 보면 주주들 간의 지분 양도 단위가 점점 3,000길더에 맞춰졌음을 확인할 수 있다. 1610년에는 장부가 3,000길더의 지분을 거래한 경우가 전체 거래의 32.5%에 불과했는데 1641년에는 이 비율이 92.5%까지 올라갔다. 이는 금융업계 용어로 "장부가 3,000길더 지분의 유동성이 가장 높았다"라고 표현할 수 있다.

뒤집어 생각하면 장부가로 3,000길더 외의 지분을 팔 때는 손해를 볼 수밖에 없다는 얘기이기도 하다. 사는 사람 입장에서 보면 거래량이 많은 장부가 3,000길더의 지분을 사야 나중에 팔기도 수월하다. 3,000길더 외에 다른 사이즈의 지분을 사면 나중에 팔고자 할 때 사려는 사람을 찾기 힘들어 골치가 아프다. 때문에 이런 지분을 살 때 상인들은 파는 이에게 할인을 요구하게 된다. 예를 들어 장부 가치 3,000길더의 지분이 100길더당 400에 거래된다면, 2,000길더의 지분은 100길더당 390에 팔리는 식이었다.

라푼 형제는 이런 상황을 아주 현명하게 이용했다. 이들은 작은 지분을 사모아 장부 가치 3,000길더에 맞추어 팔았다. 그래서 살 때는 약간 싸게 사고, 팔 때는 제값에 팔 수 있었다. 물론 이들에게 지분을 파는 사람들도 이득이었다. 3,000길더 이하의 작은 지분은 살 사람을 찾기가 너무 힘들었는데, 라푼 형제는 수수료를 조금 받는 대신 크기에 관계없이 무조건 사줬기 때문이다.

그렇게 사들인 작은 지분을 합치는 일은 어렵지 않았다. VOC의 주주명부에 계정이 있는 사람이라면 독립적으로 구매한 서로 다른 지분을 언제든지 합쳐서 기록할 수 있었다. 예를 들어 기존에 장부가 600길더어치의 지분을 VOC 계정에 보유하고 있던 라푼 형제가 누군가에게 2,250길더와 1,300길더의 지분을 샀다고 하자. 그러면 이들의 계정에는 총 4,150길더의 지분이 기록된다. 그러면 이들은 즉시 3,000길더의 지분을 시장에서 팔아버리고 나머지 1,150만 유지한다. 그런 다음 다시 작은 지분들을 더 사모아 3,000길더 단위로 계속 팔아치우는 것이다. 이들이 이렇게 지분 사모아 팔기를 일상적으로 했다는 것은 VOC의 장부에 명확히 기록돼 있다. 이들은 항상 3,000길더 단위로 지분을 팔았지만 살 때는 정해진 기준이 없었다.

가격 급상승

VOC 주주장부를 보면 라푼 형제의 공동 계정은 1626년에 만들어져 1642년까지 이어졌다. 그중에서도 이들의 '마켓 메이킹' 활동이 가장 활발했던 시기는 1633년부터 1641년까지다. 이 기간은 VOC 역사에서 유례를 찾아보기 힘든 일이 벌어졌던 때이기도 하다. 1633년부터 지분 가치, 즉 주가가 급상승하기 시작해 거의 10년이나 상승세가 이어졌다. 누군가 1633년에 지분을 사서 10년 후에 팔았다면 상당한 돈을 벌었을 것이다. 1633년 3월 186이던 주가가 1643년 3월엔 470까지 올랐다. 250% 이상의 상승률이었다. 뿐만 아니라 이 10년 동안 회사는 주주들에게 배당금도 여러 차례 지급했다. 지분 장부가의 140%에 달하는 현금을 지급했고, 정향 향신료로도 182.5%를 지급해 총 배당금은 322.5%나 됐다.

이 10년 동안의 투자 가치 상승은 VOC의 초기 주주들은 상상도 못했던 일이었다. 이후에도 이런 일은 다시 일어나지 않았다. 주가는 좀더 올라 566까지 도달한 적은 있지만, 그래도 이렇게 오랜 기간 지속적으로 가치가 상승한 적은 없었다.

불과 10년 전인 1632년, 일부 주주들이 이사진을 상대로 소송까지 걸었던 일을 상기해보면 더욱 놀랄 만한 일이었다. 그 시절의 VOC는 배당금도 제대로 지급하지 않았고, 지분의 가격도 요지부동이었다. 요즘 말로 하면 VOC는 '주주 가치'에는 무관심한 회사였다. 이사진은 본인들의 이익에만 관심이 있었고, 네덜란드 공화국 의회는 VOC를 민간 회사가 아닌 일종의 정부기관으로 생각했다. 아시아에서 공화국의 이권을 지키기 위해 VOC는 때때로 외국과의 전쟁도 불사했다.

VOC가 주주들의 요청을 마침내 받아들였기 때문인지는 확신할 수 없지만, 여하튼 1630년경부터 주주 친화적인 정책을 쓰기 시작한 것만은 틀림없는 사실이다. 1602년 창립 직후 VOC는 아시아의 여러 지역으로 배를 보내 항로를 개척하는 데 중점을 뒀다. 또 네덜란드 상인들이 안심하고 머무를 수 있는 요새를 건설하는 데도 많은 돈을 투자했다. 그리고 무역선은 향신료를 싣고 최대한 빨리 본국으로 돌아왔다. 1610년경부터는 조금 여유가 생겼다. 아시아 지역에 확고한 기반을 다졌고, 특히 바타비아를 허브로 하는 무역 네트워크를 완성했다. 아시아 여러 지역에서 일단 바타비아로 무역품을 모은 다음 그곳에서 본국으로 향하는 무역선에 실어보냈다. 이후 10년 동안 이 아시아 무역 네트워크는 더욱 커졌다. 현재 인도네시아 지역의 여러 섬들 뿐만 아니라 일본과 중국, 포르모사(현재의 타이완)에도 배를 보냈다. 이렇게 네덜란드 동방무역의 큰 그림이 그려진 것이 1630년경이었다. 이후에도 좀더 확장되고 다듬어지긴 했지만 이때 기본적인 틀이 완성 된 무역 네트워크는 이후 수백 년 동안 무리 없이 작동했다.

VOC의 새로운 사업 전략은 항해와 무역에만 한정되지 않았다. 1610년부터 1630년까지는 회사의 역사가 피로 물든 시기였다. 얀 피 터르츠 코엔Jan Pietersz Coen의 지휘 아래 VOC 직원들은 아시아의 여 러 지역을 잔인하게 침략해 들어갔다. 현지 원주민의 운명은 VOC 주 주들의 관심사가 아니었다. 그들은 회사가 돈을 많이 벌어다줄 수 있 는지에만 관심이 있었다. 이런 전략은 효과적이었다. 1610년부터 10년 간은 회사가 전혀 이익을 내지 못하고 배당금도 지급하지 못했지만, 그다음 10년간은 연간 약 75만 길더의 이익을 냈다. 다시 그다음 20년 간, 즉 1630년부터 1650년까지는 17세기 중 최고의 실적을 내서, 무 역에서 나오는 이익이 회사 운영 비용을 연 평균 210만 길더나 초과했 다. 또 그다음 10년 동안은 연 평균 이익이 230만 길더였다.

회사의 배당 정책 역시 수익성 향상과 더불어 개선됐다. 1623년부 터 2년마다 한 번씩 배당을 지급했고, 1635년부터는 매년 혹은 6개월 마다 지급했다. 1602년 회사 창립 후 첫 20년 동안 배당이 지지부진 했던 것과는 정반대 양상이었다. 여전히 배당 중 상당 부분은 현금이 아닌 현물, 특히 정향 향신료로 지급됐지만 그래도 주주들은 만족할 수 있었다. 워낙 자주 그리고 정기적으로 지급됐기 때문이다. 이는 회 사에 대한 주주들의 신뢰를 획기적으로 높였다. 회사의 미래는 밝아 만 보였다.

지분의 가치가 오르자 라푼 형제의 고객도 늘어났다. VOC의 주주 장부에는 지분 거래의 사유까지 기록돼 있지는 않다. 하지만 거기 올라가 있는 이름의 면면을 보면 많은 사실을 알 수 있다. 토마스 스프렌크하위센처럼 1602년 최초 청약 때 지분을 샀다가 오랫동안 손대지 않았던 사람들과, 그들로부터 지분을 물려받은 사람들이 라푼 형제와 많이 거래했다. 주가가 충분히 올랐다고 생각한 이들은 라푼 형제에게 지분을 넘겼고, 라푼 형제는 이 지분들을 다시 3,000길더 단위로 묶어 직업 상인들에게 팔았다. 1639년 VOC 장부에 기록된 지분 양도 횟수는 713회로, 1609년의 368회보다 거의 2배나 많다. 이 거래들 중 상당수는 VOC 지분 거래에 특화되기 시작한 소수의 상인들에 의해 이뤄졌다. 선도 거래 역시 이 기간 동안 더욱 활발했을 것이다. 그러나 선도 거래는 회사 장부에 기록이 남지 않으므로 정확히 얼마나 증가했는지 그 추세는 현재로서는 알 수 없다.

VOC의 주가가 급격히 오르기 시작한 주된 이유는 분명 회사의 수익성 향상과 회사의 배당 정책 변화에 있을 것이다. 하지만 당시 네덜란드 공화국 전체의 경제적 상황 변화도 상당 부분 영향을 미쳤을 것이다. 네덜란드에서는 17세기를 '황금기Gouden Eeuw'였다고 말하곤 한다. 나라가 경제적으로 크게 번영했던 시기였다. 특히 17세기 후반에는 영국과의 해전에서 승리하고, 암스테르담의 주요 운하들이 완성되는 등 국력을 외부로 마음껏 자랑할 수 있었다. 하지만 실제로 경제가 빠르게 성장했던 시기는 17세기 후반이 아니라 전반이었다. 1640년대가 최고의 호황기였다. 관개농업, 목축업, 어업이 모두 조화롭게 발달했으며 여기서 나온 생산물을 거래하는 무역업도 활발했다. 엄청난 양의 곡물이 발틱 해 인근에서 수입됐고, 제조업도 꽃을 피웠다. 라이덴

인근에서는 방직공업이, 그리고 하를럼 근처에선 리넨 제조업이 활발했다. 유럽의 다른 국가들에선 일반 국민의 생활수준이 떨어지고 있었지만 네덜란드 시민들의 구매력은 나날이 좋아졌다. 네덜란드에서 가장 번영한 도시인 암스테르담에 사는 시민들에게는 이 도시가 끝없이 번영할 수 있을 것처럼 보였을 것이며, 손에 닿는 것 모두가 황금으로 변하는 기분이었을 것이다. 재화가 끊임없이 도시로 흘러들어왔다.

시민들은 이 돈을 가지고 무언가 해야 했다. VOC 지분은 그 돈을 넣어두기에 좋은 투자처임이 분명했다. VOC 지분은 언제든 쉽게 사고 팔 수 있었다. 즉 유동성이 높았다. 이런 점에서 다른 투자 자산들과는 달랐다. 예를 들어 부동산은 사고파는 데 시간이 오래 걸렸다. 홀란트 주에서 발행하는 채권도 투자자들에게 인기가 있었다. 채권을 사는 것은 곧 홀란트 주 정부에 돈을 빌려주는 것과 마찬가지였다. 그러나 VOC 지분에 비하면 채권은 거래가 적어서 사고팔기가 어려웠고, 이자율 역시 그다지 높지 않았다.

요약하자면 당시 암스테르담 시민들에겐 VOC 지분은 가장 매력적인 투자처였다. 이런 인기는 주주 친화적 배당 정책으로 이미 상승하고 있는 VOC의 주가를 더 높게 밀어올렸다.

또다른 인기 요인은 네덜란드 사람들의 도박과 투기에 대한 열정이었다. 도박과 투기는 얼핏 비슷해 보이지만 다른 점도 있다. 투기는 어떤 자산의 가격이 앞으로 오르거나 떨어지리라 예상하고 그런 예상에 기초해서 돈을 벌려고 하는 행위를 말하는 반면 도박은 어떤 확률 분포에 따라 당첨금이 지급되는 곳에 돈을 거는 행위다. 예를 들어 복권 구매는 투기가 아니라 도박이다. 17세기 당시 복권은 네덜란드에서 인기가 아주 많았다. 16세기부터 17세기 초까지 병원과 빈민 복지관들이 복권을 팔아 엄청난 수익을 올렸다. 어마어마한 돈이 복권에 몰렸다. 복권을 파는 이들은 상품의 수준을 높이기 위해 유명 예술가들에게 작품을 기증해달라고 요청하기도 했다. 당첨자 추첨을 할 때는 온 도시가 들썩였다. 그러나 1618년부터 1619년 사이 도르드레흐트 종교회의Synod of Dordrecht 발표에 따라 좀더 엄격한 칼뱅교 교리가 네덜란드를 지배하게 되면서 도박은 금지됐다. 어려운 사람을 돕는 데 쓰였던 복권 역시 판매가 금지됐다.

튤립 구근 하나에 5,000길더

공식적으로 복권 같은 도박이 금지되자 그 돈은 이제 투기로 몰리게 됐다. 가장 잘 알려진 사례는 1630년대의 튤립 버블이다. 튤립은 16세기 후반에 지금의 터키 지방인 오토만 제국으로부터 수입되어 얼마 지나지 않아 인기 있는 꽃이 됐다. 특히 줄무늬가 있는 튤립을 찾는 사람들이 많았지만 흔하지가 않았다. 구하기 힘든 종의 튤립들이 높은 금액에 거래되기 시작했다.

튤립 구근을 거래하는 사람이 급속하게 늘어나면서 거래 속도도 빨라졌다. 하를럼과 엥크하위젠, 알크마르, 암스테르담이 튤립 거래의 중심지가 됐다. 대부분의 거래는 겨울철에 이뤄졌기에 거의 전부가 선도 거래 형태였다. 겨울에는 튤립 구근이 땅속에 있기 때문이다. 실제로 구근을 넘기려면 꽃이 피는 봄까지 기다려야 했기 때문에 돈만 먼저 지불하고 실제 튤립은 꽃이 피는 계절에 가서야 전달해준다는 내용을 계약서에 넣는 것이 통상적이었다. 손으로 아름다운 튤립을 그려넣은 카탈로그들로 딜러들을 유혹하는 판매자들도 있었다.

1636년의 겨울에 일이 터졌다. 당시는 VOC의 지분 가치도 급상승하고 있을 때였는데, 튤립의 구근 가격도 엄청나게 뛰기 시작했다. 구하기 어려운 종의 가격은 이전 해에도 상당히 비쌌는데 이해 겨울엔 그 값이 어마어마해졌다. 상대적으로 구하기 쉬운 흔한 종의 경우도 20배 정도 가격이 올랐다.

당시 튤립 값이 얼마나 올랐는지는 1637년 2월 5일 알크마르에서 있었던 바우터 바르톨로메즈 빙켈Wouter Bartholomeusz Winckel이란 사람의 재산 경매 내역에서 확인할 수 있다. 그는 어린아이들을 남겨두고 사망했는데, 그 아이들의 고아원 양육비를 대기 위해 빙켈의 유산이 경매에 붙여졌다. 경매는 큰 성공을 거뒀다. 빙켈은 몇 해 전부터 튤립에 투자하고 있었고, 죽을 무렵엔 아주 훌륭한 튤립 컬렉션을 완성해놓고 있었다. '부왕 튤립viceroy tulip'은 무게가 33그램밖에 안 됐지만 4,200길더에 팔렸고, '엥크하위젠 제독Admiral of Enkhuizen'은 5,200길더에 낙찰됐다. 이 경매에서 총 9만 길더가 걷혔다. 당시 알크마르에 좋은 집 한 채 가격이 1,000길더쯤 했으니, 빙켈의 자식들은 이제 고아원에서 호의호식할 일만 남은 것 같았다.

하지만 일이 그렇게 풀리지는 않았다. 빙켈 경매가 있기 사흘 전에 하를럼에서 튤립 가격이 폭락했고, 경매가 있은 후 알크마르에서도 같은 일이 벌어졌다. 심지어 이미 체결된 선도 계약들도 지켜지지 않았다.

튤립 거품이 왜 순식간에 꺼졌는지는 여전히 미스테리다. 정부의 규제가 도입됐기 때문인지도, 혹은 튤립 거래 자체가 일종의 피라미드 판매라 더이상 거래에 들어올 참가자가 없어지자 저절로 무너져버리고 만 것인지도 모른다. 아니면 그냥 사람들이 튤립에 막대한 돈을 쓴다는 게 바보 같은 일이라고 깨닫기 시작했기 때문일 수도 있다. 진짜 이유는 아무도 모르지만 아무튼 거품은 그렇게 꺼졌다. 겨울이 지나고 1637년 봄이 되자 지켜지지 않은 계약들에 대한 분쟁들이 터져나왔다. 사람들은 지난겨울에 있었던 일들을 '튤립 마니아 Tulip Mania'라 부르기 시작했다. 그 이름이 모든 걸 설명해줬다. 뚜렷한 재산적 가치도 없는 튤립 같은 것을 네덜란드 사람들이 비싸게 사들였던 건 그저 가격이 더 오르길 기대하며 한몫 벌어보자는 심리 때문이었다. 그래서 가격이 점점 더 올라갔다. 상식적으로 튤립 하나가 집 몇 채만큼의 가치를 가져다줄 수 없다는 건 너무도 당연했지만 그럼에도 불구하고 튤립 투기에 뛰어드는 사람들이 많았다는 건 광란, '마니아'라고밖에는 설명할 방법이 없었다. 평소엔 논리적이고 이성적인 네덜란드인들이 그렇게 광란에 휩싸였다는 게 놀라울 따름이다.

거의 400년이나 지난 오늘날에도 금융시장의 거품이 터질 때마다 17세기 네덜란드의 튤립 파동이 회자되곤 한다. 2001년의 닷컴 버블, 그리고 2007년의 서브프라임 버블이 꺼질 때마다 그랬다. 튤립 구근에 엄청난 돈을 썼던 시대로부터 많은 세월이 흘렀지만, 인간은 여전히 욕심에 눈이 멀곤 한다.

튤립 파동의 이미지가 더욱 나빠진 것은 당시 튤립 거래가 주로 술집에서 이루어졌기 때문이다. 어두운 술집 안에서 잔뜩 술에 취한 상인들이 튤립을 사고팔았을 것 같지만 사실은 그렇지 않다. 당시 네덜란드에선 술집에서 비즈니스 거래가 이뤄지는 일이 흔했다. 특히 경매는 거의 예외 없이 여관이나 술집에서 이뤄졌다. 특별한 이유가 있어서가 아니라, 적당한 다른 장소가 없었기 때문이다. 여관이나 술집은 특히 겨울철에 여러 사람들이 모이기 좋은 장소였다. 튤립 트레이더들이 술에 취해 있었다는 것도 사실이 아니다. 거래가 있을 때는 상인들이 자체적으로 만든 규정을 따르고 소란스러운 일이 벌어지지 않도록 일군의 감독관들이 항상 자리를 지켰다.

여관과 술집을 이용한 것이야 당시 사람들의 이성적인 판단이었다고 치자. 하지만 튤립 구근에 그렇게 많은 가치를 부여한다는 건 아무리 생각해도 납득하기 어렵다. 같은 시기에 VOC 지분의 가치와 튤립 구근의 가치가 폭등했는데 튤립이 더 많이 올랐다. 튤립 트레이더들이 VOC 트레이더들보다 더 미쳐 있던 걸까? 이 두 가지 투기자산 간의 연관성은 없었을까? 17세기 네덜란드에서 튤립이 아주 인기 있는 꽃이었다는 것만은 확실하다. 특히 줄무늬가 있는 튤립들이 비쌌다. 당시는 튤립 재배법이 지금처럼 깊게 연구된 상태가 아니었고, 일반인들이 튤립을 재배해서 구근을 얻기가 쉽지 않았다. 꽃의 인기와 물량 부족이 맞물려 가격 상승으로 이어졌다. 1636년에서 1637년 사이, 튤립 트레이더들 사이에서는 줄무늬 품종을 번식시킬 수 있게 됐다는 소문도 돌았다. 만일 그게 사실이라면 많은 돈을 투자할 만한 가치가 있었다. 많이 생산해서 팔면 되기 때문이다. 사실 줄무늬 튤립은 구근에 생기는 병충해 때문에 생기는 것이었고, 구근을 마음대로 번식시킬 수는 없었지만, 당시 사람들은 이를 몰랐다.

간단히 말해, 왜 튤립 가격이 그렇게 치솟았는지는 아무도 확실히 말할 수 없다. 확실한 건 가격이 폭락했고, 많은 계약들이 지켜지지 않았다는 것이다. 이는 튤립 구근에 투자한 사람들이 기본적으로는 투기꾼들이었다는 얘기다. 이들은 구근을 사들여 가격이 어느 정도 오르면 팔아버리겠다는 생각을 갖고 있었다. 가격이 더이상 오르지 않게 되자 이들은 곧 튤립 거래에 흥미를 잃었고, 광란이 수그러들자 기존에 맺은 계약을 이행하지 않을 방법을 찾아다녔다.

물론 도망다니기 어려울 때도 있었다. 그래서 계약을 이행하지 않은 상대를 법원에 고소하는 상인들도 많았다. 이 튤립 가격 거품 문제는 지방법원이 다루기엔 너무 민감한 사안이었다. 그래서 상급법원인 홀란트 주 상고법원이 이 문제에 대해 판결을 내렸다. 상고법원은 구근을 갖고 있는 사람이 우선 그걸 시장 가격에 내다팔고, 계약했던 금액과의 차액에 대해서는 상대로부터 보상을 받으라고 명했다. 튤립 거래가 가장 활발하게 일어났던 하를럼 시에서는 이 판결이 시민들의 생활에 중대한 영향을 미쳤다. 그러나 하를럼 지방법원은 이 문제에 대해 아예 소송 접수를 거부했기에 상인들 사이의 분쟁은 상당 기간 이어졌다.

결국 네덜란드 내 여러 도시의 의회들이 공동으로 해결책을 마련하게 되었다. 일정액의 벌금을 내는 상인은 튤립 거래 계약을 이행하지 않아도 넘어가게 해주자는 것이었다. 벌금은 계약 금액의 3.5%로 정해졌다. 당시 네덜란드에서 통상적으로 비즈니스 계약을 취소할 때 물리던 위약금이 3.5%였다. 이 벌금을 낸다는 것은 자신의 잘못을 인정한다는 뜻이기도 했다. 아예 계약을 무효화하는 것보다는 이쪽이 좀 더 신사적인 것으로 받아들여졌다.

튤립 파동이 있은 후 튤립 상인들 간의 신뢰는 땅에 떨어져 서로를 믿지 못하게 됐다. 구근의 거래는 계속됐지만 1636년의 겨울보다 훨씬 낮은 가격에서 거래됐고, 거래의 규모도 급격하게 줄어들었다.

튤립 파동이 오늘날까지도 역사책의 한 페이지를 장식하는 이유는 튤립 구근처럼 흔해빠지고 또 오래가지도 않는 상품에 이렇게 많은 돈이 몰린 경우가 흔치 않기 때문이다. 하지만 사실 그 당시 튤립 파동의 경제사회적 영향이 그렇게 컸던 것은 아니다. 가장 거래가 활발했던 하를럼에서는 약 285명의 상인이 튤립 거래에 참여했고, 암스테르담에서는 60명 정도가 관련됐던 것으로 추정된다. 이에 비해 1939년 한 해 동안 암스테르담에서 VOC의 지분을 거래한 사람의 수는 264명이었다. 이는 동인도하우스 장부에 기록된 공식 숫자만 집계한 것이다. 회사 장부에 기록되지 않는 선도 거래까지 포함하면 약 350명이 이 한 해 동안 VOC 지분을 거래했던 것으로 보인다. 결국 VOC 지분 거래와 비교할 때 암스테르담의 튤립 거래 규모는 결코 크지 않았다. 특히 암스테르담의 튤립 구근 거래는 기독교의 일파인 메노파 Mennonite 교도들이 거의 독점하고 있었다. 이들 메노파는 튤립에 전념할 뿐 VOC 지분 거래는 거의 하지 않았다. 이 종파의 교리는 무기를 드는 일은 하지 못하도록 금지하고 있었다. VOC는 해외에서 전쟁과 전투도 벌이는 회사였기 때문에 메노파는 VOC 지분을 살 수 없었다.

그렇다면 혹시 튤립 광풍이 VOC 지분 가치의 상승과 연관이 있었을까? 두 현상 모두 1636년 네덜란드에 퍼졌던 역병의 영향을 받기는 했다. 정확히 몇 명이 이 역병으로 숨졌는지는 알 수 없지만 여러 자료를 보면 인구의 약 10%가 사라진 것으로 추산된다. 국민 열 명 중 한 명이 죽는다는 건 아주 끔찍한 일이다. 하지만 뒤집어 얘기하면 나머지 90%는 역병이 돌기 전보다 더 부유해졌다는 뜻이다. 유산 상속 등으로 없던 돈이 생겼기 때문이다. 역병으로 숨진 사람에게서 받은 유산을 튤립 구근이나 VOC 지분에 투자한 사람들이 분명 있었을 것이다.

튤립 광풍과 VOC 주식시장의 호황은 모두 사람들의 돈 욕심에서 비롯된 사건이다. 하지만 분명히 다른 점도 있다. VOC의 지분 가치

상승은 1633년부터 1643년까지 꽤 오랜 기간 이어졌으며 이후에도 폭락하지 않았다. 반면 튤립 값은 1637년 이후 다시 그전과 같은 수준으로 오르지 못했다. 튤립 광풍은 VOC 지분 트레이딩과는 달리 순전히 인간의 비이성적인 투기욕에서 비롯된 것이었다.

튤립 거품은 1637년 꺼져버렸지만 튤립과 관련된 모든 기억이 사라진 것은 아니다. 약 20년 후, VOC의 지분을 거래하는 일군의 상인들이 일종의 회원제 클럽을 만든다. 다음 장에서 소개하겠지만, 이런 회원제 주식 클럽들은 예전 튤립 상인들이 술집에서 거래하던 것과 비슷한 형태로 운영되었다.

이는 VOC 초창기 수십 년 동안은 볼 수 없었던 현상이었다. 초기 투자자들은 물론 지분 가치 상승과 배당금 수령 등 돈을 벌려는 목적으로 지분을 샀지만, 한편으로는 신생 네덜란드 공화국에 대한 애국심과 VOC라는 국가의 해외사업에 대한 응원의 뜻도 갖고 있었다. 그래서 초창기 투자자들은 VOC 지분을 쉽게 팔지 않고 오래 보유하고 있다가 꼭 다른 사정이 있을 때만, 돈이 꼭 필요할 때만 팔았다. 이런 문화는 1630년경부터 변하기 시작해, 서서히 거래를 위한 거래를 하는 사람들이 늘어났다. 많은 사람들이 최초의 '마켓 메이커'인 라푼 형제와 비슷한 지분 거래 사업을 시작했다. 모든 사람이 마켓 메이커의 역할을 한 건 아니지만, 작은 마진을 붙여 많은 양의 거래를 한다는 점에서는 라푼 형제와 같았다. 이런 전문 주식 중개인들에겐 VOC가 뭘 하는 회사인지는 점점 중요하지 않게 되었다. 트레이더들의 세계에서 네덜란드 공화국의 국익을 위해 동아시아에 무역선을 보낸다는 VOC의 대의는 점점 잊혀져갔다.

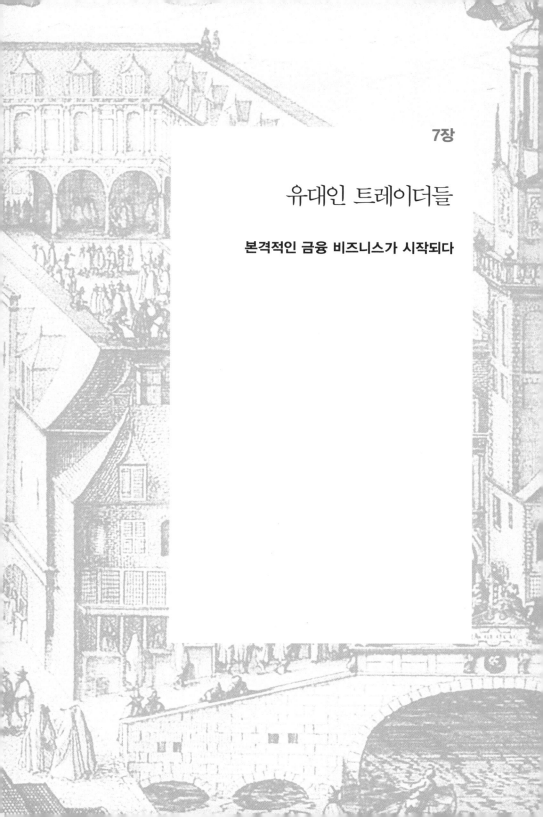

7장

유대인 트레이더들

본격적인 금융 비즈니스가 시작되다

1972년 1월 1일 이른 아침이었다. 공증인 아드리안 로크Adriaen Lock 와 그를 따라온 두 명의 증인은 암스텔 강의 나무다리를 건너 유대인 마을에 도착했다. 로크의 호주머니엔 요세프 페레이라Joseph Pereira라 는 사람에게 보내는 내용증명서가 들어 있었다.

페레이라의 집은 쉽게 찾을 수 있었다. 로크가 문을 두드리자 페레 이라가 문을 열고 나왔다. 로크는 종이에 적힌 내용을 크게 읽었다. "청원인 야콥 페레이라Jacob Pereira는 1671년 6월 22일 하우트그라흐 트에 있는 시나고그Synagoge에서 당신에게 다이아몬드 반지 하나를 주 었다고 말했습니다. 마누엘 로드리헤스Manuel Rodrigues와 마누엘 멘데 스 플로레스Manuel Mendes Flores가 증인으로 그 장면을 지켜봤습니다. 그 반지를 받음으로써 당신은 오늘, 1672년 1월 1일에 장부가 3,000길 더의 VOC 지분을 사기로 약속한 것입니다. 당신과 야콥 페레이라가 동의한 가격은 525였으며, 청원인은 이제 그 지분을 당신에게 팔 준비가 됐음을 이 내용증명을 통해 알립니다. 청원인은 또한 지분을 실제로 넘겨주지 않는 대신, 당시 가격과 오늘 현재 지분 가격(440) 간의 차이에 대해 정산해줄 의향도 있습니다."

아침부터 뜬금없는 방문을 받은 요세프 페레이라는 공중인의 말을 듣고 곧 시나고그(유대교 예배당)에서 야콥 페레이라를 만났던 날을 기억해냈다. 그들은 서로 사촌이었다. 그날은 VOC 지분 거래에 대해 얘기를 나눴다. VOC 지분은 둘이 만나면 항상 하는 얘기였다. 그리고 오늘, 즉 1672년 1월 1일자로 지분을 거래하자고 얘기했던 것도 사실이었다. 하지만 요세프 생각에, 그는 단지 사촌과 얘기를 나누었을 뿐 계약서를 쓴 건 아니었기 때문에 이런 약속을 지켜야 할 의무는 없는 것 같았다. 그렇지 않은가? 당시 요세프는 야콥에게 525에 VOC 지분을 사겠다고 했지만 현재 지분 가격은 440로 떨어진 상태였다. 구두로 약속한 대로 525에 지분을 사면 바로 85만큼 손해를 볼 것이다.

그는 공중인에게 대답했다. "난 어떤 계약서에도 서명한 적이 없으므로, 청원인은 나에 대해 어떤 권리도 갖고 있지 않습니다." 요세프 페레이라의 대답을 잠자코 받아적은 공중인 로크는 작별인사를 하고 거래소 맞은편에 있는 자신의 사무실로 돌아왔다. 오는 도중에 그는 자신에게 이 일을 맡긴 야콥 페레이라의 집에 들러 결과를 보고했다.

이후 2주 동안 야콥 페레이라는 사촌 요세프 페레이라에게 약속한 대로 VOC 지분을 (비싼 값에) 사가라고 거듭 요구했지만 요세프는 요지부동이었다. 하는 수 없었다. 사촌 간이지만 비즈니스는 비즈니스다. 야콥은 증거를 수집했다. 7개월 전 구두 계약을 할 당시 옆에서 증인 역할을 했던 두 명의 지인을 찾아갔다. 이들은 기꺼이 야콥을 위해 증언해주기로 했다.

1월 18일, 야콥과 지인 두 명은 공증인 로크에게 찾아가 사실 확인 문서를 작성했다. 1671년 6월에(세 사람 모두 정확한 날짜는 기억하지 못했다) 야콥 페레이라가 요세프 페레이라에게 다이아몬드 반지를 줬으며, 반지를 받은 요세프는 야콥으로부터 VOC 지분을 구입하겠다고 약속했음이 사실이라는 내용이었다. 증인 중 한 명인 로드리헤스는 "진짜로 확실하다"고 덧붙이기도 했다. 야콥이 요세프에게 반지를 전해줄 때 중간에서 자기가 그 반지를 손에 쥐어봤다는 것이다.

새로운 상인들

아쉽지만 공식적인 기록은 여기까지다. 야콥과 요세프 두 사촌 간에 화해가 이뤄진 것인지, 더이상 법적 소송이나 분쟁이 있었다는 기록은 없다. 1월 18일의 얘기까지만 현재까지 전해지고 있다. 결론이 어떻게 났는지 모르니 답답하긴 하지만, 지금까지의 내용만으로도 상당한 의미를 갖는다. 야콥과 요세프가 맺은 것은 요즘 말로 바로 '옵션option' 계약이다.

나중에 자세히 설명하겠지만 간단히 먼저 얘기하면, 옵션은 현물 거래나 선도 거래와는 다르다. 현물이나 선도 거래는 계약을 맺으면 언제가 됐든 계약 내용대로 이행해야 하지만, 옵션은 사는 사람이 나중에 계약의 이행을 요구할 수도 있고 그렇지 않을 수도 있다. 즉 야콥이 원하지 않았다면 굳이 1월 1일에 공증인을 데리고 와서 '내 지분을 사가라'고 요구하지 않을 수도 있었다는 말이다.

이 둘의 이름도 많은 점을 시사한다. 야콥과 요세프는 유대인들이 쓰던 이름이며, 페레이라라는 성은 이들이 스페인 혹은 포르투갈에서

왔음을 의미한다. 게다가 거래는 암스테르담 중심부의 거래소가 아니라 강 건너 포르투갈계 유대인 지역의 시나고그에서 이뤄졌다. 특이한 점은 이뿐이 아니다. 두 사람은 계약서를 만들지도 않았다. 야콥이 요세프에게 다이아몬드 반지를 건네줬지만 그 대가로 무얼 주어야 한다는 계약서를 쓰지 않았으며, 당사자들마저 이게 공식적인 계약인지 아닌지 합의를 보지 못했다.

당시 야콥과 요세프 페레이라 외에도 많은 사람들이 이 시나고그에서 VOC 지분을 거래했다. 지분을 사고파는 트레이더들과 살 사람과 팔 사람을 엮어주는 브로커들은 유대교 예배 시간에만 정숙을 지켰을 뿐 예배 전후로는 와자지껄 떠들며 거래했다. 1677년 교회 지도자들이 이런 소란을 참지 못해 예배당 안에서 지분 거래를 금지시키자 상인들은 예배당 앞뜰로 나와 지분을 거래했다. 1702년에 밖으로 완전히 나가달라고 요구받을 때까지 이런 관습은 유지됐다.

이처럼 17세기 후반엔 유대인들이 암스테르담에서 VOC 지분 거래에 본격적으로 나서게 됐다. 1690년 홀란트를 여행한 익명의 영국인은 이런 기록을 남겼다. "(VOC) 지분을 사고파는 사업을 지배하고 있는 건 유대인들이다. 사람들 말에 따르면 20번의 거래 중 17번은 유대인이 개입돼 있다." 20번 중 17번이면 약 85%의 거래가 유대인들의 손에 의해 이뤄졌다는 뜻이다. 1640년부터 1690년까지 약 50년 동안 유대인들이 VOC 지분 거래의 핵심 세력으로 떠올랐다. 어떻게 된 걸까? 이들은 갑자기 어디에서 나타난 걸까?

VOC 지분 비즈니스에 종사하는 유대인은 대부분 '세파르디Sephardi' 혹은 포르투갈계 유대인이라고 불렸다. 독일계와 폴란드에서 온 유대인들도 암스테르담에 살고 있었지만 포르투갈계가 압도적이었다. 포르투갈계라고 해서 모두가 포르투갈에서 온 것은 아니고 스페인 출신도 많았는데 사정은 다음과 같다.

이베리아 반도에는 예수가 태어나기 전부터 많은 유대인들이 살고 있었다. 이들은 대체로 종교의 자유를 누렸다. 특히 이슬람교를 믿는 무어인의 지배를 받던 시절엔 유대교를 믿는다 해서 별다른 피해를 보지 않았다. 하지만 기독교인들이 이슬람교인(무어인)을 몰아내고 이베리아 반도를 되찾게 된 레콩키스타Reconquista 운동(8세기부터 15세기까지 이어진 기독교도의 국토회복운동)이 시작되자 상황이 달라졌다. 1492년, 가톨릭 군주인 아라곤의 페르디난드 2세와 카스티야의 이사벨라 1세가 그라나다를 점령하면서 레콩키스타가 완결되었다. 스페인에서 무어인들의 시대는 끝났고, 동시에 유대인들에게도 고난의 시대가 시작됐다. 그들에게는 추방령이 내려졌다.

유대인들은 기독교로 개종하든가 스페인 국경 밖으로 떠나든가, 둘 중 하나를 선택해야 했다. 대부분은 떠나는 쪽을 택했다. 영국과 이탈리아, 그리고 현재의 네덜란드와 벨기에 지방으로 떠나는 사람들도 있었지만, 대부분은 북아프리카와 오토만 제국(현재의 터키), 그리고 포르투갈을 행선지로 택했다. 하지만 포르투갈을 택한 유대인들은 5년 후인 1497년 다시 짐을 꾸려야 했다. 포르투갈 역시 유대인 추방령을 내린 것이다. 스페인에서 포르투갈로 옮겨온 많은 유대인들은 이제 이베리아 반도에 대한 미련을 버리고 멀리 떨어진 네덜란드와 인근 지역에 정착했다. 이때부터 이베리아 반도에서 온 유대인들을 '포르투갈계 유대인'이라 부르게 됐다. 원래 스페인에서 살던 이들도 포르투갈을 거쳐서 도착했기 때문이다.

이베리아 반도에서 유대인들의 대량 이주가 있던 15세기 후반, 현재의 네덜란드, 벨기에, 룩셈부르크에 해당하는 이른바 '저지국'은 유럽의 다른 지역에 비해 상대적으로 부유하지 못했다. 따라서 상업에 종사하는 유대인들도 그다지 두각을 보이지 못했다. 네덜란드 경제가 드디어 부흥하기 시작한 16세기 후반까지도 유대인들의 존재감은 미약했다. 세기가 바뀌어 17세기 초, 즉 1602년 VOC가 설립됐을 때도 마찬가지였다. VOC 지분 청약에 참여한 초대 주주 중에서 포르투갈계 유대인의 이름을 가진 사람은 딱 두 명, 에스테반 카르도조Estevan Cardozo와 엘리사베트 핀토Elisabeth Pinto뿐이었다. 카르도조는 1,800길더의 지분을, 핀토는 3,000길더의 지분을 청약했다는 기록이 있다.

당시 유럽 전역의 포르투갈계 유대인 중 상당수는 고향인 이베리아 반도와의 무역업에 종사했다. 이베리아 반도에는 유대교를 버리고 기독교로 개종한, 혹은 개종한 척하는 유대인들이 상당수 남아 있었고, 고향을 떠난 유대인들은 고향에 남아 있는 친척들과의 네트워크를 이용해 이베리아 반도와의 무역에서 다른 나라 상인들을 압도할 수 있었다.

하지만 네덜란드에 사는 유대인들에겐 너무나 먼 얘기였다. 네덜란드는 스페인으로부터 독립하기 위한 전쟁을 벌이고 있었다. 당연히 스페인은 네덜란드와의 무역을 금지했으며 이는 포르투갈도 마찬가지였다. 상인들끼리 계약을 맺어도 효력을 인정받지 못했으며, 스페인과 포르투갈의 해외 식민지와의 무역 역시 금지됐다. 그러니 이베리아 반도에서 온 유대인 상인들이 네덜란드에서는 별 활약을 할 수 없었다.

이런 답답한 상황은 스페인과 네덜란드 공화국이 1609년부터 1621년까지 '12년의 휴전'을 맺고 나서야 풀리기 시작했다. 양국의 군대는 총부리를 내렸고 무역금지령도 해제됐다. 네덜란드와 인근 지역에 있는 유대인 상인들이 드디어 이베리아 반도와의 무역에 나설 시간이 온 것이다. 이들의 인적 네트워크를 통해 네덜란드 공화국과 스페인, 스페인 해외 식민지와의 무역량이 급증했다.

당시 얼마나 많은 유대인이 암스테르담에 정착해 있었는지 정확한 수치는 알 수 없지만 그 수가 급격히 늘어났던 것은 확실하다. 암스테르담 은행에 새로 계좌를 튼 유대인의 숫자를 보면 알 수 있다. 스페인계 혹은 포르투갈계 성씨를 가진 유대인의 계좌는 1609년 24개에서 1620년 106개로, 4배 이상 늘었다. 이 기간 암스테르담 은행의 전체 계좌수 역시 731개에서 1,202개로 늘었지만, 유대인 계좌수의 증가세가 훨씬 높았다. 암스테르담에서도 유대인 상인들의 활약이 시작된 것이다.

12년간의 휴전은 1621년 끝났다. 전쟁이 재개됐고, 다시 스페인과의 무역금지령이 발효됐다. 몇몇 유대인들은 이때 진절머리를 내고 암스테르담을 떠났다. 암스테르담 은행의 유대인 계좌수도 1621년 한 해 동안 약 1/4가량 줄었다. 이들 중 상당수는 암스테르담에서 멀지 않은 함부르크로 이주했다.

그래도 암스테르담에 그대로 남은 유대인들이 더 많았다. 그들 중 일부는 이베리아 반도와의 무역을 할 수 없게 되자 VOC의 지분을 거래하는 사업으로 눈길을 돌렸다. 처음엔 본인 명의가 아니라 다른 사람의 대리인이 되어 지분을 사고파는 일을 하는 유대인들이 등장했다. 예를 들어 미헬 데 파스Miguel de Pas라는 사람은 안트베르펜에 본부를 둔 '안드레 데 아제베도&주앙 데 파스'라는 가족기업을 대리해 몇 차례 VOC 지분을 거래했다. 벤토 오소리오라는 포르투갈계 이름을 가진 사내도 이 무렵 VOC의 주주장부에 자주 등장하는데, 그는

굉장히 부유한 상인으로 알려진 안드레 로페스 핀토Andre Lopes Pinto
의 대리인이었다.

1620년대엔 이렇게 부유한 개인이나 명문가를 대리해서 VOC 지
분을 사고파는 유대인들은 있었지만 개인적으로 지분을 사는 경우는
없었다. 아마 지분을 사모을 만한 개인 재산이 없었을 것이다. 그러나
1640년대 이후 상황은 달라진다. 큰 재산을 모아 VOC 지분을 사들
이는 부유한 유대인들이 속속 나타난다. 1660년대 소문난 부자였던
안토니오 로페스 수아소Antonio Lopes Suasso는 장부 가치로 10만 길더
의 VOC 지분을 갖고 있었다. 당시 실제 시장 거래 가격을 고려하면
약 45만 길더나 되는 재산이다. 기록에 따르면 그 무렵 암스테르담에
서 가장 호화로운 운하 옆 저택의 가격이 2만 길더 정도였으니 수아소
라는 사람이 얼마나 부유했는지를 알 수 있다.

모제스 쿠리엘Mozes Curiel이라는 사람도 유명했다. 상인인 동시에
외교관이었던 그는 스페인이나 포르투갈과 거래할 때는 '모제스'라는
유대인 이름이 아닌 제로니모 누네스 다 코스타Jeronimo Nunes da Costa
라는 가명을 썼다. 그가 살았던 집은 니무어 헤렌흐라흐트 49번지에
있었다. 운하가 한눈에 내려다보이는데다 대문 양편으로 창문이 하나
씩 나 있는 호화로운 집이었다. 그는 VOC 지분도 상당량 갖고 있었던
것으로 전해진다.

이런 몇몇 거부들을 제외하면 VOC 장부에 이름을 올린 대부분의
포르투갈계 유대인 상인들은 바테를루플레인에 모여 살았다. 지금은
암스테르담 최대 규모의 벼룩시장이 열리는 것으로 유명한 동네다. 마
누엘 로페스 카르발로Manuel Lopes Carvalho, 루이스 곤잘레스 데 안드
라다Luis Gonsales de Andrada, 라파엘 두아르테Rafael Duarte 등이 이 지역

포르투갈계 유대인 상인들이 살던 거리. 왼쪽에 덩굴이 올라간 집이 안토니오 로페스 수아소의 집이고, 오른편으로 한 집 건너 큰 저택이 모제스 쿠리엘의 집이다. 모제스는 1675년 유대인들이 새 시나고그를 지을 때 가장 많은 돈을 기부해 주춧돌을 놓는 역할을 맡았다.

에 살았던 유대인 VOC 주주들이다.

이들은 확실히 당대의 유명 인사는 아니었다. 주주장부 외에는 따로 이들에 대해 전해지는 기록도 거의 없으며, 부자가 아니었음도 확실하다. 그럼에도 불구하고 이들이 VOC 지분 거래에 참여할 수 있었던 이유는 무엇일까.

이 질문에 대답하기 위해 1640년 전후에 어떤 일이 있었는지 살펴보자. 1640년부터는 '제2의 이민 물결'이라고 불러도 될 정도로 많은 유대인들이 이베리아 반도에서 암스테르담으로 몰려왔다. '12년 휴전'

이전보다 훨씬 많은 수였는데, 세 가지 사건 때문이었다.

첫번째 사건은 포르투갈의 독립이었다. 1640년 말 포르투갈은 스페인으로부터 독립했다. 따라서 네덜란드와 포르투갈 사이에 외교관계가 수립될 수 있었다. 1641년 7월, 두 나라는 서로 무역을 허용하기로 협정을 맺었다. '12년 휴전' 때와 마찬가지로 유대인들은 이 기회를 잽싸게 잡았다. 암스테르담과 포르투갈을 잇는 무역업에 종사하는 유대인의 숫자가 급격히 늘었다.

두번째 사건은 바다 멀리 떨어진 브라질에서 일어났다. 브라질은 15세기부터 포르투갈의 식민지였다. 그런데 1630년 전후로 네덜란드가 브라질의 일부를 점령해 자체 식민지를 세웠다. 이 네덜란드령 브라질 식민지는 동북부에 있는 지금의 헤시피 주변 지역이었다. 네덜란드인들은 식민지 총독 존 마우리스John Maurice의 이름을 따서 이 식민지를 마우리츠스타트Mauritsstad라 불렀다. 마우리스 총독은 식민지 안에서 종교의 자유를 허락했다. 이 소식을 듣고 유럽의 많은 유대인들이 종교의 자유를 찾아 배를 타고 마우리츠스타트로 이민왔다. 마우리츠스타트에는 남북 아메리카를 통틀어 아메리카 대륙 최초의 시나고그도 세워졌다. 네덜란드와 포르투갈은 1641년 공식적으로 무역을 재개한다는 협정을 맺었고, 곧이어 두 나라가 각각 소유한 브라질 식민지 간의 교류도 허가됐다. 그러나 마우리츠스타트에 사는 유대인들의 평온은 오래가지 못했다. 몇 년 후 포르투갈이 네덜란드 세력을 내쫓고 마우리츠스타트를 자신들의 세력권으로 병합한 것이다. 다시 가톨릭교의 박해를 받게 된 유대인들은 브라질에서도 짐을 싸야 했다. 이들이 가장 먼저 떠올린 목적지가 바로 암스테르담이었다.

암스테르담에서 유대인의 전성기를 가져온 세번째 사건은 1648년 독일의 뮌스터에서 일어났다. 드디어 스페인과 네덜란드가 지긋지긋한 전쟁을 끝내고 평화조약을 맺은 것이다. 이 '뮌스터 조약'에 따라 스페인은 오랫동안 지배했던 네덜란드의 독립을 인정하기로 했다. 또 양국은 서로의 영토와 해상무역을 할 수 있는 권리를 존중하겠다고 합의했다. 이제 암스테르담으로 이민온 포르투갈계/스페인계 유대인들 역시 당당하게 고향 이베리아 반도와 무역을 시작할 수 있었다.

이런 일련의 사건들이 가능했던 이유는 암스테르담이 종교의 자유가 보장되는 도시였기 때문이다. 물론 유대교인들은 신교도(개신교도)만큼의 지위와 권리를 누리지는 못했다. 하지만 적어도 가톨릭교도보다는 더 나은 대접을 받았다. 1639년에는 하우트그라흐트 거리에 처음으로 유대교 예배당이 들어섰다. 아직까지도 남아 있는 데벤테르 하우트마르크트Deventer Houtmarkt 시나고그는 1675년에 만들어진 것이었다. 유대인들이 이렇게 종교의 자유를 누린 반면, 가톨릭교도들의 종교 행위는 법으로 금지됐다. 가톨릭 성당을 세우는 것 역시 불가능했다.

1640년 이후 유대인 상인의 증가는 이전 '12년 휴전' 때와 마찬가지로 암스테르담 은행 계좌 소유자 명단을 통해 확인할 수 있다. 1625년에는 전체 은행 계좌의 6% 미만이 유대인 소유였으나, 1646년에는 이 비율이 8%로 올랐고, 1651년에는 10.5%가 되었으며 1674년에는 13%가 넘었다. 당시 암스테르담 전체 인구 중 유대인의 비율은 2%를 겨우 넘는 수준이었다. 인구에 비해 은행 계좌수가 훨씬 많았다는 것은 상업, 무역업에서 특히 유대인들의 활약이 두드러졌음을 의미한다.

데벤테르 하우트마르크트 시나고그와 내부. 포르투갈과 스페인에서 종교의 자유를 찾아 암스테르담으로 건너온 유대인들이 돈을 모아 만든 예배당으로 1675년 완공 당시 세계에서 가장 큰 유대교 예배당이었다. 내부의 좌석과 목재 재단, 장식, 샹들리에 등이 보존되어 있다. 암스테르담 인구의 약 10%에 달했던 유대인들은 제2차세계대전 중 독일군에 학살당해 그 수가 1/5 수준으로 급격히 감소했다. 독일 본토에서 살아남은 유대인의 비율보다 네덜란드에서 살아남은 유대인의 비율이 더 적었다고 전해진다. 이는 네덜란드인들이 유대인을 돕는 데 상대적으로 무관심하고 나치에 협력하는 경우가 많았을 뿐 아니라, 당시 네덜란드의 주민등록부가 잘 정리되어 있었고 산이 없는 평탄한 지형적 특성 때문에 유대인들의 은신이 어려웠던 것으로 보인다. 그 결과 암스텔 강 북동쪽의 유대인 지구는 전쟁이 끝난 후 상당부분 재개발됐다. 시나고그의 건축적 가치를 알아본 독일군은 예배당을 훼손하지 않았고, 독일군 창고에서 발견된 장식물들도 전후 원래 자리로 돌아왔다.

필요했던 결과

그런데 유대인들이 상업에 많이 종사하게 됐던 이유가 이들에게 이베리아 반도와 남미 대륙을 연결하는 가족 네트워크가 있었기 때문만은 아니다. 다른 직업을 가지려야 가질 수가 없어 어쩔 수 없이 상인이 된 측면도 있다. 중세 그리고 근대 초기까지 유럽에서는 직업 선택의 자유가 거의 없었다. 대부분의 기술자들은 폐쇄적인 길드, 즉 조합에 소속되어야 했다. 그런데 이런 길드들은 종교가 다른 유대인을 회원으로 받아들이지 않았다. 암스테르담뿐 아니라 전 서유럽이 마찬가지였다. 유대인들은 아직 길드가 조직되어 있지 않은 직업을 찾아야 했다. 무역업과 다이아몬드 세공업이 그 대표적인 예다. 앞서 소개했던 야콥 페레이라와 요세프 페레이라 두 유대인이 VOC 지분을 거래하는 계약을 맺으며 다이아몬드 반지를 주고받았던 것은 우연이 아니다. 유대인들은 다이아몬드와 가까웠다.

유대인들은 또 오래전부터 돈을 빌려주는 대부업에도 종사해왔는데, 이는 종교와도 연관이 있다. 구약의 신명기 23장 19절과 20절에는 '형제에게 돈을 빌려주고 이자를 받아서는 안 된다'라는 대목이 있는데, 기독교 교회는 오랜 세월 이 구절을 '돈을 빌려주면서 이자를 받아서는 안 된다'라고 해석했다. 물론 이자도 받지 않고 돈을 빌려줄 사람은 흔치 않다. 결국 기독교인 사이에서는 돈을 빌려주거나 빌리는 경우가 거의 없었다.

그런데 이 구절은 유대교 경전인 토라에도 들어 있는데, 유대인들은 같은 말을 다소 느슨하게 해석했다. '형제'라는 단어가 같은 유대교인들을 의미한다고 본 것이다. 당시 유대인들은 기독교인들을 '형제'라고 보지 않았기에 기독교인들에게 돈을 빌려주고 이자를 물리는 데는 문제가 없다고 생각했다. 결국 많은 유대인들이 은행업과 대부업, 수금업 등 금융업에 종사하게 됐다. 물론 이런 업종에는 길드가 조직되어 있지 않았다.

이런 이유로 중세와 근대 유럽에서 유대인은 돈에 집착하는 민족이라는 이미지가 만들어졌다. 셰익스피어의 희곡 「베니스의 상인」에 등장하는 유대인 대부업자 샤일록이 대표적인 예다. 이런 좋지 않은 이미지는 수백 년 이상 지속되었으나, 기독교 역시 종교개혁 이후 돈에 대한 제한이 느슨해졌다. 개신교 신학자들은 성경을 철저히 분석한 후, 남을 어렵게 하지만 않는다면 이자를 받아도 괜찮다고 결론내렸다. 이들이 근거로 든 성경 구절은 레위기 25장 35절과 출애굽기 22장 25절이었다.* 기독교인은 가난한 사람들에겐 많은 이자를 받아선 안 되지만 부유한 사람에게는 그렇게 해도 괜찮다는 것이 이들 개신교 신학자들의 해석이었다. 왜 그럴까? 신명기는 레위기와 출애굽기보다 시대적으로 뒤에 쓰여졌기 때문에, 모세가 '이자를 많이 받지 말라'고 한 신명기의 시기에는 이미 사람들이 돈을 빌려주는 대상이 부자일 때와 가난한 자일 때의 차이에 대해 잘 알고 있었을 것이며, 따라서 모세가 굳이 이 점을 따로 설명하지 않더라도 사람들이 이미 그렇게 알아들었을 것이라는 해석이었다.

네덜란드 공화국의 신교회 역시 이런 느슨한 해석을 따랐다. 이들은 이에 대해 자세한 규정까지 만들었는데, 부유한 상인들 사이의 대부 거래에 대해서는 연간 이자를 최고 8%로, 반면 일반 시민들 사이의 대부 거래에는 이를 6%로 제한했다. 이로써 공화국 시민들은 공식

---

* 이 부분에는 각각 '가난해진 형제/백성에게 이자를 받으려고 돈이나 양식을 꾸어주면 안 된다'라는 내용이 적혀 있다.

적으로 이자를 주고받는 금융업에 종사할 수 있게 됐다.

가톨릭을 믿고 있던 지역 역시 17세기 초반 개신교의 종교개혁 운동에 맞서 벌어진 '반종교개혁' 운동의 결과, 대부업에 대해 보다 느슨한 자세를 취하게 됐다. 그래서 가톨릭 교회 역시 '이자'와 '신용'에 대해 점차 개신교 교회와 동일한 해석을 받아들이게 됐지만 이런 변화는 서서히 이뤄졌다. 이미 중세시대부터 수백 년에 걸쳐 금융업에 종사해온 유대인들은 17세기에 들어서도 개신교도나 가톨릭교도에 밀리지 않고 금융업에서의 확고한 지위를 유지했다.

돈을 빌려주고 또 물건을 사고파는 일을 하던 상인들에게 VOC 지분을 사고파는 일은 어렵지 않았다. 이 점에선 기독교 상인들과 유대교 상인들 모두 마찬가지였다. 당시 상인들은 해외무역을 할 때 어음을 많이 사용했다. 어음은 일정 시간이 지난 후에 돈을 지불하겠다는 계약으로, 이는 선도 거래와 기본적으로 동일한 개념이다. 따라서 어음 거래에 익숙한 상인들은 VOC 지분의 선도 거래에도 쉽게 적응했다.

포르투갈계 유대인들은 또 자신들만의 국제적 네트워크를 이용해 VOC 지분 거래에서 기독교인 상인들보다 한발 앞서 나아갈 수 있었다. 이베리아 반도를 떠난 유대인들은 암스테르담뿐 아니라 유럽의 주요 상업 도시에 흩어져 살고 있었다. 함부르크, 안트베르펜, 런던 등에는 모두 상당한 규모의 포르투갈계 유대인의 공동체가 형성되어 있었다. 웬만한 유대인은 유럽 각지에 친척이 몇 명씩 있었다. 이런 국제적인 인적 네트워크가 이들에게는 큰 도움이 됐다.

예를 들어보자. VOC의 지분 가치에 영향을 미치는 건 선단이 오고가는 동아시아 지역의 상황과 무역선단의 규모 같은 1차적인 정보

뿐만이 아니었다. 유럽 내 각국의 경제 상황 역시 지분 가치에 큰 영향을 미쳤다. 런던에서 향신료에 대한 수요가 늘어나면 이는 곧 VOC가 창고에 보유하고 있는 향신료 재고의 가치가 높아진다는 뜻이었다.

또 정치와 외교적 상황도 중요했다. 책『혼란 속의 혼란』에는 "전쟁은 무역선단의 안전을 위협하고, 세금은 운항 비용을 인상시킨다"라는 구절이 있다. 네덜란드 공화국이 다른 유럽 국가와 전쟁을 벌일 때면 상대 국가의 해군은 당연히 VOC의 선박을 공격했고, 그렇게 되면 VOC 지분 가격이 떨어질 수밖에 없었다. 또 전쟁은 곧 높은 세금을 의미했다. 정부가 전쟁을 치르려면 국민들에게 여러 명목의 추가 세금을 걷어야 한다. 함선과 해군을 유지하기 위한 세금이 원래부터 있었지만, 정부는 1672년부터는 비정기적으로 VOC 지분 보유자에 대한 보유세도 따로 물렸다. 또 적국으로부터 상품을 수입해오거나 적국으로 수출할 때 붙는 특별 관세도 있었다. 네덜란드가 프랑스와의 전쟁에 돌입할 경우 네덜란드가 가져온 향신료 등의 물품을 프랑스로 수출하기가 어려워지니까.

이는 무엇을 의미할까? 예를 들어 어느 트레이더가 네덜란드와 프랑스가 곧 전쟁을 벌이게 될 거라는 정보를 남들보다 한발 먼저 입수했다고 하자. 그러면 그는 남들이 알기 전에 먼저 VOC 지분을 팔아치우는 선도 거래를 통해 큰돈을 벌 수 있다. 그런데 바로 포르투갈계 유대인들이 이런 정보를 누구보다 빨리 입수할 수 있었다. 유럽 곳곳에 정보를 전해줄 친척들의 네트워크가 있었기 때문이다.

암스테르담의 포르투갈계 유대인들이 VOC 지분 거래에서 두각을 나타냈던 이유가 하나 더 있는데, 이들은 국제 네트워크뿐 아니라 지역 내부의 네트워크 역시 강했다. 암스테르담의 유대인들은 좁은 유대인 구역에 모여 살았고, 이중 많은 유대인들이 VOC 지분을 자주 사고팔았다. 워낙 좁은 커뮤니티다보니, 남들이 하는 일은 따라 하게 될 수밖에 없었다. 암스테르담의 유대인이라면 VOC 지분을 거래하지 않고 지내기가 어려웠다. 현관문을 나가기만 하면 온통 VOC를 거래하는 사람들이었기 때문이다. 1690년경 암스테르담을 여행했던 영국인은 이런 기록을 남겼다. "아침 8시, 트레이더들이 아침 거래를 위해 담 광장으로 가기 전부터 요덴스트라트('유대인의 거리')에서는 이미 지분 거래가 활발히 이뤄지고 있었다."

브로커들

포르투갈계 유대인들의 참여는 VOC 지분 트레이딩 시장의 모습을 급격히 바꿔놓았다. VOC 창립 후 초창기 약 40년간 지분을 거래했던 이들은 주로 암스테르담에서 잘나가는 상인들이었고, 이들 중 일부는 이주민들이었다. 특히 종교개혁 이후 가톨릭 지역인 남부 네덜란드에서 신교도에 대한 박해를 피해 들어온 사람들이 많았다. 하지만 이주민들도, 암스테르담 원주민도 크게는 같은 공동체에 속해 있었다. 이들은 대부분 바뮤스스트라트, 네스, 아우데제드 푸르부르흐발, 아흐터부르흐발 등지에 모여 살면서 매일같이 마주치는 사이였다. 대다수가 네덜란드 신교회 소속이라 주말이면 교회에서도 마주쳤고, 가문끼리 결혼으로 이어지는 경우도 많았다. 앞서 살펴봤듯이 안투안 렘페뢰르에겐 처갓집에 VOC의 이사로 일하는 친척이 있었고, 토마스 스프렌크하위센에겐 VOC 이사의 집안에 장가를 간 사촌이 있었다. 이런 식의 인척관계는 흔했다.

이렇게 밀접한 커뮤니티를 형성한 기독교계 상인들은 주로 자신이 속한 커뮤니티 안에서 지분을 거래했다. 지분을 팔고자 하는 사람은 사겠다는 사람을 직접, 혹은 중개인을 통해 쉽게 찾을 수 있었고, 또 이들은 누구를 얼마큼 신용할 수 있는지도 잘 알고 있었다. 물론 이런 지식은 때론 독이 되기도 했다. 앞에서 봤던 한스 바우어와 이삭르 매르는 이런 커뮤니티에서 오랜 기간 신용을 쌓아온 상인들이었지만, 결국 상대의 선의와 믿음을 이용해 대담한 사기극을 벌였다. 사기가 발각되자 이들은 커뮤니티에서 버림받은 것은 물론 아예 암스테르담을 떠나야 했다. 이는 상인 커뮤니티 안에서 신용이 얼마나 중요했는지를 잘 보여주는 사례다. 암스테르담에 계속 남아 있었다 해도 아무도 그들과 거래하려 하지 않았을 것이며 사생활 역시 어려웠을 것이다. 이들의 커뮤니티는 공과 사의 경계가 불분명하게 서로 가까이 얽혀 있었다. 한마디로 네덜란드 상인들에게 신용은 곧 생명이었다. 신용을 가볍게 생각하는 사람은 무역업이나 지분 트레이딩에 끼어들 자리가 없었다.

유대계 상인들 역시 마찬가지였다. 이들은 또 이들대로 아주 우애가 강한 유대인 커뮤니티를 형성하고 있었으며, 그 커뮤니티 안에서 역시 신용이 얼마나 좋은가가 사업의 성공을 좌우했다. 야콥 페레이라와 요세프 페레이라가 1671년 6월 지분 거래 계약을 하면서 계약서조차 쓰지 않았다는 사실은 유대계 상인들 간의 신뢰관계가 얼마나 돈독했는지를 보여주는 사례다. 1671년 말 VOC 지분 가치가 급락하면서 이런 구두 계약들에 대한 분쟁이 많이 생기긴 했지만, 기본적으로 이들 유대 상인들은 서로를 잘 알고 또 신뢰하고 있었다.

문제는 개신교 상인 커뮤니티와 유대교 상인 커뮤니티, 두 집단 간의 관계였다. VOC 초기부터 지분을 거래하던 개신교계 상인 집단과, 1640년경이 돼서야 지분 거래에 활발히 참여하게 된 포르투갈계 유대인 상인 집단 간에는 서로를 묶어줄 공동체 의식이 없었다. 두 집단은 사업이 아니면 평상시 서로 마주칠 일도 거의 없었고, 서로 누가 누군지 잘 알지도 못했다. 자신이 속한 그룹 내에서는 상대의 신용도를 보면서 거래할 수 있었지만, 다른 그룹에 속한 사람과 거래할 때는 상대가 얼마나 믿을 만한 사람인지 알 수 있는 방법이 없었다. 기독교인 그룹 안에서, 또한 유대교인 그룹 안에서는 서로 밀접하게 얽혀 있는 관계들 때문에 제멋대로 계약을 취소하거나 속일 수가 없었지만 이 두 그룹 사이의 거래에는 그런 사회적 압력이 없었다.

그렇다면 누굴 얼마나 믿어야 할지 어떻게 알아낼 것인가? 이런 일을 위해 등장한 사람들이 바로 브로커, 즉 중개인들이었다. 1640년 전에도 물론 거래소엔 많은 브로커들이 일하고 있었다. 그러나 이들은 VOC 지분이 아니라 곡물과 목재, 의류 같은 상품을 중개하는 사람들이었다. 이들은 1640년을 기준으로 약 430명에 달했다. 이 브로커들은 매일 수많은 상인들을 만나 대화를 나누고 거래를 진행시켰으므로 시장에서의 가격 동향과 매수자들의 희망 가격, 매도자들의 희망 가격에 대한 이해가 깊었다.

상인 입장에서도 브로커를 통하는 게 이득일 때가 많았다. 어떤 상품을 팔고 싶을 때 브로커에게 수수료를 주고 맡기면 그만큼 시간이 절약됐다. 브로커의 또다른 장점은 신용도 체크였다. 유능한 브로커는 시장에 나오는 상인들을 웬만큼 다 알고 있었고 개개인의 신용도도 잘 파악하고 있었기 때문에, 상인들끼리 직접 거래하는 것보다 잘 아는 브로커를 통해 거래하는 것이 사기를 당할 위험이 적었다.

그러나 아무나 브로커가 될 수 있는 건 아니었다. 일단 브로커 길드에 가입해야 했고, 또 암스테르담 시가 정한 규칙을 따라야 했다. 브로커가 받는 수수료의 비율은 시가 정했으며 브로커들은 자기 이름으로 소유한 계좌에서는 거래할 수 없었다. 순수하게 타인의 거래를 돕는 일에 전념해야 하는 것이 규칙이었다. 자기 자신의 이익을 위해 상품을 거래했음이 밝혀지는 경우에는 당국으로부터 엄중한 처벌을 받았다.

1647년의 암스테르담 시 규정에 따르면, 이 규정을 한번 어긴 브로커에게는 50길더의 벌금이, 두 번 어긴 경우에는 100길더의 벌금이 부과되었다. 세 번 위반하면 다시 100길더의 벌금과 함께 브로커 길드에서 제명됐다. 브로커들이 자신들의 이익을 먼저 챙기느라 고객의 이익을 돌보지 않는 상황을 막기 위해 시 정부는 규칙을 엄격하게 적용했다.

이런 측면에서 브로커들은 라푼 형제 같은 '마켓 메이커'들과는 다르다. 크리스토펠 라푼과 얀 라푼 형제는 자신들 명의의 계좌로 지분을 사고팔았다. 원하는 손님과 언제든 거래할 수 있도록 마켓 메이커는 자기 계좌에 항상 어느 정도의 지분을 갖고 있어야 했다. 또 마켓 메이커는 거래마다 수수료를 받는 게 아니라, 사는 가격과 파는 가격의 차이에서 이득을 봤다. 이론상 누구나 마켓 메이커가 될 수 있지만 실제로는 VOC 지분을 어느 정도 보유하고 있을 만큼 부유한 사람만이 가능했다. VOC 지분은 값이 만만치 않았다. 돈이 충분해야 했다. 게다가 주가가 출렁거리면 갖고 있는 지분의 가치도 변했으므로 마켓 메이커 개인이 떠안아야 하는 사업의 위험성도 브로커보다 훨씬 컸다.

마켓 메이커와 브로커는 각각 제공하는 서비스도 달랐다. 마켓 메이커는 일반적으로 잘 거래되지 않는 소량의 지분도 상대방이 원하면 사주거나 팔아줬지만, 브로커는 지분을 사거나 팔고 싶은 사람에게 그 거래를 받아줄 상대방을 찾아주었다. 당시 기록들을 보면 1600년부터 1610년까지는, VOC 지분과 관련된 브로커의 이름이 거의 등장하지 않는다. 초기 트레이더들에게는 브로커가 필요없었다. 각 개인의 인적 네트워크를 통해 직접 주가를 알아볼 수도 있고 거래 대상을 찾을 수도 있었다. 가격 협상도 직접 하는 편이었다. 일생 딱 한 번 VOC 지분을 거래한 토마스 스프렌크하위센 같은 사람은 브로커를 찾기 보단 마켓 메이커와 거래하는 쪽을 택했다.

그런데 이미 말했듯 포르투갈계 유대인들이 등장하면서 VOC 지분 트레이딩에서도 브로커들이 활약하기 시작했다. 지분을 거래하는 유대인들의 수가 늘어나면서 시장은 좀더 복잡해지고 투명성도 떨어졌다. 지분을 사주거나 팔 사람을 찾기는 쉬워졌지만, 그 상대가 과연 얼마나 믿을 만한 사람인지, 돈은 충분히 갖고 있는지는 알 수가 없었다. 괜히 낯선 사람들과 거래했다가 상대방이 계약을 지키지 않아서 낭패에 빠질 수는 없었다. 그런 일이 벌어지면 해결에 아주 오랜 시간이 걸릴뿐더러 소송비용 등 돈도 많이 들 것이었다. 그래서 상인들의 신용도를 잘 알고 있는 브로커를 찾는 수요가 늘어났다.

브로커 길드 입장에서도 VOC 지분 거래에 있어서는 얼마간의 유대인을 회원으로 받아들이는 게 이득이었다. 다른 길드에서는 볼 수 없던 일이었다. 이는 유대인 상인들의 유입이 암스테르담에서 자연스럽게 여겨졌음을 보여준다. 1612년에는 최대 10명의 유대인이 브로커 길드에 가입했다. 기독교인은 300명이었다. 1642년에는 유대인 30명, 기독교인 430명으로 정원이 늘었다. 길드 규정에 따르면 유대인 브로커들을 받아들이는 이유는 "포르투갈인들을 상대하기 위해"서였다. 이것만 보면 마치 이들이 포르투갈계 유대인들만을 대상으로 비즈니스를 한 것 같지만, 실상은 그렇지 않았다. 유대인과 기독교도 간의 거래 역시 유대인 브로커들이 맡기에 적합했다. 이들은 브로커 길드의 회원으로서 이 바닥의 관행이 어떤지를 잘 알고 있을 뿐 아니라, 유대교 사회의 일원으로서 유대인 트레이더들도 많이 알고 있었고 또 이들을 어떻게 대해야 하는지도 잘 알고 있었다.

1640년 무렵이 되자 브로커들의 활동은 더욱 활발해졌다. 1647년 시의회가 브로커들의 커미션을 인하시키자 브로커를 찾는 투자자의 수는 더욱 늘어났다. 그전까지 장부가 100길더의 지분 중개에 50센트이던 수수료를 20센트로 내린 것이다. 예를 들어, 장부가 3,000길더의 지분을 중개하는 브로커가 있다고 하자. 그가 받을 6길더(0.2×30)의 커미션은 사는 사람과 파는 사람이 절반씩 나눠 낸다. 그런데 거래되는 지분의 실제 시장 가치를 따져보면, 1647년 이후 VOC 지분의 시장 거래 가격은 장부가 100길더당 400길더 이상을 호가했다. 그러니 실제로는 12,000길더의 거래에서 6길더의 커미션만 낸 셈이니 커미션은 거래 금액의 0.05% 정도로, 아주 양심적인 액수였다.

시의회가 브로커들의 커미션을 인하한 이유는 아마도 늘어나는 거래 규모 때문이었을 것이다. 브로커들이 너무 돈을 쉽게 번다고 생각했을 수도 있다. 브로커의 수입은 개인의 능력에 따라 달랐다.

당시 활약했던 브로커 중에는 헨드릭 스타에츠Hendrick Staets라는 이름이 기록에서 눈에 자주 띈다. 그만큼 실력이 좋은 브로커였을 것이다. 스타에츠는 헤렌흐라흐트 운하의 '황금의 커브Gouden Bocht'라는 구역에 살았는데, 당시엔 부자들이 주로 살았고 현재는 은행과 박

스타에츠의 집

요세프 되츠의 집

1 헤렌흐라스트 운하 근처 자신의 집 앞에 서 있는 헨드릭 스타에츠.
2 1672년경 '황금의 커브'. 헨드릭 스타에츠의 집은 운하가 굽어지는 지점에 있으며, 오른쪽으로 하나 건너 있는 건물은
옵션 거래에 대한 기록을 남긴 요세프 되츠의 집이다.

1 2 현재 '스타에츠의 집'과 명패.
3 같은 자리에 서 있는 페트람 저자.
4 '황금의 커브' 현재 모습. 이곳은 여전히 암스테르담 최고의 부촌이다.

물관 등이 있는 구역이다. 그가 살던 헤렌흐라흐트 460번지의 웅장한 맨션은 여전히 '스타에츠의 집Staetshuys'이라고 불리며, 그가 집 앞에 서 있는 모습을 그린 초상화도 남아 있다. 스타에츠가 부유한 사람이 었음은 분명하지만 그가 어떻게 돈을 벌었는지, 그 돈이 모두 브로커 사업에서 나온 것인지는 확실하지 않다. 그는 브로커로 일했을 뿐 아니라 직접 지분을 사고팔기도 했다. 브로커 길드의 규정상 브로커가 직접 거래에 참가하는 일은 금지돼 있었지만, 17세기 후반에 접어들면서 그 규칙을 곧이곧대로 지키는 사람은 거의 없었다. 그러니 스타에츠가 브로커로서 뛰어난 능력을 발휘해서 돈을 벌었을 수도 있지만, 브로커 일을 하면서 고객으로부터 얻은 정보로 자신의 이득을 챙겼을 가능성도 있는 것이다.

17세기가 끝날 무렵에는 실질적으로 모든 지분 거래가 브로커들을 통해 이뤄졌다. 예로니무스 펠터르스Jeronimus Velters라는 사업가는 17세기 후반 VOC 지분을 열심히 거래했던 상인으로, 그의 일기장은 지금까지 잘 보관되어 있다. 그는 일기에 언제 얼마나 주식을 사고팔았는지, 그리고 어떤 브로커가 그 거래를 중개했는지를 다 적어놓았다. 브로커가 누구인지는 중요했다. 만일 지분 거래와 관련해서 한 건이라도 분쟁이 생기면, 브로커가 법정에서 어떻게 증언하느냐가 승패에 아주 중요한 변수로 작용했기 때문이다. 펠터르스가 중용한 브로커들의 이름은 포르투갈계 유대인인 야콥 하바이 헨리크Jacob Gabay Henriques와 이삭 페소아 Isaac Pessoa였다. 그밖에 헤리트 루트Gerrit Loot와 헨드릭 스타에츠 등도 펠터르스의 일기장에 이름을 올려놓고 있다. 브로커를 통하지 않은 거래는 '없음'이라고 표시했는데, 이런 경우는 아주 드물었다.

포르투갈계 유대인 상인들도 비슷했다. 다이아몬드를 거래했던 마누엘 레비 두아르테Manuel Levy Duarte라는 유대인 상인은 죽으면서 생전의 기록들을 유대인들의 기록보관소에 보냈다. 그가 남긴 기록물 중에는 VOC 지분을 거래할 때 브로커들로부터 받은 영수증들이 있다.

투기꾼들

포르투갈계 유대인 트레이더들의 증가는 암스테르담 거래소의 브로커들에게 짭짤한 커미션 수입을 안겨주었을 뿐 아니라, 다른 트레이더들에게도 좋은 일이었다. VOC 지분을 거래하는 상인들의 수가 늘어나니 시장이 활성화되고 거래 건수가 늘어난데다, VOC 지분을 사고팔기도 쉬워졌다. 갑자기 돈이 필요해 급하게 지분을 팔아야 하는 일이 생기더라도 '금방 사줄 사람을 만나 처분할 수 있겠구나'라고 안심할 수 있었다.

그런데 더 중요한 변화가 있었다. 포르투갈계 유대인들은 기존의 VOC 지분 투자자들, 즉 회사 설립 이후 초창기 40여 년 동안 지분을 거래해왔던 상인들과는 근본적으로 다른 점이 있었다. 개인마다 약간씩 차이는 있지만 일반적으로 이 유대인 트레이더들은 곧 투기꾼speculator, 『혼란 속의 혼란』을 쓴 요세프 데 라 베가가 '플레이어'라고 묘사한 바로 그런 사람들이었다. 이들은 지분을 사놓고 값이 오를 때까지 꾸준히 기다리는 '바이 앤드 홀드buy-and-hold' 스타일의 전략을 구사하지 않았다. 오히려 정반대로 유대계 트레이더들 대부분은 현물이 아닌 선도 거래에 초점을 맞췄다. 이들은 선도 거래로 지분을 사서는 1.5% 정도의 이익만 볼 수 있으면 곧장 팔아치웠다. 그보다 더 작은 이익을 노리는 경우도 있었다.

과거 VOC 지분 트레이딩의 초기, 안투안 렘페뢰르나 토마스 스프렌크하위센 같은 사람들은 지분을 사서 상당 기간 보유하고 있었다. 이들은 무역선이 들어올 때마다 나눠주는 배당금(혹은 향신료 같은 현물)을 챙기고, 지분은 먼 미래에 값이 많이 오르면 팔아야겠다고 생각했다. 단순히 단기적 이익을 챙기기 위해 VOC 지분을 사는 게 아니라, 아시아에서 네덜란드 공화국의 무역 거점을 확립하는 데 기여한다는 생각도 있었다. 개인의 이익뿐 아니라 나라에 대한 애국심도 작용한 것이다.

하지만 유대인 상인들에게 공화국에 대한 애국심은 중요하지 않았다. 투자액 대비 5% 정도의 이득만 볼 수 있으면 충분했다. VOC 지분을 거래하면서도, 그것이 실제로 존재하는 VOC라는 회사의 지분이라는 사실은 그들에게 별로 중요치 않았다. 그래서 이들은 다른 상인들로부터 공격과 비난도 많이 받았다. 유대인들이 자신들의 이득을 챙기기 위해 VOC에 대한 거짓 루머를 퍼뜨린다는 식이었다.

앞서 소개한 영국인 여행가 역시 암스테르담 체류중에 이런 얘기를 들었다. 그는 다른 암스테르담 상인들도 거짓 루머를 퍼뜨리는 등 좋지 않은 행태를 보이긴 하지만, 누구보다 유대인들의 잘못이 크다고 적었다. 그 혼자만의 느낌이 아니었다. 1687년 네덜란드 주재 영국 대사였던 마르퀴스Marquis d'Albeville 후작이 본국 영국에 보낸 교신에서 그는 암스테르담의 유대인 트레이더들이 '프랑스 왕 루이 14세가 15년 전인 1672년처럼 네덜란드를 침략할 준비를 하고 있다'는 루머를 퍼뜨렸다고 적고 있다. 1672년은 암스테르담 사람들의 기억 속에 끔찍했던 한 해였다. 프랑스가 네덜란드를 침공해 많은 피해를 입혔고, VOC

의 주가 역시 호수에 던진 돌멩이처럼 뚝 떨어졌다. 1687년에 유대인들이 퍼뜨린 루머는, 프랑스와 콜로뉴 주교령 그리고 현재 독일 지역인 브라운슈바이크-뤼네부르크의 세력들이 연합해 다시 네덜란드를 쳐들어올 것이란 내용이었다. 주식시장이 출렁거릴 만했다. 주가는 금세 루머에 반응해 500에서 485로 떨어졌다. 약 3%가 하락한 것이다. 다음날, 어제의 루머가 사실이 아님이 밝혀졌고, 주가는 다시 원상태로 복귀했다. 유대인들의 장난이었음도 밝혀졌지만 그들은 이미 큰돈을 번 뒤였다.

이런 기록들이 모두 정확하다고 확신하기는 어렵다. 어쨌든 당시 유대인들의 비즈니스 방식은 다른 사람들의 비난을 받기 쉬웠다. 애국심 강한 네덜란드 원주민들과 달리 이들은 'VOC라는 회사가 어떻게 되든 나와는 상관없다'라는 태도를 보였기 때문이다.

지금까지 얘기한 내용을 정리해보자. 암스테르담의 VOC 지분 시장, 즉 세계 최초의 주식시장은 처음엔 VOC라는 회사의 부속기관 같은 형태로, 회사가 청산할 때까지 기다릴 자신이 없는 주주가 자기 지분을 남에게 넘길 수 있는 시스템이었다. 그런데 1630년대 포르투갈계 유대인 상인들이 암스테르담에서 활동하기 시작하면서 이 시장도 변하기 시작해 하나의 독자적인 금융 시장으로 성장했다.

그 결과 17세기 중반 이 시장을 지배한 것은 '게임'의 멘탈리티였다. 상인들은 수많은 거래를 했고, 각각의 거래에서 나오는 작은 수익들을 모아 큰돈을 벌었다. 이들 대부분에게 VOC가 동양으로 무역선을 보내고 네덜란드 공화국의 국익을 위해 운영되는 회사라는 사실은 큰 영향을 주지 않았다. 이들은 어떻게 해야 남들보다 더 많은 정보를 얻어서 더 빨리, 더 똑똑하게 움직일 수 있는가에 관심이 있었다.

8장

정보

**누가 더 빨리,
더 똑똑하게 움직이는가**

1688년 3월, VOC 지분 트레이더들이 바빠지는 시즌이었다. VOC의 최고 의사 결정기구인 17인 이사회가 열리는 시기였기 때문이다. 6개 도시의 사무소에서 뽑힌 이사들은 이 회의에서 주주들에게 지급할 배당금을 결정했다.

당시 예로니무스 펠터르스는 암스테르담 시 정부의 서기로 일하는 동시에 VOC 지분 거래에도 활발하게 참여하고 있었다. VOC에 관한 한 어떤 정보도 놓치고 싶지 않았던 그는 매일같이 거래소와 담 광장에 나갔다.

당시 거래소에서 활동하는 사람들은 17인 이사회가 장부가의 25%를 배당으로, 그것도 현금으로 주기로 결정하지 않을까 기대하고 있었다. 요즘 말로 하면 시장 컨센서스가 25%였다. 전해에 회사는 12척의 무역선을 귀환시켰고, 거기서 나온 이익으로 20%의 배당을 지급했었다. 이번에는 한 해 동안 13척의 무역선이 들어왔으니 25% 정도 배당을 주는 것은 논리적으로 이상하지 않았다.

그런데 펠터르스는 어떤 정보를 듣고 생각을 바꿨다. 그 정보는 어느 '믿을 만한 신사', 즉 심각하게 받아들여야 하는 누군가에게서 나온 것이었다. 그에 따르면 올해는 무조건 배당률이 22.5%로 정해질 예정이었다. 펠터르스는 조금도 망설이지 않았다. 고민할 것 없이, 보유하고 있던 장부가 6,000길더어치의 지분을 내다팔기로 했다. 그가 고용한 브로커는 이삭 페소아Isaac Pessoa였다. 페소아는 두 명의 구매자를 연결시켜주었는데, 그중 한 사람은 아브라함 펜소 펠릭스Abraham Penso Felix로, 그는 바로 『혼란 속의 혼란』의 저자인 요세프 펜소 데 라 베가의 친형이기도 했다. 다른 한 사람은 안토니오 로드리헤스Antonio Rodrigues였다. 이들은 556의 가격에 펠터르스의 지분을 샀다. 브로커 페소아는 또한 펠터르스를 위해 선도 거래로 두 개의 매도 계약을 팔았다.

그는 또 로슈에이센이라는 브로커를 통해 장부가 6,000길더의 지분을 코르넬리스 문터라는 사람에게 선도 거래로 팔았다. 가장 큰 거래는 펠터르스 자신이 직접 나섰다. 그는 거래소에서 만난 헨드릭 데 베이세라는 이에게 무려 장부가 30,000길더나 되는 지분을 선도 거래로 팔았다. 펠터르스는 이렇게 맺은 여러 계약들을 통해 VOC 지분에 대해 네거티브 포지션을 엄청나게 많이 갖게 됐다. 팔기로 한 지분이 실제로 보유하고 있던 지분보다 훨씬 많았다.

다른 트레이더들 대부분은 펠터르스가 들었던 배당금 관련 루머를 듣지 못했거나, 아니면 들었더라도 믿지 않았던 것 같다. 펠터르스의 희망과 달리 주가는 계속 올라갔다. 3월 12일에는 561, 그 며칠 후엔 565까지 올라갔다. 펠터르스는 557.75와 559 사이에서 선도 거래 계

카이저 거래소. 중정에서 입구 쪽을 바라본 모습이다.

세계 최초의 증권거래소

약을 맺었으니. 그대로라면 큰 손해를 볼 상황이었다.

다음날인 1688년 3월 13일, '헤렌 17' 이사회가 동인도하우스에서 열렸다. 물론 트레이더들도 이 사실을 알고 있었다. 담 광장 주변에 흐르는 긴장감이 눈에 보일 정도였다. 트레이더들은 혹시나 새로운 소식이라도 있지 않을까, 담 광장과 동인도하우스를 왔다갔다 했다.

펠터르스가 남긴 편지를 통해 당시 담 광장의 상황을 엿볼 수 있다. 헤이그에 살던 테오도르 홀라 Theodore Holla 라는 친구에게 보낸 그 편지는 지금은 암스테르담 시 기록물 보관소에 보관되어 있다. 펠터르스는 VOC 지분 트레이딩과 경제 관련 소식을, 홀라는 정치 관련 소식을 서로에게 전해주는 관계였다.

"갑자기 가격이 559까지 떨어졌네. 다들 놀랐지만 아무도 감히 살 엄두를 내지 않았어. 헤리트 루트라는 브로커가 아주 많은 양의 지분을 팔려고 내놨고, 광장 한편에서는 사람들이 그게 바로 내가 보유한 지분일 거라고들 말했지. 광장 반대편에 있는 사람들은 또 그게 비셰르와 레스 팔의 것이라고 수군거렸어. 그뿐인가? 어떤 사람들은 푸트만스의 지시를 받은 브로커 키나가 벌이는 일이라고 믿었고, 또 누군가는 그게 담 광장에서 살다시피 하는 흐루트라는 사람의 지분이라고 추측했지."

시간은 흘러 어느덧 저녁 8시 반이 됐다. 이사회가 끝난다는 소식에 트레이더들은 모두 동인도하우스가 있는 아우드 호그스트라트로 향했다. 문밖으로 모습을 드러낸 이사들에게 어떤 결정을 내렸냐고 질문을 던졌지만 이사들은 답하지 않았다. "회의에서 있었던 일은 모두 비밀이다. 우리는 아무 말도 하지 않겠다고 서약했다"는 코멘트가 전부였다.

그래도 정보가 전혀 없는 건 아니었다. 이사들의 표정이 밝아 보였기 때문이다. 트레이더들 대부분은 그것이 배당금 인상을 뜻한다고 해석했고 가격은 바로 566까지 올랐다. 하지만 이런 분위기는 오래가지 않았다. 이번엔 다른 소문이 돌았는데, 이사회의 결정은 22.5%의 배당만 지급하되 현재 바다에 나가 있는 무역선들이 무사히 돌아온다는 조건하에 15%를 더 줄 수도 있다는 것이었다. 주가는 다시 560까지 떨어졌다가 그날 밤 563에서 정리되었다.

펠터르스의 선도 계약들은 손해를 가져오게 될 상황이었고, 배당이 어떻게 될지에 대해 알려진 바도 없었기 때문에 그는 더 기다려보기로 했다. 그는 홀라에게 보낸 편지를 이렇게 마무리했다. "나는 온갖 수단을 동원해 정보를 수집했어. 내가 분석한 바로는 아마도 4월 1일에 33과 1/3%의 배당금이 지불될 것 같네." 펠터르스는 이제는 VOC 지분 가격이 올라갈 거라 생각을 바꾸고는 지분을 사기로 마음먹고 브로커 페소아를 출동시켰지만 팔겠다는 사람을 찾을 수 없었다. "오늘은 딱 두 개의 지분만이 거래됐고, 하바이 Gabay가 그걸 둘 다 샀어. 그 외에는 지분을 내놓은 사람이 없었어."

정보의 가치

펠터르스가 그렇게 자신있게 33과 1/3%의 현금 배당이 나올 거라고 예측한 이유는 무얼까. VOC 이사들과 가까운 사람에게서 들었거나, 어쩌면 이사들에게 직접 들었을 수도 있다. 펠터르스는 시의회의 서기로 일하고 있었고, VOC 이사 중에는 의회 의원직을 맡고 있는 사람도 몇 명 있었으니 펠터르스가 친분이 있는 사람이 있었다 해도 놀랄 일은 아니다.

이유야 어쨌든, 펠터르스의 정보는 정확했다. 얼마 후 VOC는 주주들에게 33과 1/3%의 배당금을 4월 15일에 지불하겠다고 발표했다. 펠터르스가 계획한 대로 미리 많은 양의 지분을 구입해놓았다면 아마 꽤 많은 돈을 벌었을 것이다. 안타깝지만 현재 남은 기록으로는 그것까지는 확인이 안 된다. 펠터르스와 홀라의 사이가 틀어지는 바람에 둘 사이의 편지 교신도 3월 18일자로 끊겨버렸다.

VOC 지분 거래도 펠터르스와 홀라가 다툰 이유 중 하나였다. 홀라는 순호벤이라는 도시에 살고 있었고, 순호벤 시의 대표로서 헤이그에 있는 주의회에 자주 방문했다. 거기서 그는 정치에 관련된 중요한 소식들을 직접 입수할 수 있었다.[*] 정치 관련 정보는 트레이딩에 있어서도 아주 중요했다. 세금 관련 정책들은 헤이그에서 결정됐고, 세율은 VOC의 수익성과 배당률에 큰 영향을 미쳤다. 또한 지분 보유자에게 보유세가 매겨지게 되면 투자에 대한 매력이 그만큼 떨어질 것이었다. 전쟁에 대한 결정 역시 헤이그에 있는 홀란트 주 정부와 네덜란드 공화국 정부에서 내렸다. 펠터르스가 홀라와 편지를 주고받았던 것은 바로 이런 종류의 정보를 빨리 입수하기 위해서였다.

헤이그에서 오는 뉴스가 얼마나 중요했는지는 1687년 11월의 사례를 보면 알 수 있다. 어느 날 펠터르스는 정계와 관계된 사람들이 VOC 지분을 팔고 있다는 것을 발견했다. 무언가 자신이 알지 못하는 중요한 정보가 있는 게 아닐까 의심한 그는 거래소 안팎을 돌아다니

---

[*] 네덜란드의 공식 수도는 암스테르담이지만 정부와 의회는 헤이그에 있다.

며 왜 이 사람들이 지분을 팔고 있는지를 탐문해봤지만 별다른 소득을 얻지는 못했다. "뭔지는 몰라도 뭔가 있는 건 확실해"라고 그는 편지에 썼다.

펠터르스의 생각에 네덜란드와 접한 신성 로마제국의 벤트하임 주와의 관계에서 뭔가 안 좋은 변화가 있는 것 같았지만 세부적인 사항까지는 알 수 없었다. 거래소에는 정부가 9,000명의 군인을 뽑고 있다는 소문이 돌았고, 또 한편으로는 VOC 지분 거래와 관련해 정부가 새로운 세금을 도입하려 한다는 소문도 있었다. 무슨 소문이 맞는지 알 수 없었다. 그는 홀라에게 편지를 썼다. "좀 돌아다니면서 알아봐 주게나. 이러다가 우리만 배를 놓칠 수 있어."

홀라가 헤이그에서 물어오는 정보에 대해 펠터르스가 돈을 지불했을 수도 있고 아니면 다른 부탁을 들어줬을 수도 있겠지만, 펠터르스가 보낸 편지들만 지금까지 남아 있고 홀라의 편지들은 사라졌기 때문에 확인할 수는 없다. 어쨌든 두 사람의 서신 교환이 서로의 이익을 위해 필요했던 것만은 틀림없다. 문제는 홀라가 이런 정보를 펠터르스와만 공유한 게 아니라는 것이다. 이것이 펠터르스를 화나게 했다.

그는 1688년 2월에 이 사실을 알게 됐다. 2월 24일 여느 때처럼 담 광장에 나간 펠터르스는 이삭 아베나카르라는 브로커가 지분을 팔고 있는 것을 발견했다. 아베나카르는 아돌프 비셰르Adolf Visscher라는 상인의 대리인이었다. 비셰르는 VOC 지분 거래를 활발히 하는 상인이었고, 카리브 해와 발틱 해, 지중해 쪽에까지 인맥이 있는 사람이었다. 다시 말해 정보가 많은 사람이었다. 지분을 사고팔 때도 감정적으로 움직이는 일이 없었다.

그날 저녁 6시, 왜 비셰르가 지분을 팔려고 하는지 궁금한 채로 펠터르스는 거래소에서 남쪽으로 약 1km, 카이저스흐라흐트와 베이젤 스트라트가 만나는 곳에 있는 자신의 저택으로 돌아왔다. 곧 대문에서 노크 소리가 들렸다. 우체부가 홀라의 편지를 가져왔다. 보통 홀라에게서 오는 편지는 이보다 몇 시간 일찍 도착해야 하는데, 이날은 그가 주소를 잘못 써서 늦은 시간에 배달된 것이었다. '카이저스흐라흐트'라고 써야 할 것을 한 블록 북쪽인 '헤렌흐라흐트'라고 쓰는 바람에 우체부가 엉뚱한 집에 들렀다 오느라 늦은 것이다. 아무튼 펠터르스는 우체부의 손에서 편지를 가로채다시피 가져가서는 자기가 할 수 있는 최대한의 속도로 읽어내려갔다. 그러고는 집을 뛰쳐나가 나는 듯이 담 광장으로 달려갔다.

다음날 펠터르스는 홀라에게 편지를 썼다. "비셰르와 다른 이들이 이미 그 정보를 다 이용해먹었더군." 원망 섞인 글이었다. 펠터르스는 홀라의 정보에 따라 두 개의 지분을 선도 계약으로 파는 데 성공했다. 하나는 요세프 데 메디나에게 장부가 12,000길더의 지분을 파는 것이었고, 다른 하나는 아브라함 델 소토에게 장부가 6,000길더의 지분을 파는 계약이었다. 하지만 비셰르는 펠터르스보다 조금 일찍, 더 좋은 가격에 매도에 성공했다. 펠터르스는 558에, 비셰르는 565에 매도 거래를 체결했다. 비셰르가 펠터르스를 이긴 것이다.

처음엔 펠터르스는 주소를 잘못 써서 보낸 홀라의 어리석은 실수를 비난했다. 지분 거래에 큰 영향을 미칠 수 있는 중요한 정보는 아무 때나 오는 게 아니다. 하필 이런 날 주소를 잘못 쓰는 바보 같은 실수를 하다니, 믿을 수 없었다. 그런데 며칠 후 더 화나는 일이 생겼다. 거래소에서 비셰르를 만나 2월 24일 있었던 일에 대해서 물었더니, 비셰르 역시 홀라에게서 편지를 받았다는 것이다. 비셰르에게 간

편지는 주소가 똑바로 써 있었다.

너무나 화가 난 펠터르스는 홀라에게 항의하며 다른 트레이더들과의 편지 교환을 중단할 것을 요구했다. 홀라는 답하지 않았고, 펠터르스는 홀라와의 거래를 끊어버렸다.

홀라를 대신할 정치 뉴스 정보원을 구할 수 없었던 펠터르스는 당분간 거래소에서 얻어듣는 정보에 의존해야 했다. 대부분의 경우, 그가 정보를 구해 움직일 때쯤이면 다른 트레이더들이 이미 선수를 치고 난 뒤였다.

6개월이 조금 못 지났을 무렵, 거래소에 대형 뉴스가 전해졌다. 홀란트 총독 빌럼 3세가 영국 침공을 준비하고 있다는 소문이었다.[*] 이는 VOC 주가에 막대한 영향을 미쳤다. 2주 만에 주가가 547에서 463으로 떨어졌다. 이런 혼란한 상황에서 펠터르스는 어떤 수단과 방법을 쓰든 정치 관련 소식을 전해줄 사람을 꼭 찾아야겠다고 생각했다. 별수 없이, 다시 홀라에게 편지를 썼다.

이번에도 펠터르스와 홀라의 관계는 오래가지 못했다. 서신 교류를 재개한 지 1년도 지나지 않아 다시 홀라가 다른 트레이더들에게도 정보를 보내준다는 얘기를 누군가로부터 전해들은 것이다. 여기서 다른 트레이더들이란, 이삭 레스 폴과 아돌프 비셰르로, 펠터르스의 라이벌들이었다. 펠터르스는 홀라에게서 정보를 받는 대가로 자신이 아는 정보를 홀라에게 전해줬는데, 홀라는 그것을 다시 펠터르스의 라이벌들에게로 꼬박꼬박 보내줬던 것이다.

그는 홀라에게 "나는 너무나 화가 나서 내 감정을 조절하지 못할

---

[*] 빌럼 3세는 네덜란드 군을 이끌고 영국 침공에 성공해 영국 왕 윌리엄 3세로 즉위한다.

정도였네"라고 편지를 썼다. 이후 몇 번의 교신이 더 오갔지만 오래 가진 않았다. 얼마 후 홀라가 전해준 정보를 바탕으로 거래했다가 손해를 보는 일이 다시 생기자 이 둘은 편지를 쓰지도, 보내지도 않았다. 이번에는 정말로 마지막이었다.

동방으로부터의 소식

그렇게, VOC 지분 트레이딩은 헤이그에 좋은 정보원이 없는 사람들에게는 돈을 벌기 힘든 사업이 되어갔다. 이 사업을 제대로 하려면 헤이그의 정계에 아는 사람이 있다는 것만으로도 부족했다.

책『혼란 속의 혼란』의 등장인물은 이렇게 설명한다.

"현명한 투기꾼은 영국이나 알레포, 혹은 다른 경로를 통해서 동인도 지역의 정보를 구할 수 있었다. 동인도가 평온한 상태인지, 그 지역에서 VOC의 사업이 계속 발전하고 있는지, 또 일본과 페르시아, 중국에서의 활동은 잘 진행되고 있는지, 얼마나 많은 배가 네덜란드로 귀항하고 있는지, 그 배들이 향신료를 가득 싣고 있는지 어떤지."

그러니까 VOC 투자자들은 헤이그에서 오는 정치 소식뿐 아니라 동방에서 오는 정보도 입수할 수 있어야만 했다. 그런 정보는 VOC 무역선 편으로 받아서는 소용이 없었다. 무역선에서 도착한 편지를 받아서 읽기 전에, 선원들의 입을 타고 정보는 이미 암스테르담 거래소로 다 퍼져나가기 때문이다. 그래서 남들보다 빨리 정보를 입수하기 위해서는 동인도 지역에서 먼저 돌아오는 영국 무역선을 접촉하든가, 아니면 오토만 제국의 알레포(현재는 시리아의 도시)를 거치는 육로를 통해야 했다. 그래야만 거래소에서 돈을 벌 수 있는 찬스를 잡을 수 있었다.

동방에서 오는 정보가 돈이 된다는 사실을 깨달은 펠터르스에게 기회가 왔다. 1687년, 조카 발타사르 코세트가 해군 제독 겸 조달 담당자가 되어 '야바Java'호를 타고 동방으로 떠나게 된 것이다. 둘 다 아주 중요한 보직이었다.

펠터르스는 출발 전 코세트에게 편지를 보내 부탁했다. "나에게 동방에 대한 정보를 보내줄 수 있는 방법을 꼭 찾아봐. 특히 무역에 대한 일은 꼭 알려줘. 그래야 내가 VOC의 사업 상황에 대해서 확실히 감을 잡을 수 있을 거야."

코세트가 보낸 답장은 남아 있지 않지만, 그가 감히 삼촌의 부탁을 거역할 수는 없었을 것이다. 그는 출항 전에 삼촌에게 4,800길더를 빌려 빚을 지고 있었다.

펠터르스는 이렇게 해군에 있는 조카를 통해 VOC의 아시아 사업에 대한 정보를 입수했다. VOC가 직접 투자자들에게 정보를 알려줄 리는 없었다. 물론 회사의 주요 인물들은 회계장부를 들여다볼 수 있었지만, 이들은 극소수에 불과했고 일반 주주들과 정보를 공유하지도 않았다. 대부분의 트레이더들은 회사의 재무 상황에 대해 추측할 수밖에 없었다.

현대의 증권거래소와 비교하면 정말 큰 차이가 아닐 수 없다. 요즘은 거래소에 상장된 회사들은 연간 회계보고서를 의무적으로 제출해야 하고, 주가에 영향을 줄 수 있는 정보가 생기면 어떤 것이라도 즉시 모두에게 공개해야 한다. 현대의 투자자들은 이런 정보들을 언제든 손쉽게 얻을 수 있다.

배당액이 곧 정보

일반 주주들에게 공개되는 회사 정보가 거의 없었으므로, 매년 발표하는 배당의 내용이 이들에겐 가장 중요했다. 그나마 회사 상태에 대해 힌트라도 얻을 수 있기 때문이다. 로드리고 디아스 헨리크Rodrigo Dias Henriques라는 유대인 트레이더는 이렇게 썼다. "배당에 대한 소문이 돌자마자 투기꾼들의 게임이 시작된다." 앞서 펠터르스의 에피소드에서 봤듯이 사람들은 배당 관련해서는 아주 조그만 얘기에도 민감하게 반응했다. 배당 발표 직전 몇 주 동안은 온갖 루머와 뉴스, 가십이 돌면서 다양한 해석이 주가를 들썩이게 했다.

배당금의 절대적 가치도 물론 중요했다. 올해 얼마나 많은 현금 혹은 향신료를 받을 수 있는가는 당연히 주가에 영향을 미쳤다. 그러나 더 중요한 건 '작년 대비' 얼마나 많은 배당이 나올 것인가였다. 이는 투자자들이 회사의 상태에 대해 추론할 수 있는 근거가 됐다. 작년보다 배당금이 오르면 회사의 사업이 잘되어서 자금이 풍부해졌다는 의미고, 배당이 줄어들면 그 반대로 해석됐다. 마찬가지로 이사회에서 배당을 현금이 아닌 물품으로 지급하기로 하면 그 양이 아주 많지 않은 이상은 나쁜 소식으로 받아들여졌다.

1635년부터 1644년 사이가 그랬다. 이 기간 동안 배당은 무려 12번이나 정향 향신료로 지급됐다. 하지만 워낙 지급된 향신료의 양이 많았고 또 정기적으로 지급된 까닭에 주가는 떨어지지 않고 상당히 많이 올랐다. 정기적으로 배당이 나오는 건 좋은 소식으로 여겨졌기 때문이다.

1644년 이후 배당 금액은 비교적 안정화됐다. 매년 지분 장부가의 12.5%에서 40%씩 배당금이 책정됐다. 이렇게 보면 배당률이 들쑥날

쑥한데다 꽤 높은 것 같지만 실제로 그렇지는 않았다. 기준이 되는 금액이 지분의 시장 거래 가격이 아니라 장부상의 가치, 즉 최초 청약금액이었기 때문이다. 회사는 시장 거래 가격을 기준으로 항상 연간 4%에서 5% 사이의 배당을 지급했다. 그전 10년 동안 약 6%에서 8%의 배당이 책정됐던 것에 비하면 실망스러운 금액이다. 따라서 지분 가격도 더이상 오르지 않았다.

VOC는 무역활동의 성과에 따라 매년 약간씩만 배당 액수를 조절했다. 그런데 전쟁이 터지면 상황이 달라졌다. 전쟁중에는 VOC의 배가 적국 .함선의 먹잇감이 되는데다, 다른 나라가 점령한 항구에 들어갈 수도 없다. 그러니 무역이 잘 되지 않고 회사의 이익률이 급감한다. 그래서 전쟁 동안과 전쟁 후 몇 년 동안은 배당이 지급되지 않았다.

네덜란드 사람들에게 악몽으로 기억되는 1672년이 대표적인 예다. 프랑스가 쳐들어오면서 전쟁이 시작됐고, 이듬해 1673년에는 주주들에게 현금 대신 홀란트 주와 제일란트 주에서 발행하는 채권이 지급됐다. 이유는 간단하다. 전쟁에서 쓸 돈이 필요했던 네덜란드 공화국 정부가 VOC를 압박해서 채권을 주고 현금 200만 길더를 빌려갔던 것이다. VOC는 정부의 영향력에서 자유롭지 않았다. 회사의 정관 자체가 공화국 의회에 의해 만들어진 것이기 때문이다. 17인의 이사회는 갑자기 늘어난 재무적인 부담을 주주들에게 이전시키기 위해 주정부에서 발행한 채권을 지급했다.

그 다음 1678년까지 5년 동안 회사는 단 한번만 배당을 지급했고, 1679년부터 1682년에는 배당을 지급했지만 이때 역시 현금이 부족해서 회사가 자체적으로 발행한 채권으로 지급했다. 채권은 '나중에 돈으로 갚겠다'는 증서다. 결국 채권을 발행했다는 것은 배당금 지급을 미래의 채권 만기 시점으로 미룬 것이나 다름없다. 대신 회사는 채권 보유자에게 매년 4%의 이자를 지급했다. 1685년에 가서야 정상적인 배당금 지급이 재개됐다. 지분 가격은 로켓처럼 폭등했다.

그런데 딱 한 부류의 주주들만은 정확히 얼마큼의 배당이 지급될지 알 수 있었다. 이들은 또 VOC 본부와 인도네시아 식민지인 바타비아 간의 정보 교환 내용도 언제든 확인할 수 있었다. 이들은 누굴까? 물론 17인의 이사들이다. 이사들은 일정량만큼의 회사 지분을 보유해야 한다는 의무 조항이 있었다. 예를 들어 암스테르담 사무소 소속의 이사는 장부가로 최소 6,000길더의 지분을 항상 보유해야 했다. 이런 정책은 이사들이 회사의 이익을 위해 열심히 일하도록 동기를 부여하기 위해 만들어졌다. 회사가 잘못 운영되면 이사 개인의 재산에도 피해가 가도록 한 것이다. 다만 이 규정을 지키기만 하면 얼마든지 추가적으로 지분을 거래할 수 있었다.

이 시절에는 '내부자 거래 금지' 같은 조항도 없었다. 그러니 이사들이 회사의 비공개 정보를 이용해 지분을 사거나 파는 일도 있었을 것이다. 그런 일이 들통날 경우, 다른 일반 투자자들은 팸플릿을 만들어 이사들을 비난했다. 1620년대 회사의 정관이 처음 개정됐을 때 이런 일들이 있었다. 1622년 발행된 「Korte aenwysinghe der Bewinthebbers Regieringe」라는 팸플릿에는, 이사들이 고의적으로 다른 투자자들을 속이기 위해 자신들이 보유한 지분을 팔아치웠다고 적혀 있다. 남들이 모르는 정보를 갖고 있는 이사들이 지분을 팔면 일반 투자자들은 회사에 무슨 나쁜 일이 있겠거니 해서 우르르 지분을 팔게 되고, 주가는 떨어진다. 이사들은 이렇게 가격을 떨어뜨려놓고 몰래 하수인들을 이용해서 대량의 지분을 사들이는 것이다. 시간이 지나 회사에 별일이 없다는 것이 드러나면 주가는 자연스럽게 원래의 수준을 회복하고, 이사들은 돈을 벌었다.

VOC의 자체 장부에 이사들의 거래 기록은 거의 남아 있지 않다. 다만 우리에겐 많은 양의 기록을 개인적으로 남긴 예로니무스 펠터르스가 있다. 펠터르스는 드디어 1694년 6월 VOC 암스테르담 사무소 이사가 된다. 그는 이사의 직위를 얻은 다음에도 활발하게 VOC 지분을 거래했다. 그는 그해 7월에 선도 거래로 상당한 양의 포지션을 만든다. 장부가로 무려 15,000길더의 지분을 선도 매매로 팔아치운 것이다. 다만 자기 이름이 아니라, 얀 데 빌헬름Jan de Wilhelm과 야콥 하바이 헨리크Jacob Gabay Henriques라는 두 브로커의 명의를 빌렸다. 자기가 내부 정보를 이용해 거래한다는 걸 남들에게 알리고 싶지 않았기 때문이다. 브로커들은 기꺼이 펠터르스를 위해 이름을 빌려줬다. 앞서 말했듯 원래 브로커들은 자기 이름으로 주식을 살 수 없다. 고객을 위해 거래를 알선만 해줘야 한다. 하지만 당시 이런 규정을 지키는 사람은 아무도 없었다.

이렇게 남의 이름을 빌려 지분을 거래한 이사가 펠터르스 한 명뿐이었을 리는 없다. 다만 당시 얼마나 광범위하게 이런 행태가 퍼져 있었는지는 현재로서는 확인할 길이 없다. 비밀스럽게 행해지는 일이었으니 이사 본인이 기록을 남기지 않았다면 알 수가 없다. 펠터르스는 이런 면에서 특이한 케이스다.

이사 중에는 아주 극단적으로 자신을 드러내는 사람도 있었는데 코엔라드 반 뵈닝헨Coenraad van Beuningen이 그랬다. 그는 자신이 지분을 트레이딩하고 있음을 숨기려 전혀 애쓰지 않았다. 이 사람에 대해서는 11장에서 더 얘기할 것이다.

미델뷔르흐에서의 뉴스

만일 어떤 트레이더가 특정 정보를 혼자서만 입수하게 된다면, 이를 이용해서 큰돈을 벌 수도 있었을 것이다. 하지만 암스테르담의 거래소에서는 서로가 서로를 매의 눈으로 감시하는 형국이었기 때문에 혼자 갖고 있는 정보의 효력이 오래가지 않았다. 돈을 벌 수 있는 기회는 순식간에 사라지곤 했다. 가격은 순간순간 변했다.

투기꾼들은 암스테르담 밖의 지식도 이용하곤 했다. VOC는 6개 지역 사무소가 있었음을 기억하자. 이들 6개 사무소는 1602년 최초 지분 청약 당시 각각 지분 신청을 받았다. 그러니 암스테르담 사무소에 등록된 VOC 지분 외에도 호른, 엥크하위젠, 델프트, 로테르담, 그리고 미델뷔르흐에도 별도의 VOC 지분이 등록되어 있었다. 이들 사무소 간의 지분은 서로 교환되지 않았다. 예를 들어 델프트 사무소에 등록된 지분을 엥크하위젠 사무소로 이전할 수는 없었다. 배당금을 받을 때도 해당 도시의 사무소에 가서 받아야 했다. 그것만 빼면 나머지는 동등했다. 지급되는 배당금의 액수도 같았고, 회사가 청산될 경우 받을 수 있는 청구액도 동일했다.

그러니 암스테르담 외의 작은 지역 사무소에 등록된 지분들 역시 거래의 대상이 될 수 있었다. 예를 들어 회사 창립 후 첫 10년 동안 암스테르담의 지분만큼이나 엥크하위젠의 지분도 빈번하게 거래됐다는 기록이 있다. 그중 절반은 암스테르담 상인들에 의한 거래였다. 이는 암스테르담이 다른 도시와는 비교할 수 없는 네덜란드 최고의 상업중심지였음을 보여준다.

암스테르담의 VOC 지분 거래 시장은 급속히 발전했지만 호른, 엥크하위젠, 로테르담, 델프트 등 4개 사무소에서의 거래는 거의 없었다. 이들 사무소의 장부는 소실되었기 때문에 정확히 어떤 거래들이 있었는지는 알 수 없다. 하지만 재판소의 기록에 따르면 1689년 델프트에 살던 카타리나 피터르손이 3,000길더어치 지분을 팔고 싶어했으나 구매자를 찾지 못했다는 내용이 있다. 17세기 후반에는 델프트에서 거의 거래가 없었던 모양이다. 결국 피터르손은 암스테르담에서 일하는 브로커 헤리트 루트Gerrit Loot에게 자신의 지분을 좀 팔아달라고 부탁한다. 루트는 마누엘 멘데스 플로레스Manuel Mendes Flores라는 트레이더에게 피터르손의 지분을 파는 데 성공한다. 델트프 같은 작은 사무소의 지분들은 암스테르담에 와야만 거래할 수 있었던 것이다.

단, 미델뷔르흐는 예외였다. 미델뷔르흐 사무소는 지분의 양에서 암스테르담 다음가는 곳이었고 자신들만의 거래가 이루어졌다. 물론 암스테르담만큼 활발하지는 않았지만 적어도 매일매일 거래가 있었다.

미델뷔르흐의 트레이더들도 암스테르담의 트레이더들만큼이나 정보에 굶주려 있었다. 그들은 남보다 한발 앞서 주가에 영향을 줄 만한 정보를 얻기 위해 애를 썼다. 그런데 암스테르담과 미델뷔르흐 두 도시에 항상 똑같은 뉴스가 동시에 도착하는 건 아니었다.

예로니무스 펠터르스는 이 점을 노렸다. 그는 미델뷔르흐로부터 정보를 자주 받아오기 시작했다. 방법은 간단했다. 암스테르담에서 나오는 VOC 관련 정보를 모아다가 미델뷔르흐에 있는 파트너에게 편지로 보내고, 대신 미델뷔르흐에서 나오는 정보를 받아오는 것이다. 최초의 파트너는 마크 플레처였는데, 1709년에 파산했다는 것 외엔 그가 어떤 사람이었는지는 알려진 바가 거의 없다. 나중에는 피에르 마카레로 파트너가 바뀐다. 마카레는 와인을 다루는 상인이었고 원래 안트베르펜 출신 가문이었다.

1676년 9월, 펠터르스는 동방무역에 대한 정보를 모아 마카레에게 보냈다. 이 편지에서 그는 3척의 무역선이 동인도 지역에서 도착했으며, 합쳐서 130만에서 140만 길더 정도의 이익이 나올 것이라고 봤다. 그러니 "배당금은 분명히 지급될 것이다"라고도 썼다. 또 펠터르스는 중국과 일본에 대한 정보도 나누었다. 중국 광동 지방의 총독과 일본 막부가 각각 VOC에 대해 호의적인 태도를 보였다는 것이다. 광동을 찾은 VOC 대표가 그곳 총독으로부터 선물을 받았고, 일본에서는 "아주 모험적인 제안이 있었다"고 그는 적었다.

　　아직 미델뷔르흐에는 알려지지 않았던 이런 소식들을 모아 보내주면서, 펠터르스는 이것들을 가지고 마카레가 VOC 지분을 사모으길 바랐다. 이는 펠터르스 본인에게도 이익이 되는 일이었다. 그는 정보를 모아 보내주기 전에 먼저 자신이 그 정보에 따라 지분을 사거나 팔았다. 그러니 지분 가격이 올라 마카레가 이익을 볼 수 있으면 펠터르스 역시 이익을 챙긴다는 뜻이다.

　　한편 펠터르스는 미델뷔르흐에서 받는 정보를 가지고 암스테르담에서 거래를 진행하기도 했다. 1670년대에는 프랑스와의 전쟁에 대한 정보가 많았다. 1674년부터는 전투가 네덜란드 영토 밖 남쪽에서 벌어지곤 했는데 이럴 경우 승패의 소식이나 병력 이동 상황이 국경에 가까운 미델뷔르흐에 먼저 전해졌다. 1675년 8월, 마크 플레처가 프랑스가 전투에서 패했다는 소식을 펠터르스에게 전했다. 펠터르스는 8월 6일자에 보낸 답장에서 "당신이 보낸 정보가 정확하기를 바란다"라고 썼다.

　　미델뷔르흐에서 온 편지를 받자마자 펠터르스는 3건의 선도 계약을 맺었다. 프랑스의 패배, 즉 네덜란드의 승전 소식이 알려지면 주가가 곧 오르리라고 기대한 것이다. 진짜로 주가가 올라서 펠터르스가 이득을 봤는지는 불분명하다. 우선 플레처가 그게 정확한 정보였는지 아닌지 추가적으로 확인해주지 않았고, 또 터키 쪽에서 나쁜 소식이 들려왔기 때문이다. VOC 소속의 무역선 1척이 터키 사략선(무장한 개인 선박)에 의해 나포됐다는 뉴스였다. 이게 사실이라면 주가는 오히려 떨어졌을 것이다.

이 두 가지 뉴스 중에서 과연 어느 쪽이 사실이었을까? 만일 둘 다 사실이라면 펠터르스는 주식을 팔아야 했나 사야야 했나? 어려운 문제다. 이런 고민은 트레이더라면 누구나 하고 있었다. 『혼란 속의 혼란』에 나오는 VOC 주주는 철학자와 상인에게 '새로운 정보를 얻었다고 해서 섣부른 결정을 내리지 마라'고 말한다.

"동인도에서 들려오는 소식이 긍정적이라고 해서 방심하지 마라. 유럽에서 들려오는 소식은 나쁠 수도 있다. 해상에서 전쟁이 일어날 기미가 보이는지, 동맹국들은 이상이 없는지, 주식의 가격을 떨어뜨릴 수 있는 소식이 있는지 확인해야 한다. 한 무리의 투기꾼들이 동인도 뉴스를 중요하게 평가해 지분을 사는 동안, 다른 무리의 투기꾼들은 불안정한 유럽의 상황을 더 중요하게 생각해 지분을 팔아치울 수도 있다."

이론상 중요한 정보를 먼저 손에 넣은 투기꾼이 이득을 챙길 수 있어야 하지만, 이렇게 수많은 정보가 뒤섞이고 뒤엉키는 경우가 많아 현실적으로는 쉽지 않았다. 특히 유럽의 정세가 혼란스러웠던 1670년대가 그랬다. 여러 개의 좋은 정보와 나쁜 정보가 얽혀버리면 남들이 모르는 걸 알고 있다 해도 그걸로 수익을 낸다는 보장이 없었다. 펠터르스와 미델뷔르흐에 있는 그의 파트너 플레처 역시 마찬가지였다. 이들의 정보 교환 전략이 실패하는 일이 잦아지자 사이도 나빠졌다. 플레처와 거래를 끊고 마카레를 새로운 파트너로 끌어들였지만, 이들 역시 2년 만에 관계가 악화되었다. 1677년 8월, 펠터르스는 마카레의 아버지에게 편지를 썼다. "당신 아드님의 멍청함이 내 말문을 막히게 합니다. 그는 자꾸 바보 같은 거래만 하는군요." 그러면서 마카레가 좋은 정보를 전하게 해달라고 부탁했다. 하지만 상황은 나아지지 않았다. 펠터르스는 마카레와도 거래를 끊고, 상당 기간 그를 대체할 새로운 파트너를 찾지 않았다.

10년이 지난 후 펠터르스는 다시 미델뷔르흐에서 사업을 재개하게 됐다. 그런데 아직도 플레처와 마카레에 얽힌 나쁜 기억이 남아 있었기 때문에 이번에는 전략을 바꿨다. 미델뷔르흐에서 오는 정보는 포기하고, 암스테르담에서 구할 수 있는 정보들을 미델뷔르흐에서 써먹는 방법을 택한 것이다. 그러기 위해 누군가 그를 대신해 미델뷔르흐에서 지분을 거래해줄 사람이 필요했다. 포르투갈계 유대인인 사무엘 고메스 코티노의 소개로 그는 이삭 세마흐 페로를 알게 되었다. 그는 페로에게 편지를 보내 지분을 사라거나 팔라는 지시를 내렸다. 페로의 서비스를 이용한 건 펠터르스 혼자가 아니었다. 암스테르담에 있는 여러 유대계 트레이더들이 페로에게 미델뷔르흐에서의 거래를 위임했다.[*]

---

[*] 다비트 데 핀토, 야콥 누네스 헨리크, 모제스 누네스 헨리크, 마누엘 데 벨몬터, 다비트 하바이 헨리크, 야콥 하바이 헨리크, 아브라함 펜소 펠릭스, 모제스 헨리크, 마누엘 멘데스 플로레스, 살로몬 아베르바넬 소우사.

유대인들의 네트워크

이들 포르투갈계 유대인들 역시 펠터르스처럼 암스테르담에서 나오는 정보를 이용해 미델뷔르흐에서 돈을 벌려 했을 것이다. 놀랄 일은 아니다. 앞서 말했듯 스페인과 포르투갈에서 쫓겨난 유대인들은 전 유럽으로 퍼져나가면서 잘 짜인 무역 네트워크를 구성하게 됐다. 유럽의 중요한 무역 거점 도시에는 유대인들이 자리를 잡고 있었다. 그들이 펠터르스 같은 비유대인들보다 더 빨리, 더 많은 정보를 입수할 수 있지 않았을까?

펠터르스가 홀라, 플레처, 마카레 등과 활발하게 교신하던 당시 경쟁관계에 있는 유대계 트레이더들이 주고받은 편지들은 남아 있지 않다. 유일하게 전해내려오는 편지들은 1690년대 로드리고 디아스 헨리크Rodrigo Dias Henriques가 쓴 것으로, 『혼란 속이 혼란』이 출간되고도 몇 년이 지난 후의 일이다. 헨리크는 마누엘 레비 두아르테Manuel Levy Duarte라는 다이아몬드 상인을 대리해 VOC 지분을 거래했다. 헨리크와 두아르테는 보통 직접 만나서 투자에 대한 얘기를 나눴지만 두아르테가 암스테르담을 떠나 안트베르펜에 가 있을 때는 편지를 이용했다.

헨리크는 외국에 아주 좋은 정보 입수처들을 두고 있었다. 런던, 파리, 그리고 동아시아 지역까지 그의 귀는 열려 있었다. 그중에서도 가장 유용한 정보는 포르투갈을 통해 들어왔다. 예를 들어 1691년 11월에 포르투갈 해변에서 몇 척의 VOC 무역선이 발견됐다는 정보가 들어왔다. 네덜란드로 귀환하는 배들이었는데, 심지어 화물에 대한 정보도 있었다. 헨리크는 두아르테에게 보낸 편지에 이 배들이 싣고 있는 후추의 예상 가치까지 적어 보냈다. 그런 정보를 어디서 얻었는지 정확히는 모르지만, 현지의 낚싯배 같은 것들이 VOC 무역선과

접촉했을 가능성이 크다. 그렇게 나온 정보는 소형 무역선을 통해 다시 네덜란드로 전해졌을 것이다. 당시 포르투갈과 네덜란드 사이에는 많은 무역선들이 오갔다. 작고 날쌘 연안 무역선이라면 덩치 크고 느린 VOC의 원양 무역선보다 훨씬 빨리 암스테르담에 도착할 수 있었을 것이다.

이 포르투갈 정보원은 좋은 정보를 많이 보냈다. 1697년 7월에는 포르투갈 국적 동인도 행 무역선에 탔던 선원으로부터 'VOC 선박 몇 척이 벵갈 만에서 프랑스와 영국 배들의 공격을 받았지만 빠져나올 수 있었다'는 얘기를 듣고 헨리크에게 전달해줬다. 헨리크는 이 정보를 받고 선도 거래로 VOC 지분을 샀다.

헨리크가 이런 종류의 소식을 해외로부터 재빠르게 입수하는 날이면 그는 다른 트레이더들보다 정보의 우위에 설 수 있었고, 이런 우위는 VOC 선박이 네덜란드로 입항할 때까지 지속됐다. 펠터르스처럼 해외에 정보선이 없는 사람은 뒤처질 수밖에 없었다. 펠터르스 스스로도 이런 약점을 잘 알고 있었다. 1688년 8월 VOC 주가가 크게 하락하자 그는 헤이그에 있는 홀라에게 편지를 써서 자기도 정보가 더 많았으면 좋겠다고 한탄한다. "내가 아는 것은 남들도 이미 다 알고 있는 것 같아. 내가 할 수 있는 일이 별로 없네."

그러나 헨리크나 다른 유대계 유대인들이 갖고 있는 해외 네트워크가 꼭 수익을 보장하지는 않았다. 중요한 정보가 헤이그의 의회에서 나올 때는 공화국 정계에 연줄이 있는 펠터르스 같은 사람이 유대인들보다 훨씬 유리했다. 결국 VOC 지분 거래는 그날그날 더 좋은 정보를 갖고 있는 사람이 이기는 게임과도 같았다. 누가 어떤 움직임을 보이는지 모두가 서로를 감시하는 형국이 됐다.

1697년 9월, 헨리크는 많은 기독교도 트레이더들이 지분을 팔고 있음을 눈치챘다. 두아르테에게 보낸 편지에 따르면 처음에는 그도 많이 망설였다. '기독교도들을 따라서 팔아야 하나?'하면서도, 그는 일단 자신의 정보와 감각을 믿고 그대로 갖고 있기로 결심한다. 며칠 후 다른 편지에서 그는 실제로 심한 폭풍우 때문에 VOC 배 몇 척이 어려움을 겪고 있다는 루머에 대해서 적었다. 그러는 동안 주가는 4.5%나 떨어졌다. 그래도 여전히 헨리크는 확실한 정보 없이는 움직이지 않겠다며 지분을 계속 팔지 않고 보유했다.

마찬가지로, 기독교 트레이더들 역시 유대계 트레이더들을 주시했다. 1688년 9월 펠터르스는 알바레스라는 유대계 트레이더를 찾아가 '대체 왜 팔았냐'며 단도직입적으로 묻기도 했다. 알바레스는 답하지 않았다.

그런데 가장 많은 주목을 받은 이들은 유대계도 기독교계도 아닌 영국인들이었다. 17세기 후반 내내 영국(잉글랜드)과 네덜란드는 전쟁과 휴전을 반복했으니 영국인들이 이런 소식을 가장 먼저 알게 될 것이었다. 1687년 7월 실제로 그런 일이 벌어졌다. 펠터르스는 우연히 영국계 트레이더들이 지분을 팔면서 "이 사람들도 이걸 알아야 할 텐데……"라고 말하는 걸 들었다. 또 30척의 영국 전함이 닻을 올렸다는 얘기도 들었다. 펠터르스는 홀라에게 편지를 보냈다. "신이여, VOC 선박들을 보호하소서." 이런 상황에서 홀라가 갖고 있는 헤이그 정계의 인맥이 큰 도움이 됐을 것이다. 그런데 하필 이때 홀라는 휴가에서 막 돌아온 직후였다. "어떻게 자네는 이런 시국에 순호벤으로 휴가를 다녀올 수 있나?" 펠터르스가 따졌다.

하지만 나중에 보니 그 영국인들이 잘못 생각한 것이었다. 영국과 네덜란드의 전쟁은 벌어지지 않았다. 적어도 당분간은.

신문

헨리크의 직업은 VOC 지분 트레이딩이었다. 그는 두아르테를 비롯한 여러 유대계 트레이더들의 에이전트로 일했다. 그의 고객 중엔 프란치스코 로페스 수아소 Francisco Lopes Suasso라는 부유한 은행가도 있었는데, 그는 스페인 왕과 네덜란드 공화국의 빌럼 3세 측에 각각 돈을 빌려줄 정도로 상류층에 좋은 커넥션을 갖고 있었다. 수아소와 몇몇 다른 유대인들은 헨리크를 시켜서 VOC 지분을 사고팔았다.

반면 예로니무스 펠터르스는 시의회 서기라는 본업을 갖고 있었음에도 꼭 시간을 내서 직접 거래소를 방문하고 정보원들과 서신을 교류했다. 정 시간을 낼 수 없을 때는 하인이라도 보냈다. 헨리크나 펠터르스는 상당한 시간과 노력을 들여서 정보를 구했다. 그래야만 이득을 보는 거래를 만들어낼 수 있었다.

매일 거래소에 나가거나 정보원과 편지를 주고받을 시간이 없는 사람들은 경쟁에서 살아남기가 힘들었다. 그렇다고 두아르테나 수아소처럼 에이전트를 고용하기도 힘들었다. 수수료가 비쌌기 때문이다. 헨리크는 한 번 거래할 때마다 15길더의 수수료를 받았다. 이 비용이 너무 비싸다고 생각하는 사람은 직접 거래소에 가서 최신 뉴스를 찾아다녀야 했지만, 이미 누구나 다 아는 정보를 구해봐야 별 쓸모가 없었다. 주가에 이미 그 정보가 반영된 다음이었기 때문이다.

신문에서 읽는 소식도 마찬가지였다. 17세기 후반 암스테르담에서 발행된 다양한 신문들이 VOC 선단과 그 화물들에 대한 소식을 전하

긴 했지만, 이런 신문들이 전하는 정보는 트레이더들이 1, 2%씩 이
득을 보기 위해 하는 단기 투자에 이용하기엔 도착이 너무 느렸다.
1667년 9월 27일자 〈Ordinaris Dingsdaeghsche Courant〉라는 신
문이 좋은 예다. 이날 이 신문은 이틀 전 헤이그에서 온 소식을 전했
다. 헤이그에 도착한 선원들이 영국 해안에서 VOC 무역선 9척을 봤
다는 내용이다. 이 배들은 온전한 상태였지만, 문제는 원래 이 선단이
12척으로 구성됐다는 점이었다. 나머지 3척은 남아프리카 희망봉 동
쪽에서 안개 속에 사라져버렸다고 신문은 전했다.

이는 암스테르담의 트레이더들에게 엄청나게 중요한 정보였다. 그
러나 신문이 인쇄돼서 거리로 나올 즈음엔 이미 누구나 다 그 소식을
알고 있었다. 헤이그와 암스테르담 사이에는 하루 두 번 출발하는 급
송 우편 서비스가 운행중이었다. 두 도시를 오가는 데는 편도 5시간
30분이 걸렸다. 25일 선원들이 헤이그에 도착했으니 늦어도 26일에
는 암스테르담에도 그 소식이 전해졌을 것이다. 신문기사를 작성하고,
인쇄기에 활자들을 배열하고, 종이에 인쇄해서 판매를 위해 뿌려지는
동안 이 뉴스는 거래소의 트레이더들 모두가 아는 얘기가 됐다. 사람
들이 북적거리는 거래소에서 입소문은 엄청나게 빠른 속도로 전파됐
다. 심지어 중요한 소식이 들어오면 사람들 모두가 볼 수 있도록 거래
소 정문의 수위가 석판에 백묵으로 적어놓기까지 했다.

개인적인 정보 채널을 갖고 있지 못한 트레이더는 행운이 따라야만
수익을 낼 수 있었다. 자크 데 벨라에르와 안투안 렘페뢰르가 활약하
던 VOC 초창기에 비하면 세상이 많이 달라진 것이다. 1610년 무렵
벨라에르는 거래소에서 들은 소식을 라이덴에 있는 삼촌 렘페뢰르에
게 전해주곤 했다. 렘페뢰르는 이 정보를 가지고 조카 벨라에르에게

사라 팔아라. 지시를 내렸다. 이렇게 정보가 라이덴을 오가는 동안 며칠이 필요했다. 단기적인 투기 이익을 보기엔 너무 긴 시간이었다. 하지만 렘페뢰르에겐 상관없는 일이었다. 그는 먼 미래를 보고 투자했다. 언젠간 지급될 배당금을 위해서, 또 네덜란드 공화국을 대표하는 VOC의 미래를 위해서였다.

17세기 후반에도 렘페뢰르 같은 애국적 트레이더가 없는 것은 아니었다. 『혼란 속의 혼란』을 쓴 데 라 베가는 지분 트레이더들을 세 부류로 나누고 렘페뢰르 같은 사람들을 '귀족prices형 투자자'라고 불렀다. 나머지 두 부류는 '상인merchants'과 '투기꾼speculators'이었다.

> "귀족형 투자자들은 지분을 가족으로부터 물려받거나 자기 돈으로 산다. 그리고 거기서 나오는 배당금을 받는다. 주가의 움직임에는 신경쓰지 않는다. 지분을 파는 것이 목적이 아니라 배당을 통한 이익을 올리는 데 관심이 있기 때문에, 주가가 많이 오른다고 해도 그들이 누리는 즐거움은 상상 속에만 머문다. 지분을 팔면 돈이 많이 생기겠구나 하는 즐거운 상상이다."

이런 귀족형 트레이더들은 암스테르담 사무소의 자본금 상당 부분을 차지했지만 17세기가 흐르는 동안 그 수가 현저히 줄어들고 나중엔 주로 투기꾼들이 거래를 주도하게 됐다. 데 라 베가는 이들을 '갬블러' 혹은 '플레이어'라고 부르기도 했다. 실제로 VOC 지분을 많이 보유하고 있지도 않으면서 단지 파생상품(선도 계약)만을 대량으로 거래하는 사람들이다.

이들 '귀족'과 '갬블러'들은 17세기 후반에 이르면 서로 마주칠 일이 거의 없게 된다. 갬블러들은 판이 큰 거래를 할 때 누구에게나 공개된 담 광장나 거래소가 아닌, 비공개 회원제 클럽을 이용했다.

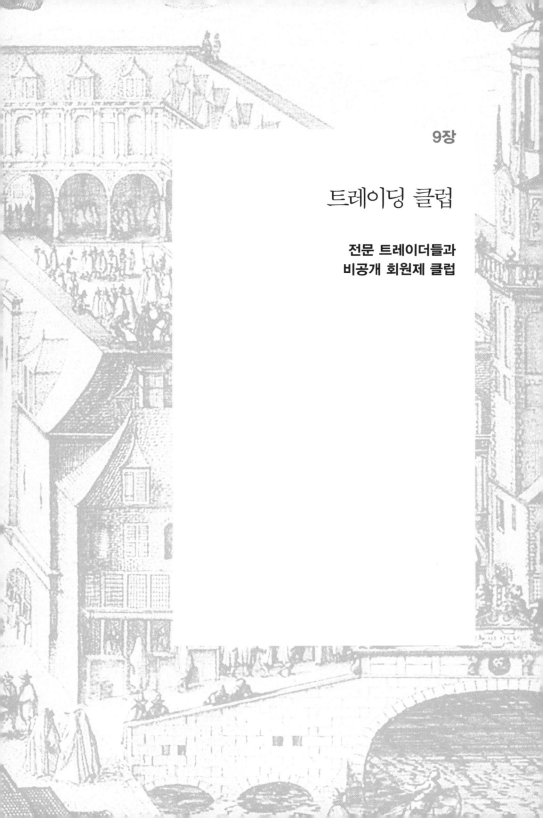

9장

트레이딩 클럽

**전문 트레이더들과
비공개 회원제 클럽**

1667년 3월 7일, 세바스티안 다 쿠냐Sebastiaen da Cunha는 헤이그에 있는 홀란트 주 상고법원의 빈 법정에 앉아 있었다. 홀 안에 있는 사람은 다 쿠냐와 그의 변호사 그리고 판사들 뿐이었다. 처음 있는 일도 아니었다. 지난 3번의 재판에도 상대측 피고인들은 아무도 법정에 나타나지 않았다.

2년 전인 1665년 초, 다 쿠냐는 이들 9명의 피고들로부터 각각 VOC 지분을 사는 선도 계약을 맺었다. 하지만 오래지 않아 후회했다. 그해 말, 영국과 네덜란드의 두번째 전쟁이 시작되었던 것이다. '4일 전투'와 '메드웨이 해전'에서 활약한 미힐 데 라위터르Michiel de Ruyter 제독 덕분에 네덜란드는 결국 영국 해군을 물리치고 라위터르는 국가적 영웅으로 부상했지만, 그것은 나중의 일이고 전쟁 초기에는 네덜란드 공화국이 승리하리라 전혀 확신할 수 없는 상황이었다. 특히 VOC 소속 선박들이 해상에서 영국 해군의 공격을 받고 침몰할 가능성이 상당히 높았다. 때문에 전쟁 첫해엔 회사 지분의 가격이 급격히 떨어졌다. 1664년 평균 460에 거래됐던 지분은 1665년 9월과 10월에는 315까지 떨어졌다. 30% 이상 하락한 것이다.

지분 가격이 하락할 때마다 다 쿠냐의 손해도 쌓여갔다. 순식간에 그는 9명의 상인들과 맺은 선도 거래에서 총 10,000길더에 이르는 손해를 볼 지경에 이르렀는데, 그게 끝이 아니었다. 그 무렵 네덜란드 함대가 영국 동부 로우스토프트 해안에서 대패했다는 소식이 들려왔다. 상인들은 이 전투가 바다에서 영국의 시대가 열리게 될 것을 상징하는 사건이라고 받아들였다. VOC의 무역선들에겐 좋을 리가 없었다. 주가는 더 떨어졌고, 다 쿠냐의 손해는 25,000길더까지 불어났다. 이 정도 돈이면 당시 운하를 끼고 있는 가장 좋은 저택을 살 수 있었다. 선도 계약을 청산해야 하는, 즉 돈을 지불해야 하는 날이 다가오고 있었고, 주가는 회복할 기운이 보이지 않았다.

다 쿠냐에겐 도리가 없었다. 손해가 너무 컸다. 그런 돈을 마련할 방법이 없었다. 개인 파산을 선언할 수도 있지만 그렇게 되면 평생을 가난 속에서 살아야 할 것이다. 암스테르담에서 도망갈 수도 있었지만 이 또한 쉽지 않았다. 암스테르담 밖에서 먹고살 길을 찾아야 하기 때문이다. 그에게 마지막 남은 길은, 법정에 가서 이 계약들이 무효라고 주장하는 것뿐이었다.

다시 1667년 3월 7일, 홀란트 주 상고법원에서 있었던 재판으로 돌아가보자. 다 쿠냐에게 선도 거래로 지분을 팔았던 9명의 상인들이 4번의 호출에도 모습을 드러내지 않자 법관들은 그들 없이 재판을 진행하기로 했다. 다 쿠냐의 변호사가 사건을 설명했다. 1665년에 의뢰인 다 쿠냐가 VOC 지분에 대한 선도 계약을 맺었으며 그 액수는 "수천 길더"였다고, 그는 이야기를 시작했다.

"그런데 피고인들, 즉 다 쿠냐와 선도 계약을 한 상인들은 다 쿠냐를 속였습니다. 이들은 계약이 체결되던 시점에 실제로 계약서에 명시된 만큼의 VOC 지분을 보유하고 있었다는 증거를 제시하지 못했습니다. 그래서 저의 의뢰인은 계약을 무효화하기 위해 가지고 있던 계약서를 찢어버렸고, 피고인들 역시 그렇게 할 것을 요구했지만 그들은 이에 따르지 않았습니다. 그래서 저의 의뢰인은 이 사건을 법원으로 가져왔습니다." 다 쿠냐는 이렇게 법관들에게 계약을 무효화해달라고 요청했다. 상대 트레이더들이 자신을 상대로 법으로 금지된 '네이키드 숏셀링'을 했다고 고자질한 것이다.

재판관들이 판결을 내리는 데는 오래 걸리지 않았다. 다 쿠냐의 요청대로 계약은 무효화됐다. 재판에 참석하지 않은 피고인들은 계약서를 찢어서 다 쿠냐에게 전달하도록 명령받았으며 다 쿠냐의 변호사 수임료 역시 피고들이 부담하도록 했다.

명예와 신뢰

세바스티안 다 쿠냐와 9명의 트레이더들이 연루된 이 재판의 결과는 VOC 지분 거래의 법적인 기반이 얼마나 취약했는지를 잘 보여준다. 당시 VOC 지분 선도 거래는 엄청나게 큰 비즈니스 시장이었다. 많은 트레이더들이 자신이 실제로 보유한 지분보다 훨씬 더 많은 양의 지분을 선도 거래로 사고팔았다. 예를 들어보자. 1683년부터 1684년까지 2년에 걸쳐 야콥 아티아스Jacob Athias와 마누엘 레비 두아르테가 맺은 선도 거래 계약의 기록들이 남아 있는데, 이를 살펴보면 이들은 매월 최소 20만 길더에서 최대 200만 길더(!)어치의 VOC 지분을 선도 거래로 매매했다. 이 기간 동안 실제로 이들이 보유한 것으로 되어 있는 지분은 VOC 장부상 3,000길더를 넘은 적이 없다. 심지어 1684년 6월에는 그마저 다 팔아버리고 지분을 전혀 갖고 있지 않았다. 다시 말해 이들은 아직 갖고 있지도 않은 주식을 미래에 팔겠다는 계약, 즉 무차입 공매도를 하고 있었던 것이다. 이는 당시 다른 많은 트레이더들도 마찬가지였다.

앞서 4장에서 봤듯이, 무차입 공매도는 1610년에 법으로 금지됐다. 그러니 아티아스나 두아르테 같은 상인들이 맺은 무차입 공매도 계약을 법정으로 가져가봐야 법적인 효력을 전혀 인정받지 못했다. 다 쿠냐 사건의 판결에서 봤듯이, 판사들은 항상 소송에 올라온 공매도 계약은 무효라고 선언했다.

그러니 트레이더들이 맺는 선도 계약은 법이 아니라 상호 신뢰가 기반이었다. 상대가 약속을 지킬 거라는 확신이 있을 때만 계약을 체결했다. 상대가 약속을 지키지 않을 경우 법은 아무런 도움이 되지 못했고, 그만큼 리스크가 컸다. 선도 계약은 거래 규모도 상당했기 때문에 트레이더들은 그만큼 위험을 안고 살아야 했다. 17세기 후반에 이르면 지분 가격이 1% 변할 때 선도 계약으로 지분을 산 사람은 평균 150길더의 손해를 봤다. 다 쿠냐 같은 트레이더들은 이런 선도 계약을 수도 없이 맺고 있었기 때문에 지분 가격 변동에 따라 피해액도 번개와 같은 속도로 불어나게 되었다. 그러니 손해가 너무 커지면 '그냥 계약을 무시해버릴까' 하는 유혹에 빠지게 되었다.

하지만 상인들은 예상되는 손해가 지나치게 클 때만 그런 불명예스러운 유혹에 넘어갔다. 당시 네덜란드 공화국에서 계약서에 서명한 내용을 지키지 않는다는 건 상인들에게 엄청난 수치였다. 네덜란드의 상인들은 스스로를 명예로운 사람들이라고 생각했다. VOC 선도 거래에 쓰였던 계약서 양식만 봐도 이를 알 수 있는데, 계약에 참여하는 당사자들의 수를 쓰는 난 바로 앞에는 '정직eerzame'이라는 단어가 쓰여 있었는데, 계약서 맨 아래에도 이 계약을 맺는 사람들은 '명예로운 사람들lieden van eer'이라는 구절이 적혀 있었다. 선도 계약에 관련된 재판이 진행될 때면 트레이더들은 항상 자신들이 명예를 지키는 상인임을 강조했다. 상대편과 분쟁을 하려는 의도가 없다는 것을 밝히려는 것이었다.

책『혼란 속의 혼란』에서 투자전문가는 주식 초보자인 상인과 철학자에게 선도 거래를 하지 말라고 경고하면서, 옵션 거래부터 시작하라고 권한다. "옵션 거래에서는 설령 돈을 벌지는 못하더라도, 적어도 신용을 잃지는 않을 것이고 평판이 훼손되지도 않을 것입니다"라고 그는 말한다. 근대 초기의 비즈니스맨들에게 명예와 평판은 아주 중요한 사업 자산이었다. 가볍게 볼 일이 아니었다.

하지만 1665년 당시 다 쿠냐는 그럴 상황이 아니었다. 그가 진행시킨 선도 거래 계약들에서 발생할 손해가 너무 커서, 명예를 지키고 어쩌고 할 여유가 없었다. 그는 계약을 무효화하기 위해 9명의 계약 상대를 법원으로 불러냈다. 피고들은 출석하지 않았고, 판사들은 법에 있는 대로 다 쿠냐의 손을 들어줬다.

『혼란 속의 혼란』의 저자 데 라 베가에 따르면, 당시 트레이더들은 이런 행위를 "프레데릭 앞에서 빌기"라고 불렀다. 여기서 프레데릭이란 1625년부터 1647년까지 홀란트 총독을 맡았던 프레데릭 헨리

Frederick Henry를 가리킨다.* 1610년 처음 제정된 숏셀링 금지법안이 프레데릭 헨리 재임중에 두 번(1630년과 1636년) 다시 선포되었기 때문인데, 그래서 당시 트레이더들은 숏셀링 계약을 무효화하기 위해 소송을 거는 행위를 프레데릭 총독에게 비는 것이라고 비꼬아 말한 듯하다. 물론 이 표현은 책 『혼란 속의 혼란』에만 등장한다. 법원 문서나 공증인 서류 등 공식적인 문서에는 "숏셀링을 금지한 법안에 따르면……" 정도의 점잖은 표현이 쓰였다.

소송의 승자는 다 쿠냐였다. 하지만 실제로는 이 사건에 관련된 모든 이가 패자였다. 다 쿠냐는 당분간 거래소에서 얼굴을 들고 다닐 수가 없게 되었고, 9명의 피고들은 기대했던 수익을 날려버리게 됐다. 또한 이 사건은 선도 거래로 지분을 사놓고 이렇게 법의 힘을 빌려 계약을 이행하지 않을 가능성이 있다는 걸 보여줬기 때문에 선도 거래 시장 자체의 존립에도 큰 위협이 됐다. 다 쿠냐 같은 사람들이 손해가 날 때마다 법원에 달려가 계약 무효를 주장한다면 누가 거래에 참여하려 들겠는가. 물론 매수 희망자와 매도 희망자를 연결해주는 브로커들은 이런 사달이 나지 않도록 믿을 만한 상대를 고르기 위해 최선을 다했지만, 워낙 걸린 돈이 큰 거래들이라 상대방을 100% 신뢰하기는 어려웠다. 특히 주가가 크게 들썩거리는 시기에는 손해액도 커지기 때문에 상대의 행동을 예측하기가 더욱 어려웠다.

---

* 1559년 스페인 왕 필립 2세가 빌럼 1세를 네덜란드 지역의 총독으로 임명한 이래, 총독직은 오라녜 가문이 세습하다시피 했다. '침묵공' 빌럼에서 그의 아들 마우리츠로, 마우리츠의 배다른 동생인 프레데릭 헨리로, 다시 프레데릭 헨리의 아들인 빌럼 2세와 손자인 빌럼 3세로 이어진다. 오라녜 가문은 1815년 네덜란드가 왕정으로 바뀌면서 왕권을 이어받아 현재까지 내려오고 있다.

트레이딩 클럽 '행동주의자들의 모임'

선도 거래의 위험성은 17세기 후반에 급격히 커져 점점 더 까다로운 문제가 됐다. 선도 거래 자체는 1640년대부터 급속히 늘어났지만 그때는 VOC 주가가 비교적 안정적이라 큰 문제가 되지 않았다. 그러나 1650년대 초반부터는 상황이 달라졌다. 1652년에 1차 영국-네덜란드 전쟁이 발발했고, 이는 주가에 악영향을 미쳤다. 1654년 두 나라가 평화조약을 맺자 주가는 전쟁 이전 수준을 회복했지만, 11년 후인 1665년 2차 전쟁이 터졌다. 주가의 변동성이 커지니 선도 거래로 큰 피해를 볼 가능성도 높아졌다. 이는 곧 트레이더들이 명예를 버리고 계약을 지키지 않을 위험성도 커졌다는 뜻이었다.

상대방이 계약을 100% 이행하도록 강제하는 것은 불가능했지만 그래도 어느 정도는 위험성을 줄일 수 있었다. 선도 거래를 많이 맺는 트레이더들은 자신들만의 회원제 클럽을 만들고 그 안에서만 거래를 했다. 이런 관습이 정확히 언제 시작되었는지는 알 수 없지만, 현재 남아 있는 기록에 따르면 1672년 무렵에는 확실히 트레이딩 클럽이 존재했다. 1660년대나 어쩌면 1650년대부터 시작했을 가능성도 있다. 주가가 요동치기 시작하고 트레이더들이 갖는 리스크가 커졌던 때였기 때문이다.

이런 비공개 클럽에는 그들만의 규칙이 있었다. 회원들은 서로를 잘 알고 있었고, 신규 회원은 기존 회원들의 소개로만 받아들여졌을 것이다. 무엇보다도 중요한 건, 규칙을 지키지 않는 사람은 클럽에서 더이상 거래를 할 수 없었다. 누구라도 공개적으로 VOC 지분 거래에 참여할 수 있었던 담 광장이나 거래소의 문화와는 아주 달랐다.

또다른 차이점은 감독하는 사람의 존재였다. 거래소와 담 광장에서는 아무도 트레이더들의 행동을 감독하지 않았다. 거래를 하다가 다툼이 생길 경우 평판이 좋은 베테랑 트레이더들이 가끔 중재자 역할을 하는 경우도 있었지만, 대부분의 경우 이미 화해하기엔 늦은 뒤였다. 반면 프라이빗 트레이딩 클럽에서는 거래를 감독하는 직책이 존재했던 것으로 보인다.

이름만 봐도 짐작할 수 있다. 어느 클럽은 '행동주의자들의 모임Collegie van de Actionisten'이라는 이름을 갖고 있었는데, 여기서 '행동주의자Actionisten'란 당시 지분 트레이더들을 일컫는 말이었고, 또 '모임, 동료들Collegie'이라는 단어는 길드처럼 공통의 목표를 갖고 있는 조직을 일컫는 동시에 그런 조직을 운영하는 사람들의 모임을 뜻했다. 'Collegie'라는 단어를 썼다는 것은 이 클럽이 트레이더들의 단순한 친목 모임이 아니라 이사회 형태의 운영/감독 기능을 갖춘 조직이었을 것임을 암시한다.

VOC 지분이 아닌 다른 상품을 거래하는 상인들의 경우를 봐도 충분히 납득이 가는 추측이다. 1636년부터 1637년까지 '튤립 마니아'의 중심지였던 하를럼 시에도 이런 식의 튤립 트레이딩 클럽이 존재했는데, 이 클럽에서는 튤립 전문가들로 이뤄진 이사회가 있어서, 이들이 회원들 간에 맺어지는 계약을 감독하고 분쟁을 중재했다. 이 하를럼 튤립 클럽의 명칭이 '화훼업자의 모임Collegie van de Blommisten'이었다. 이를 볼 때, 'Collegie'라는 단어를 쓴 VOC 지분 트레이더들의 클럽 역시 감독관의 역할을 하는 사람들이 존재했을 것이라 추측할 수 있다.

이 모임은 거래소 바로 맞은편 칼버스트라트에 있는 '로얄 광장De Plaetse Royael'이라는 술집에서 열렸는데, 담 광장에서 남쪽을 바라보

1 17세기 칼버스트라트의 모습.
2 18세기 암스테르담 술집의 내부.

3 칼버스트라트 거리의 '로얄 광장' 술집이 있던 자리. 오늘날 칼버스트라트는 암스테르담에서 가장 번화한 쇼핑가다. 로얄 광장이 있던 자리에는 의류숍 '포레버 21'이 들어서 있다.

고 섰을 때 오른쪽 첫번째 골목 초입에 있는 곳이었다. 회원들은 매일 저녁 술집에 모여 지분을 거래했다. 이는 곧 암스테르담에서 VOC 지분을 거래할 수 있는 장소가 최소한 4곳이었다는 얘기다. 아침이 밝으면 가장 먼저 유대인 지구의 거리에서 거래가 이루어졌고, 곧이어 담 광장으로 이어졌다가 정오 무렵 담 광장 남쪽의 거래소가 문을 열면 트레이어들은 그쪽으로 이동했다. 거래소가 문을 닫으면 다시 담 광장으로 돌아와 거래를 하다가, 해가 지면 '로얄 광장'으로 들어가는 것이다. 물론 '로얄 광장'에는 회원들만 입장이 가능했다.

이런 회원제 트레이딩 클럽들에 대해서 알려진 바는 많지 않지만, '로얄 광장'에서 열리는 '행동주의자들의 모임' 외에도 여럿 있었을 것으로 짐작된다. 『혼란 속의 혼란』의 저자 데 라 베가는 책에서 '클럽들'이라고 표현한 바 있고, 앞서 소개한 익명의 영국인 여행자의 경우는 '유대인 클럽들'이 있다고 적기도 했다. 아쉽지만 다른 클럽들의 이름은 확인이 불가능하다.

영국인 여행자가 여행기에 '유대인 클럽들'이라고 적었다고 해서, 트레이딩 클럽의 멤버들이 모두 유대인이었던 것은 아니다. '행동주의자들의 모임'의 멤버 중에는 앞에서 본 예로니무스 펠터르스와 휘베르투스 빈스Hubertus Beens가 있었지만, 이들은 유대인이 아니다. 마인더르트 로스트Meindert Rost라는 사람 역시 이런 프라이빗 클럽에서 활발하게 활동했던 것으로 보이는데, 그 또한 유대인이 아니었다. 다만, 자신의 모든 거래 기록을 남겨둔 마누엘 레비 두아르테와 야콥 아티아스의 노트를 보면(이들 역시 '행동주의자들의 모임' 멤버였다) 대다수는 포르투갈계 유대인이었던 것으로 보인다.

다행히 당시 이런 회원제 트레이딩 클럽 안에서 어떻게 거래가 이뤄졌는지는 밝혀졌다. 우선 클럽 회원들은 지분을 사서 수년씩 보유하는 장기 투자자들이 아니라 빨리 사고 빨리 팔아버리는 전형적인 투기꾼형 트레이더였다. 마누엘 레비 두아르테의 기록을 보자. 두아르테는 로드리고 디아스 헨리크에게 지분 거래를 위탁했다. 디아스 헨리크는 고객인 두아르테에게 보고서를 썼다. 1691년 11월 1일자 편지다.

보고서에 따르면 디아스 헨리크는 1691년 10월 말일에 장부가 3,000길더어치의 지분을 선도 거래로 샀다. 가격은 489.5였다. 그리고 곧바로 489.75의 가격에 역시 장부가 3,000길더어치의 지분을 선도 계약으로 팔았다. 이 두 계약을 합치면 장부가 100길더당 0.25씩, 총 7.5길더의 이익을 남긴 셈이다.

트레이딩 클럽에서 벌어지는 일들이 실제 VOC 지분의 명의 이전으로 이어지는 사례는 극히 드물었다. 이것은 클럽 내에서, 서류상으로만 일어나는 거래였고, 오로지 선도 거래로만 맺어졌다. 그래야 빠르고 손쉽게 거래할 수 있었고, 현금을 주고받을 필요도 없었으며, 디아스 헨리크의 사례에서처럼 여러 개의 선도 계약을 상쇄시킬 수도 있었다.

두 건의 계약을 통해 7.5길더를 벌었다고 해서 디아스 헨리크가 바로 부자가 된 것은 아니겠지만 그는 이런 식의 계약을 매일같이, 무수히 많이 맺었을 것이다. 한 건의 계약에 몇 길더씩만 떨어져도 한 달치가 모이면 꽤 괜찮은 수입이 된다. 디아스 헨리크는 자신의 능력에 대해 자신감을 갖고 있었던 것 같다. 두아르테에게 보낸 보고서를 그는 이렇게 끝맺는다. "이 작은 게임에서 벌어들이는 돈이, 영국으로 무역선을 보내서 버는 돈보다도 훨씬 많을 것 같습니다!"

하지만 이렇게 멤버들끼리만 거래를 하면서 몇 퍼센트의 이윤을 가져가는 행동이 반복되면 모임 안에서 불편한 긴장감이 조성될 수밖에 없다. 이는 곧 한 사람의 이익은 곧 다른 사람의 손해가 되는 제로섬 게임이기 때문이다. 다만, 이 모임의 멤버들은 자신의 돈이 아니라 다른 사람, 즉 고객의 돈을 받고 대리인으로서 거래하는 경우가 많았다. 디아스 헨리크가 두아르테의 대리인으로서 거래한 것처럼. 10년 전에는 두아르테 역시 직접 트레이더로 일한 바 있다. 사업 파트너인 야콥 아티아스와 함께, 그는 런던에 사는 루이스 알바레스와 브뤼셀에 사는 수아송 공작부인 올림프 만치니의 돈을 받아 VOC 지분을 거래했다. 이렇게 트레이더들이 클럽 안에서 대리인으로서 활동하는 경우가 많았으니, 한 트레이더의 이익은 다른 누군가의 고객에게 손해가 되는 셈이었다.

계약 정산

멤버십 형태로 운영되는 트레이딩 클럽 안에서 대금 정산이 어떻게 이뤄졌는지는 알려져 있지 않다. 아마도 한 달에 한 번씩 정기적으로, 정산되지 않고 남아 있는 계약들을 모두 모아 상쇄할 것들을 정리하고 나머지를 현금으로 처리하는 자리를 만들었을 것이다. 트레이딩 클럽에 속하지 않은 이들도 이런 식으로 선도 거래를 정산하곤 했다. 당시 모든 선도 계약서는 거의 예외 없이 매달 1일에 만료되는 것으로 작성됐다. 트레이더들은 계약이 만료되는 전달 25일경에 모여 계약서들을 모아 서로 정산했다.

이런 절차를 네덜란드 말로 '레스콘트레rescontre'라고 했다. 영어로는 'rescountering'인 이 말의 어원은 '정산, 확인, 대조'라는 의미를 가진 이탈리아어 '리스콘트로 riscontro'로, '레스콘트레'는 이 단어가 변형된 것이다. 세월이 지나면서 이 말은 점차 '금융 계좌를 정산/청산하다'라는 뜻으로 굳어졌다.

여러 사람이 한자리에 모여 서로의 채무관계를 정산하는 것은 유럽의 오랜 관습이었다. 아직 해상 운송수단이 발달하지 않아 육상무역이 대부분이었던 중세에는 유럽 각지의 상인들이 매년 같은 시기에 같은 도시에서 열리는 장터에 모이곤 했다. 오늘날로 치면 무역박람회 같은 것인데, 그중에서도 프랑스 북부 샹파뉴 지방에서 열리는 장터가 가장 크고 유명했다. 유럽 각지에서 상인들이 모이다보니 상인들 간에 국제무역도 활발하게 이뤄졌으며, 그렇게 온갖 종류의 물품이 거래되다보니 상인들 간에 가장 효율적으로 대금을 정산할 수 있는 방법이 자연스럽게 고안됐다.

예를 들어 장터에 나온 한 이탈리아 상인이 네덜란드 상인에게 소금을 팔았다고 하자. 그 대가를 지불해야 하는 네덜란드 상인은 마침 비슷한 값어치의 목재를 스페인 상인에게 팔았다. 그렇다면 스페인 상인이 이탈리아 상인에게 대금을 지불하는 것이 3명 모두에게 가장 편리할 것이다. 장터에선 항상 이런 식으로 다수의 상인들 간에 대금이 정산됐다. 물론 실제로는 위에서 든 가상의 예보다 훨씬 복잡하고 고려해야 할 점이 많았다. 그럼에도 상인들은 머리를 맞대고 실제로 주화를 주고받지 않고도 교역을 할 수 있는 방법을 찾아냈다.

17세기 중반, VOC 지분의 선도 거래가 실물 거래보다 많아졌고, 선도 거래의 만기일이 매달 1일로 통일될 정도로 계약의 표준화가 진행됨에 따라 '레스콘트레' 방식으로 계약을 청산하기가 용이해졌다. 트레이더들이 '레스콘트레'하는 자리에 의무적으로는 참석해야 하는 것은 아니었지만, 그렇게 하는 편이 계약을 정리하기 쉬웠으므로 대부분은 참석을 했다.

'레스콘트레'에 오는 트레이더들은 커다란 테이블 주위에 둘러앉아 각자 자신이 보유하고 있는 미정산 선도 계약서의 내용을 돌아가며 읊었다. 그렇게 1명씩 얘기하다보면 전체적인 그림이 그려진다. 디아스 헨리크의 기록을 보자. 그는 장부가 3,000길더의 지분을 489.75의 가격에 A라는 상인에게 팔고, 다시 그만큼의 지분을 B라는 상인에게서 489.50의 가격에 샀다. 이 이야기는 곧, 디아스 헨리크는 B라는 상인에게서 산 선도 계약 지분을 바로 A라는 상인에게 넘길 수 있다는 뜻이다. 이렇게 하면 그는 상인 A로부터 7.5길더를 받고 끝내면 된다. (지분가는 100길더 단위로 표시되므로 (489.75-489.50)×30은 7.5길더가 된다.) 나머지는 상인 A와 상인 B가 정리하면 된다. 과거 중세시대 장터에서처럼, '레스콘트레'하기 위해 모인 상인들 역시 머리를 잘 굴려야 했다.

트레이딩 클럽의 '레스콘트레' 모임은 상인들을 더욱 신중하고 책임 있게 만들었다. 한 테이블에 둘러앉아 정산 작업을 진행하다보면 서로가 얼마나 복잡하게 얽혀 있는지 새삼 확인하게 된다. 단 1명의 트레이더라도 계약 무효를 선언하고 정산을 거부하면 그 여파는 여러 사람에게 전해진다. 클럽에 오는 트레이더들은 단 하나의 계약 불이행이 모임의 운영을 파탄낼 수 있다는 걸 잘 알고 있었다. 누구도 자신 때문에 모두를 곤란하게 만드는 걸 원하지 않았기 때문에, 그들은 법적으로는 지킬 필요가 없는 계약이라 하더라도 명예와 양심을 걸고 지키려고 애를 쓰게 됐다. '레스콘트레' 모임이 상인들 간의 신뢰를 높여준 것이다.

커다란 테이블 위에 둘러앉아 머리를 맞대고 정산해도 다른 계약과 상쇄되지 않은 채 남겨지는 계약서가 있을 때는, 다음번 '레스콘트레' 미팅으로 넘겨졌다. 이것을 현대 금융 용어로는 '롤오버rollover'라고 말한다. 만료 시한을 넘기게 되더라도, 받아주는 사람만 있다면 계약서에 명시된 거래 가격보다 좀더 높은 가격으로 '롤오버' 할 수 있었다. 계약서에 적힌 첫 거래 상대의 동의 없이도 이는 가능했다. 이때 만기 연장을 받아주는 사람에게 그 대가로 지불해야 하는 지연금은 연간으로 정산했을 때 거래 금액의 4% 정도였다.

지분을 담보로 돈을 빌리다

한 딜러가 '레스콘트레' 모임에서 자신이 가진 선도 계약을 모두 청산하는 데 실패하고, 또 '롤오버'하지도 않기로 결정했다고 하자. 연장에 따른 추가금을 주기 싫어서, 혹은 연장을 받아줄 사람을 찾지 못해서 등, 그 이유는 여러 가지일 수 있다. 이럴 경우에는 계약서에 적힌 대로 거래를 이행하는 수밖에 없다.

하지만 그것도 쉬운 일이 아니었다. 딜러들은 대부분 '레스콘트레' 모임에 오기 전에 자신이 선도 거래로 매도한 양과 매수한 양을 일치시켜서, 그 차익만을 정산하면 되도록 맞춰놓기 마련이었다. 예상치 못하게 서로 상쇄해서 청산하지 못하는 계약이 나올 경우 꼼짝없이 계약서에 적힌 대로 현금을 지불하고 실제로 VOC 지분을 양도받을 수밖에 없었는데, 그러려면 아주 많은 돈이 필요했다. 선도 계약 자체가 아주 많은 양의 거래를 다루었기 때문이다. 예를 들어 17세기 후반, 장부가 3,000길더의 VOC 지분은 실제로 약 12,000길더에 거래됐다. 웬만한 트레이더들은 호주머니 속에도, 암스테르담 은행 계좌에도 그 정도의 돈을 가지고 있지는 않았다. 당시 VOC 소속 선박을 지휘하는 선장의 월급이 80길더였고, 그 정도면 당시로는 아주 괜찮은 벌이였다.

이렇게 계약서에 따라 큰돈을 들여 VOC 지분을 사야 하는 상황에 몰리는 경우, 트레이더들은 그 지분을 담보로 해서 돈을 빌릴 수 있었다. 그런 다음 그 지분을 팔아서 돈을 갚으면 되는 것이다. 이런 과정이 신속하게 이뤄지기만 하면 되었는데, 다행히 너무 급하게 서두를 필요는 없었다. 앞서 말했듯 '레스콘트레' 모임은 매달 25일경에 열렸는데, 계약서는 대부분 그다음 달 1일이 만기이므로 며칠의 여유는 있었다. 또 당시 트레이더들 사이에서는 계약서에 명시된 만기일로부터 2주 안에만 정산하면 된다는 암묵적인 규칙도 있었다. 이는 1659년 헨드릭 반 메이어트라는 브로커가 공증인에게 남긴 기록에 남아 있다.

당시 암스테르담에는 부유한 사람들, 특히 남편에게 재산을 상속받은 과부들이 꽤 많았다. 이들은 기꺼이 VOC 지분을 담보로 트레이더들에게 돈을 빌려주었다. 돈을 떼일 염려는 거의 없었다. 만에 하나 돈을 돌려받지 못한다 해도 담보로 받은 지분을 팔면 그만이니까.

그러나 리스크가 전혀 없는 건 아니었다. 돈을 빌려준 기간 동안 담보로 받은 VOC 지분의 가격이 떨어질 위험이 있었다. 그러니 당연히 돈을 빌려줄 때부터 이런 위험을 계산에 넣어야 했다. 10,000길더짜리 지분을 담보로 받고 현금 10,000길더를 빌려주려는 사람은 거의 없었다. 담보로 잡은 지분의 가격이 떨어질 때를 대비해 여유를 둬야 했으므로 담보 가격에서 최대 40%까지 제하고 나머지 금액만 빌려줬다. 오늘날 금융권 용어로는 이런 할인을 '헤어컷'이라고 부른다. 부족한 돈은 트레이더가 알아서 다른 곳에서 융통해와야 했다.

이렇게 얼마를 할인해서 대출해줄 것이냐는 두 가지 요소에 따라 결정됐다. 첫번째는 돈을 빌려가는 트레이더가 어떤 사람이냐 하는 것이었다. 신용이 좋고, 부유하고, 과거에도 계약을 잘 지켜왔으며 무모한 거래를 하지 않는다는 평판을 가진 사람이라면 담보 가치의 100%까지 대출을 받는 것도 불가능하지 않았다. 반면 잘 알려지지 않고 신용 조회가 잘 되지 않는 트레이더라면 가혹한 수준의 '헤어컷'을 각오해야 했다.

상세하게 거래 기록을 남긴 마누엘 레비 두아르테와 야콥 아티아스 같은 경우는 보통 담보 가치의 60~70% 정도로 대출을 받았다. 꽤나 유명한 트레이더들인데도 이렇게 헤어컷을 많이 당한 이유는 무얼까. 신용도에 문제가 있었을까? 충분히 가능한 얘기다. 공증 기록을 찾아보면 1698년 무렵 야콥 아티아스가 빚을 지고 채권자들을 피해 도망다닌 적이 있었다.

암스테르담의 자산가들이 VOC 트레이더들에게 돈을 빌려줄 때 '헤어컷' 비율을 결정짓는 두번째 요소는 그 시점에 VOC의 지분 가격이 얼마나 요동치느냐 하는 것, 즉 주가의 변동성이었다. 이는 첫번째 요소보다 훨씬 중요하게 작용했다. 시장에서 거래되는 VOC 지분 가격이 불안하게 움직인다면, 돈을 빌려준 기간 동안 가격이 확 떨어질 위험도 크다는 뜻이다. 이런 경우 돈을 빌려주는 사람들은 당연히 좀더 신중해지고 담보 가치를 낮게 잡을 것이다.

17세기 후반 암스테르담 사람들이 개인적으로 남긴 기록들을 보면 이 담보 비율이 어느 정도였는지를 알 수 있다. 얀 되츠Jan Deutz라는 부유한 상인의 과부였던 엘리사베트 코이만스Elisabeth Coymans의 경우를 보자. 코이만스는 남편의 유산을 받기도 했지만 원래부터 잘살기로 소문난 코이만스 가문 출신이었다. 그녀는 1640년대부터 1653년 죽을 때까지 VOC 트레이더들에게 자주 돈을 빌려줬다. 그녀가 직접 거래소로 나가서 대출을 해줬을 것 같지는 않고, 아마도 브로커들이 중간에서 그녀와 돈이 필요한 트레이더들을 연결시켜주었을 가능성이 크다. 되츠 가문에 전해내려오는 기록을 보면 그녀는 종종 VOC 지분을 담보로 받고 지분 가격의 100%를 대출해줬다. 어떤 경우에도 90% 미만으로 내려가는 일이 없었다. 위험해 보이지만 당시 상황을 볼 때 충분히 그럴 만했다. 1630년대 중반에서 1640년대 중반까지 VOC의 지분 가격은 꾸준히 올랐고, 그후 상당 기간 안정적인 수준을 유지했다. 네덜란드가 스페인과의 전쟁을 끝낸 1648년, 지분 가격이 처음으로 500을 돌파했다. 갑자기 폭락할 이유는 전혀 없어 보였다.

그런데 수십 년이 지난 17세기 후반에는 얘기가 달라진다. 역사적 사건들로 인해 VOC 지분 가치가 크게 들썩거리게 된다. 먼저 네덜란드는 1652년부터 1654년까지, 그리고 1665년부터 1667년까지 해상에서 영국과의 전쟁을 치렀다. 그리고 1672년, '재앙의 해'가 닥쳤다. 프랑스, 영국, 콜로뉴, 뮌스터와 동시에 전쟁을 벌이게 된 것이다. 이 전쟁의 여파는 그후 몇 년을 더 갔으며, 1688년에는 총독 빌럼 3세가 대규모 군대를 이끌고 영국으로 쳐들어갔다. 이런 일들이 반복적으로 벌어지니, 돈을 빌려주는 이들은 담보 가치를 잡을 때 좀더 보수적이 됐다. 지분의 시장 거래 가격에서 60~90% 정도만 대출해주는 것이 일반적이었다. 돈을 빌리는 사람은 나머지 10~40%에 해당하는 금액을 다른 곳에서 마련해야 했다.

주식을 담보로 잡는 대출은 이렇게 17세기 네덜란드에서 시작되어 오늘날까지도 이어지고 있다. 상당히 널리 쓰이는 이 금융상품은 오늘날 '환매 조건부 채권 매매repurchase agreements', 줄여서 '리포repo'라고 불린다. 담보로 맡기는 증권을 다시 사들이기로 약속하고 돈을 빌린다는 뜻이다. 지난 2008년 글로벌 금융 위기 때, 미국의 투자은행 '리만 브라더스Lehman Brothers'가 '리포 105'라는 금융상품을 이용해 회사의 부실을 숨겼다가 결국 파산한 사례가 있다.

17세기 네덜란드의 트레이더들은 VOC 지분을 담보로 돈을 빌리는 '리포' 행위를 일반적인 매매인 것처럼 포장하곤 했다. 1623년, '네이키드 숏셀링'에 대한 금지령이 개정됐을 때 '리포'에 대한 규제도 함께 생겼는데, 이에 따르면 "지분을 담보로 맡기고 돈을 빌리는 사람이나 약속의 증표로 지분을 거는 사람"은 이 지분을 "돈을 빌려주는 사람 명의의 임시 주식 계정calendar account에 묶어두어야 한다".

'임시 계정'이란 무엇일까? 1610년 2월, 처음 숏셀링을 금지하는 규정이 생겼을 때 이런 규칙이 만들어졌는데, 선도 거래로 지분을 사거나 파는 경우 그 거래 내용을 일단 임시 계정에 올려두었다가, 계약 만기일에 정식 계정으로 옮겨적는다. 이것이 자본 계정에 있어서 선도 거래와 현물 거래의 차이였다.

그런데 당시 VOC 암스테르담 사무소의 장부를 살펴보면, 실제로 임시 계정에 거래가 기록된 사례는 거의 없다. 선도 거래는 활발하게 이뤄졌지만 임시 계정을 쓴 사람이 없었다는 것은, 네이키드 숏셀링을 금지하는 규정과 마찬가지로 임시 계정을 사용하라는 규정 역시 트레이더들로부터 무시당했다는 뜻이다.

지분을 담보로 돈을 빌릴 때도 원칙적으로는 임시 계정에 그 거래를 기록해야 했지만 이 역시 잘 지켜지지 않았다. 대신 돈을 빌리는 사람은 항상 임시 계정이 아니라 정식 계정에 지분 거래를 기록했다. 그렇게 하면 돈을 빌리는 것이 아니라 그냥 돈을 받고 지분을 넘긴 것으로 보이게 되는데, 왜 굳이 그렇게 했을까? 돈을 빌려주는 사람들의 요구 때문이었다. 부유층들은 만에 하나 트레이더에게 빌려준 돈을 받지 못할 경우 벌어질 귀찮은 일들을 최소화하려 했다.

아브라함 살바도르Abraham Salvador가 베르나르디누스 모엔스Bernardinus Moens에게 VOC 지분을 담보로 맡기고 받은 대출의 사례가 이를 잘 보여준다. 1671년 8월 1일, 살바도르는 모엔스에게 장부가 3,000길더의 VOC 지분을 담보로 넘겼다. 이 거래는 동인도하우스에 있는 VOC 회계 담당자에 의해 모엔스의 계정에 정식으로 기재되었으며, 그 대가로 살바도르는 14,800길더를 모엔스로부터 빌렸다. 대출 기간은 6개월, 이자는 3%였다.

이걸 현대 금융 용어로 바꿔보자. 모엔스는 장부가 3,000길더인 살바도르의 VOC 지분을 14,800길더에 샀고, 이 지분은 살바도르가 6개월 후 15,540길더에 되사기로(repurchase, repo) 했다. 15,540길더는 원금 14,800길더에 이자 3%를 더한 금액이다. 대출 거래가 있었던 1671년 8월 1일, 거래소에서 VOC 지분은 550에 거래되고 있었다(바로 몇 주 전에 17세기 최고가를 찍은 바 있다). VOC 지분 가격은 항상 장부가 100길더 지분에 대한 값으로 표시되므로, 살바도르가 모엔스에게 넘긴 지분은 실제 시장 가격으로는 16,500길더에 해당한다. 빌린 돈은 14,800길더이므로 담보의 가치는 약 90% 인정받은 셈이다. 그리 나쁘지 않은 거래라고 볼 수 있다.

여기까진 좋은데, 문제는 그다음이다. 얼마 지나지 않아 프랑스 군대의 움직임이 심상치 않다는 뉴스가 암스테르담에 전해졌다. 프랑스 왕 루이 14세가 전쟁을 준비하고 있다는 소문이 돌자 사람들은 동요하기 시작했고, VOC 지분 가격은 민감하게 반응했다. 살바도르의 대출이 만료되는 다음해 2월경에는 지분 가격이 420까지 떨어졌다. 아직 전쟁이 벌어지지 않았는데도(가장 먼저 영국이 네덜란드에게 선전포고한 것은 이로부터 한 달 후였다) 전쟁의 위협만으로도 지분 가격이 거의 1/4이나 줄어든 것이다.

살바도르에게는 심각한 문제였다. 모엔스의 계정으로 옮겨간 지분의 가치는 12,600길더밖에 안 됐다. 이 지분을 팔아도 모엔스에게 진 빚을 다 갚을 수 없었다. 원금에 이자까지, 15,540길더를 채우려면 2,940길더가 비었다.

어쩌면 그 정도 빚은 갚을 수 있었을지도 모른다. 그런데 빚은 이게 전부가 아니었다. 살바도르는 안 로텐에게서도 장부가 6,000길더어치 지분을 맡기고 현금 30,000길더를 빌린 상태였다. 또 호베르트 부에이티에르스와 야콥 부에이티에르스에게 장부가 3,000길더 지분을 주고 빌려온 현금 15,000길더도 갚아야 했다. 전쟁 위기 때문에 VOC 지분의 가치가 이렇게 떨어진 상황에서는 도저히 이 돈을 다 갚을 수 없었다. 살바도르는 '디폴트' 상태에 놓인 것이다.

만기가 되었는데도 돈이 들어오지 않자 채권자들은 공증인 아드리안 로크Adrian Lock를 살바도르에게 보냈다. 마지막 경고였다. 한번 더 돈을 갚을 수 있는 기회를 주되, 그때까지도 갚지 못하면 그때는 "법정으로 갈 것도 없이" 담보로 잡혀 있는 VOC 지분을 처분해버리겠다는 내용이었다.

만일 모엔스와 다른 채권자들이 살바도르에게 돈을 빌려주면서 암스테르담 시의 규정을 글자 그대로 지켰다면, 살바도르가 담보로 맡긴 VOC 지분은 동인도하우스의 회계 장부에서 채권자들의 계정이 아니라 살바도르의 임시 계정에 들어 있었을 것이다. 그랬다면 모엔스 마음대로 지분을 팔아치울 수 없다. 우선 시의회에 신고를 해야 하고, 그러면 시에서 나온 공무원이 VOC의 장부를 검토해 실제로 이런 채무 거래가 있었는지 확인해야 한다. 채권자는 시 공무원의 정식 허가를 받아야만 동인도하우스에 가서 담보로 잡힌 VOC 지분에 대한 소유권을 주장할 수 있었다. 이 모든 과정이 끝나야 모엔스는 거래소에서 지분을 현금화할 수 있었을 것이다. 꽤 많은 시간이 필요한 일이었다. 어쩌면 몇 달이 걸릴 수도 있는 일이었다. 1672년 여름 지분 가격이 300 이하로 떨어졌음을 생각하면 위험할 수도 있었다.

이런 상황이니, 돈을 빌려주는 사람 입장에선 이 모든 규정을 다 지켜가며 원칙대로 일을 처리하는 건 시간 낭비, 에너지 낭비였다. 사고가 터졌을 때 담보로 갖고 있는 VOC 지분을 최대한 빠르고 쉽게 현금화할 수 있다는 보장이 있어야 애초에 돈을 빌려줄 마음이 생길 것이 당연했고, 그래서 돈을 빌려줄 때는 담보를 임시 계정이 아니라 자신의 정식 계정에 올리라는 조건을 걸었던 것이다.

당시에 이미 '리포'라는 개념이 사용됐다는 점이 상당히 현대적으로 들리겠지만, 사실 암스테르담의 VOC 지분 거래에서 가장 현대적인 면모는 바로 회원제로 운영된 트레이딩 클럽이었다. 당시 트레이더들이 거래할 때 모였던 칼버스트라트의 어두운 술집과, 온갖 숫자와 그래프로 가득한 컴퓨터 모니터가 줄지어 있는 현대의 깔끔한 증권거래소는 별 연관이 없다고 생각할 수도 있겠지만, 비공개 회원제로 운영되며 전문적인 트레이더들이 거래를 담당했다는 점에서 17세기 암

세계 최초의 증권 거래소인 카이저 거래소의 중정. 회랑 쪽에서 바라본 모습이다.

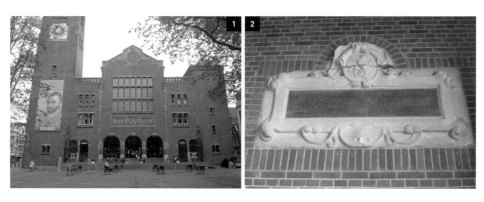

1 1903년 문을 연 베를라흐 거래소. 현재는 전시 공간으로 쓰인다.
2 베를라흐 거래소로 옮겨진 카이저 거래소의 주춧돌. "이 거래소는 상인들의 편의를 위해 신의 축복을 받아 1608년에 세워졌다. 주춧돌은 1608년 5월 29일에 놓여졌다. 첫 모임은 1613년 8월 1일에 있었다"라고 적혀 있다.

스테르담의 트레이딩 클럽과 현대의 증권거래소는 본질적으로 같다. 현대의 증권 거래 역시 라이선스를 받은 소수의 전문 트레이더들 사이에서만 이뤄진다. 아무나 거래소로 저벅저벅 걸어들어가 증권 거래를 할 수는 없다. 일반인이 주식을 사고팔기 위해 내리는 '오더'는 모두 증권거래소가 인가해준 브로커(증권회사)를 거쳐서 처리된다.

지금까지 살펴봤듯 회원제 트레이딩 클럽 안에서 이뤄지는 거래에는 커다란 장점이 있었지만 암스테르담의 증권 거래가 완전히 회원제로 바뀌기까지는 몇백 년의 시간이 더 걸렸다. 17세기와 18세기 내내, 대중에게 개방된 카이저 거래소에서는 누구나 VOC 지분을 사고팔 수 있었고, 거래소 밖 담 광장에서 역시 일반인들 간의 거래가 이뤄졌다. 카이저 거래소의 뒤를 이어 1845년에 문을 연 조커 거래소에서도 누구나 트레이딩 플로어로 들어갈 수 있었다.

1876년에 암스테르담 거래소 협회가 만들어졌고, 그즈음인 19세기 후반부터는 이 협회의 회원들만이 주식 거래를 할 수 있게 됐다. 1903년 거래소가 다시 자리를 옮겼다. 새로 문을 연 베를라흐 거래소에서도 곡물을 비롯한 온갖 상품들이 거래됐는데, 건물 안쪽 구석에 외부에는 공개되지 않는 방이 있어서 그 안에서 주식 거래가 이뤄졌다.

10년 후인 1913년, 드디어 증권 거래만 담당하는 건물이 생겼다. 베를라흐 거래소 바로 옆, 뵈르스플레인 5번지에 들어선 이 증권거래소 건물은 요스 카위퍼스Jos Kuypers라는 건축가가 설계했다. 원래는 베를라흐 거래소에서부터 이어지는 구름다리가 있어서 일반인들도 이 다리를 통해 이 건물 안으로 들어올 수 있었지만, 트레이딩 플로어만큼은 암스테르담 거래소 협회의 회원증을 가진 사람만이 회원 전용

출입구를 통해 들어갈 수 있었다.

뵈르스플레인 5번지 건물은 현재까지도 암스테르담 증권거래소로 쓰이고 있지만, 트레이딩 플로어는 2002년 문을 닫았다. 증권 거래가 완전히 디지털화됐기 때문이다. 디지털 시스템 역시 협회의 허가를 받은 브로커들만이 이용 가능한 건 예전과 다르지 않다.

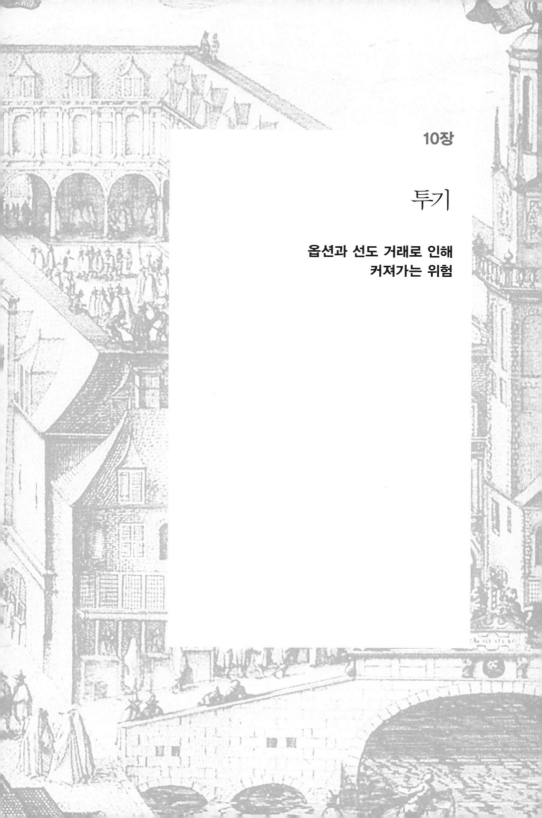

10장

투기

**옵션과 선도 거래로 인해
커져가는 위험**

'로얄 광장'의 뒷방은 후덥지근하고 매캐한 연기로 가득 차 있었다. 무더운 여름에는 불쾌감이 더 심했지만 그래도 '행동주의자들의 모임' 회원들은 매일 이 방을 찾았다. 1678년 8월 8일도 날씨가 더웠다. 그날 저녁 위베르투스 빈스Hubertus Beens는 위베르투스 폴리우스Hubertus Pollius라는 고객의 주문을 받고 VOC 지분을 팔기 위해 '로얄 광장'에 들어왔다. 공기가 잘 통하지 않아 답답한 뒷방에 들어오자마자 그는 모제스 마하도Mozes Machado와 눈이 마주쳤다. 둘은 지분을 사느니 팔겠느니 흥정을 하면서 자연스럽게 프랑스와의 전쟁에 대한 이야기를 나누게 됐다.

네덜란드군이 프랑스군을 국경 밖으로 몰아낸 지도 5년이 지났지만 사람들의 마음속엔 여전히 불안감이 가시지 않고 있었다. 프랑스 군대는 아직 국경선 가까이 주둔해 있었다. 5개월 전인 3월에만 해도 프랑스는 플란더스(지금의 벨기에 북부)에 있는 겐트 시와 이프르 시를 점령했고, 그것은 네덜란드에게도 여전히 큰 위협이었다.

빈스와 마하도는 프랑스의 최신 무기들에 대해서는 관심이 없었고, 네이메헌 시에서 진행되고 있다는 평화 협상이 궁금했다. 빈스는 거래소에 나갔다가 거기서 다른 상인들이 하는 얘기를 들었고, 지역 신문인 〈Amsterdamsche Courant〉 역시 평화 협상에 대한 기사를 싣고 있었다. 협상의 내용은 당연히 비밀이었다. 빈스가 보기에, 마하도는 뭔가 알고 있는 것 같았다.

그렇게 생각할 만한 이유가 있었다. 마하도는 포르투갈계 유대인으로, 원래 이름은 모제스지만 기독교인들과 거래할 때는 안토니오 알바레스 마하도라는 이름을 썼다. 그는 네덜란드군의 고위급 지휘관들은 물론 홀란트 총독인 빌럼 3세와도 연줄이 있었다. 군대에 식량과 각종 물품을 보급하는 일을 맡으면서 신뢰를 쌓은 것이다. 1672년 프랑스와의 전쟁이 발발했을 때부터 전선의 네덜란드군이 먹는 빵과 맥주를 비롯한 모든 보급물자는 마하도의 손을 거쳤다. 심지어 정부에 전쟁 자금을 빌려주기도 했다. 네덜란드 공화국 정부를 위해 일을 하는 과정에서 그는 많은 돈을 벌었다(그가 시골 별장으로 쓰던 대저택이 아직도 위트레흐트 시 인근 마르선Maarssen 마을에 남아 있다). 빌럼 3세는 마하도를 믿고 여러 일들을 상의했다.

빈스는 그런 마하도에게서 전쟁에 관한 정보를 얻어보려고 애썼다. 마하도는 빈스의 예상보다 훨씬 더 자신만만한 반응을 보였다. "며칠 안에 평화조약이 체결될걸세. 그리고 그 뉴스가 전해지면 VOC 지분 가격도 꽤 많이 오를 수밖에 없지." 마하도의 자랑은 여기서 끝나지 않았다. 그는 빈스에게 선도 거래를 제안했다. "만일 평화조약이 한 달 안에 조인되면 나는 자네에게서 장부가 3,000길더의 지분을

405에 사겠네. 만일 평화조약이 9월 5일까지 체결되지 않으면 계약서를 찢어버리고 없었던 일로 하지."

괜찮은 제안처럼 들리지만, 이 말을 한 사람이 다름아닌 마하도라는 게 꺼림칙하다. 마하도는 정보력이 아주 뛰어난 사람이었다. 그는 누구보다 먼저 정치 혹은 군사 관련 소식을 입수했다. 트레이딩에 있어서, 정보를 많이 가지고 있는 사람을 상대방으로 두고 하는 거래는 손해로 끝날 가능성이 높다.

그러나 마하도의 제안은 아주 매력적이었다. 그가 제안한 내용은 지분 가격이 급격히 오를 거라고 가정하고 있다. 8월 8일 기준 가격이 396이었는데 마하도가 405에 사겠다고 한 것만 봐도 그렇다. 거절하기엔 너무 아까운 오퍼였다. 그런데 바로 그 점이 빈스를 망설이게 만들었다. 마하도는 평화조약이 맺어지면 주가가 405보다 더 올라갈 거라고 생각하는 걸까? 그러면 마하도에게 팔지 않고 그냥 가지고 있는 게 나을 수도 있는데.

속으로 고민하던 빈스는 문득 정신이 들었다. 어차피 지금 폴리우스의 주문을 받고 지분을 팔기 위해 '로얄 광장'에 온 것 아니었는가. 무조건 이 지분을 팔아야 한다. 그렇게 생각하니 마음이 좀 편해졌다. 만일 마하도와 선도 거래 계약을 맺은 후에 정말로 네덜란드와 프랑스 간의 평화조약이 맺어진다면? 지금 다른 사람에게 지분을 파는 것보다 더 많은 수익을 고객인 폴리우스에게 전해줄 수 있다. 반대로, 네이메헌에서의 평화 협상이 실패한다면? 그러면 지분 가격이 현재 가격보다 밑으로 떨어질 수도 있겠지만 어차피 마하도와의 계약은 무효가 될 것이다. 빈스는 이 리스크를 감당하기로 했다.

빈스와 마하도는 선도 거래에 합의하고 '로얄 광장'을 떠났다. 네이메헌 협상은 성공적으로 끝났고, 네덜란드와 프랑스는 평화조약에 서명했다. 빈스와 마하도가 '로얄 광장'에서 합의한 지 이틀 후인 8월 10일의 일이었다. 이 소식은 8월 12일에 암스테르담에 전해졌다. 빈스는 뉴스를 듣자마자 마하도를 찾아가 약속대로 지분을 사가라고 했다.

그런데 일은 예상치 못하게 흘러갔다. 마하도가 지분 매입을 거부한 것이다. 그는 빈스에게 '총괄적인 평화조약'이 맺어졌을 때 지분을 사기로 한 것 아니었냐고 주장했다. 8월 10일 네이메헌에서 서명된 평화조약은 네덜란드와 프랑스 사이에만 유효한 것이었다. 당시 스웨덴, 스페인, 그리고 몇몇 독일의 도시국가들도 유럽 곳곳에서 복잡하게 펼쳐졌던 전쟁들을 끝내기 위해 네이메헌에서 동시에 평화 협상에 참여하고 있었는데, 이들은 아직 합의에 이르지 못한 상태였던 것이다. 마하도는 이 모든 나라들이 9월 8일 전까지 평화조약을 맺어야 빈스와 맺은 선도 계약이 효력이 있는 거라고 핑계를 댔다. 9월 8일이 왔지만 여전히 다른 나라들의 평화조약은 맺어지지 않았고, 빈스는 그냥 넘어가기로 했다.

그런데 이 사건에 대해 거의 잊어버릴 때쯤, 9월 말에 마하도가 빈스를 불러서는 지분을 405에 넘기기로 한 선도 계약을 이행하라고 주장했다. 빈스는 마하도가 갑자기 마음을 180도 바꾼 이유를 알고 있었다. 그 한 달 반 정도 되는 시간 동안 시장에서 VOC 지분 가격이 405보다 더 올라 이제는 마하도가 이익을 챙길 수 있는 상황이 된 것이다.

빈스는 당연히 화를 냈다. 기회를 줬을 때 계약대로 지분을 샀어야지, 본인에게 유리하게 상황이 바뀐 다음에야 계약을 들먹이냐며 그는 마하도를 비난했다. 마하도가 소송을 하겠다고 해도 그는 마음을 바꾸지 않았다. 결국 이 사건은 법정으로 넘어갔고, 최종 판결은 3년이 지난 후에나 나왔다. 암스테르담 지방법원도, 그리고 헤이그에 있는 홀란트 주 상고법원도 모두 마하도의 청구를 기각했다.

리스크의 가격

빈스와 마하도가 맺은 계약은 오늘날 '조건부 청구권contingent claim'이라 불리는 선도 거래의 좋은 예다. 이것은 어떤 특정한 사건이 일어나는 경우에만 효력을 발휘한다고 미리 지정해놓는 것으로, 이 사례에서는 평화조약이 그 특정 사건이 된다. 이렇게 특정 조건을 계약에 추가함으로써 VOC 지분 트레이더들은 가격 변동에서 오는 리스크를 적당히 분산시킬 수 있었다.

빈스와 마하도가 맺은 계약의 경우, 네이메헌에서 평화조약이 맺어지느냐 마느냐에 따라 VOC 지분 가격도 움직일 것이었고, 동시에 이 두 명이 짊어져야 하는 리스크도 달라지도록 되어 있었다. 조약이 맺어지지 않으면 계약 자체가 무효가 되므로 마하도에게는 아무런 리스크가 없는 반면, 지분을 계속 가지고 있어야 하는 빈스는 그 기간 동안 지분 가격이 떨어질 경우 손해를 보게 된다. 반대로 평화조약이 맺어지면 가격 변화에 따른 리스크는 마하도가 지게 된다. 물론 손해를 볼 수도 있지만 이익이 될 수도 있다. 8월 초 VOC 지분 가격에는 '평화조약이 맺어질 것 같다'라는 시민들의 희망이 반영되어 있었다. 그 조약의 세부 조건이 네덜란드에게 실망스러운 내용이었다면 VOC 지분 가격은 하락했을 것이고, 반대로 조건이 기대보다 좋다면 가격은 올랐을 것이다. 한편 빈스(정확히 말하면 빈스를 통해 주문을 내린 그의 고객 폴리우스)는 평화협정이 맺어지면 시장에서 VOC 지분 가격이 어떻게 요동치든 상관없이 405라는 정해진 가격에 지분을 팔 수 있었다. 그의 입장에서는 405라는 가격에 안정적으로 매도하는 대신 좀더 큰 돈을 벌 수 있는 기회를 놓치게 되는 셈이다.

이렇게 조건부 청구권이 들어가는 선도 계약은 지분의 가격이 미래에 어떻게 움직일지 예측하기 힘든 시기에 인기가 있었다. 계약을 맺는 두 당사자가 미래의 지분 가격을 다르게 평가할수록, 또 그에 따르는 리스크를 다르게 평가할수록 이런 조건부 청구권이 들어갈 여지가 많아졌다. 이런 종류의 계약은 확실한 장점이 있었다. 트레이더는 조건부 청구권을 이용해 자신이 감당할 수 있는 리스크와 감당할 수 없는 리스크를 정확하게 나누어 그에 따라 계약서를 쓸 수 있었다. 물론 단점도 있었는데, 상대방과 조건을 하나하나 따지는 데 시간이 많이 드는데다 분쟁을 방지하기 위해 정확한 용어로 계약서를 써야 했다. 그래야 프랑스와 네덜란드의 평화조약을 두고 마하도가 '이건 완전한 평화조약이 아니다'라고 문제를 제기했던 것과 같은 상황을 피할 수 있었다.

조건부 청구권 외에도 트레이딩에 따르는 리스크를 줄일 수 있는 방법이 또 있었는데, '옵션option' 거래가 바로 그것이었다. 선도 계약은 정해진 날짜에 반드시 약속한 대로 지분을 팔거나 사기로 하는 계약인 데 반해, 옵션 계약은 계약대로 이행해도 되고 안 해도 되는 두 가지의 '옵션'을 주었다. 돈이 될 때만 옵션 권리를 행사하면 되므로 어렵게 생각할 일은 아니었다.

옵션을 사는 사람은 이런 선택권을 가지는 대가로 파는 사람에게

'프리미엄'을 줘야 했다. 옵션 거래에서는 옵션을 파는 사람을 '발행자writer'라고 부른다. 기본적으로 옵션은 보험과 같다. 미래에 생길 수 있는 특정한 위험에 대비해 보험료를 내는 것이다. 미리 정해놓은 가격으로 내가 가진 지분을 미래에 팔 수 있는 옵션을 샀다고 하자. 이를 '풋옵션put option'이라고 부르는데, '풋옵션'을 산 사람은 가격이 떨어질 때를 대비해 보험을 들어놓은 것으로 볼 수 있다. 반대로 옵션을 파는 사람은 프리미엄을 받는 대신, 옵션 행사 기간 중 가격 변동에 따른 리스크를 구매자 대신 짊어지게 되는 것이다.

예를 하나 들어보자. 1671년 10월 22일, 마누엘 멘데스 플로레스가 요세프 프란시스에게 '풋옵션' 계약을 하나 사고 585길더를 프리미엄으로 지급했다. 이 계약에 따르면 멘데스 플로레스는 약 9개월 후인 1672년 8월 1일에 자신이 보유하고 있는 장부가 3,000길더의 지분을 프란시스에게 팔 수 있었고, 이때 적용되는 가격은 500이었다. 멘데스 플로레스에게는 지분을 팔아도 되고 팔지 않아도 되는 권리가 있다. 만일 계약 발효일인 1672년 8월 1일, VOC의 지분의 시장 가격이 500보다 높다면 멘데스 플로레스가 괜히 500에 지분을 팔 이유가 없다. 현대 증권 용어로 하면 '외가격out of the money' 상황이다.

그런데 실제로는 8월 1일 지분 가격이 340으로 떨어져 있었다(앞서 말했듯 1672년은 네덜란드가 여러 나라를 상대로 전쟁을 치르기 시작한 해다). 이런 경우 이 옵션이 '내가격in the money' 상황이 되었다고 말한다. 멘데스 플로레스는 당연히 프란시스에게 옵션 권리를 행사해, 자신의 지분을 500에 처분했다. 이렇게 옵션 가격(500)과 시장 가격(340)의 차이로 멘데스 플로레스가 번 돈은 4,800길더다. 처음에 옵션을 살 때 프란시스에게 줬던 프리미엄을 제외하고서도 4,215길더를 남긴 것이다.

이렇게 옵션 계약을 이용하면, 지분 거래에 따르는 리스크 자체에 가격을 매기고 거래할 수 있었다. 멘데스 플로레스와 프란시스의 사례를 보자. 처음에 계약서를 쓰면서 프란시스는 멘데스 플로레스에게서 585길더의 프리미엄을 받았다. 이는 VOC 지분 가격이 500 밑으로 떨어질 수도 있다는 리스크를 가져가는 대가로 받은 돈이다. 반대로 멘데스 플로레스는 이런 리스크를 안고 있는 것보다는 차라리 585길더를 미리 내는 게 낫다고 생각했기 때문에 옵션 계약을 맺었다.

모든 옵션 거래는 이렇게 양측이 각각의 리스크의 가격을 매기는 행위다. 옵션을 파는 트레이더는 '내가 이런 리스크를 짊어지는 대가로 얼마를 요구해야 할까' 생각할 것이다. 이때, 각 개인의 성격에 따라, 리스크를 얼마나 짊어질 각오가 되어 있느냐 하는 것이 프리미엄 가격의 차이를 가져왔다. 여기엔 과학적이고 분석적인 방법이 아니라 트레이더 개개인의 육감이 크게 작용했다. 현대의 증권가에서는 통계학 기반의 옵션 가격 모델이 널리 쓰이지만, 17세기에는 그런 모델이 알려져 있지 않았다. 옵션 가격 결정이 체계적으로 결정되기 시작한 건 1973년 경제학자 피셔 블랙Fischer Black과 머튼 숄즈Merton Scholes 가 '블랙-숄즈 모델'이라는 방법론을 개발한 이후부터다. 그전까지는 다들 육감에 따라 옵션의 가격을 매겼다.

다시 1671년 10월, 멘데스 플로레스와 요세프 프란시스의 이야기로 돌아가보자. 프란시스의 경우, 육감 외에 뭔가 다른 이유 때문에 옵션 거래에 뛰어든 것이 틀림없다. 당시 기록을 살펴보면 그는 옵션을 발행해서 급하게 돈을 마련해야 할 이유가 있었던 것 같다. 멘데스 플로레스에게 팔았던 '풋옵션' 외에, 그는 10월과 11월 2달 동안 2개의 옵션을 더 팔았다. 그중 하나는 특정 가격에 지분을 살 수 있는 옵션, 즉 '콜옵션'이었고 다른 하나는 특정 가격에 지분을 팔 수 있는 '풋옵션'이었다. 이렇게 '콜옵션'과 '풋옵션'을 하나로 묶어서 파는 것을 현대에는 '스트래들 straddle'이라 부른다. 17세기에는 스트래들이라는 명칭은 존재하지 않았지만, 어쨌든 이렇게 옵션 두 개를 묶어서 사는 사람들이 종종 있었다. 미래에 지분 가격이 아주 많이 움직일 것 같기는 하지만 오를지 떨어질지 예측하기 어려울 때 이런 '스트래들'을 샀다. 파는 사람 입장에서 보면 가격이 크게 변하지 않고 비슷한 수준을 유지해야 이익이었다.

프란시스가 '스트래들'로 묶인 옵션들을 팔았다는 것은, 그가 옵션 만료 시점까지 VOC 지분 가격이 크게 변하지 않으리라 예상했기 때문이라고 추측해볼 수 있다. 그런데 프란시스에겐 그보다도 당장 받을 수 있는 프리미엄이 더 중요했던 것 같기도 하다. 프리미엄은 우습게 볼 액수가 아니었다. 10월 26일 라파엘 두아르테에게 팔았던 '옵션 스트래들'의 프리미엄은 1,200길더였다. 이 돈은 프란시스의 암스테르담 은행 계좌에 입금됐다. 한 달 후 야콥 누네스 헨리크Jacob Nunes Henriques와 모제스 누네스 헨리크Mozes Nunes Henriques에게 또다른 '옵션 스트래들'을 팔면서 그는 프리미엄으로 1,500길더나 받았다.

앞서 멘데스 플로레스에게 판 옵션까지 더해서 프란시스는 총 3개의 옵션('풋옵션' 1개, '스트래들' 2개)을 팔고 그 대가로 3,285길더를 벌었다. 불과 한 달 사이에 올린 짭짤한 수익이었다. 어려운 일도 아니었다. 그저 계약서 세 장을 만들어 서명을 했을 뿐이다. 너무나 쉽게 번 돈이었고, 이후 몇 달 동안은 리스크에 대해 걱정할 필요도 없었다.

하지만 운명의 날은 언젠가는 오고 만다. 1672년 8월 1일, 마침내 옵션들의 만료일이 닥쳤다. 그동안 VOC 지분 가격은 폭락해 있었고, 옵션 구입자 3명에게 프란시스가 줘야 할 돈은 11,115길더가 되어 있었다.

이만한 손해를 감당할 수 있는 재력이 프란시스에겐 없었고, 계약 상대방들도 그걸 알고 있었다. 8월 1일 아침이 밝자마자 두아르테, 헨리크, 플로레스는 공증인 아드리안 로크를 프란시스의 집으로 보내 세 장의 계약서를 다시 한번 읊게 했다. 프란시스는 집에 있었다. 공증인이 세 장의 계약서 낭독을 마치자, 프란시스는 아무 의미 없는 대답을 했다. "잘 보고 들었습니다."

그리고 그날 이후, 종적을 감췄다.

리스크를 대하는 태도의 차이

네덜란드의 곡물 무역상들은 이미 1550년대부터 옵션 계약을 사용해왔다. 흉년이 들 때를 대비해 보험을 들어두는 것이다. 기업의 지분에 대한 옵션 거래는 이로부터 100여 년이 지난 후에 등장했다. 기록에 남아 있는 최초의 기업 지분 옵션 거래는 1660년 1월 루이 트립이라는 사람의 것이다. 그는 무기 상인이었다. 루이와 그의 형 헨드릭 트립은 동인도하우스 맞은편에 '트립의 집'이란 뜻의 저택 '트리펜하위Trippenhuis'를 지은 걸로 유명한데, 이 건물은 1812년부터 현재까지 네덜란드 왕립 예술과학원으로 쓰이고 있을 정도로 웅장하다.

물론 트립 형제 이전에도 회사 지분을 놓고 옵션을 거래한 사람들이 있었을 수 있지만, 적어도 기록상으로는 이들이 최초다. 또한 옵션을 발행하는 브로커들에게 주는 커미션은 1689년에야 등장했으니 옵션 거래는 17세기 후반에 와서야 활발해졌다고 볼 수 있다.

이는 꽤 늦은 시점이라 할 수 있다. VOC는 1602년 설립되어 바로 그다음 해부터 시민들 사이에서 그 지분이 활발히 거래되어왔고, 선도 거래와 '리포' 역시 수십 년 이상 활발하게 사용되었으니 말이다. 유독 옵션 거래만 이렇게 뒤늦게 활성화된 것은, 옵션이 일반인들에게는 다소 복잡한 개념이기 때문일 것이다. 옵션에 비하면 선도 계약이나 리포는 개념이 아주 간단하다. 이들은 값을 치르지 않고도 먼저 살 수 있게 해주는 '파생상품'이지만, 옵션은 다르다. 옵션은 한 개인이 가격 변동에 대한 리스크를 어떻게 평가하는지, 또 그 리스크를 대체하기 위해 얼마큼의 프리미엄을 지불할 수 있는지에 대한 상품이다. 책 『혼란 속의 혼란』에서 투자전문가는 2명의 초보자들에게 옵션 거래부터 시작하라고 조언하지만, 실제로 경험이 적은 비전문가들이 옵션 거래에 발을 담그기는 무척 어려웠다.

어쨌든 1650년쯤에는 옵션 거래를 능숙하게 사용하는 트레이더들의 수가 꽤 늘어났다. 이들 대부분은 장기 보유가 아니라 투기를 목적으로 지분을 거래하는 전문 트레이더들이었고, 상당수는 포르투갈계 유대인이었다. 이들은 매일같이 거래소와 '로얄 광장'에서 열리는 회원제 트레이딩 클럽에 들렀다. 업계가 어떻게 돌아가는지 잘 알고 있었고, 또 언제나 VOC 지분의 가격 변동을 관찰하고 있었기 때문에 옵션 거래를 하는 것이 좋은지 아닌지도 스스로 잘 판단할 수 있는 사람들이었다.

이렇게 단기 투자를 선호하는 투기 목적의 전문 트레이더들과 지분을 장기 보유하려는 일반 주주들은 리스크를 감당하는 성향이 서로 다르다. 요즘 금융업계 용어로 말하자면 '리스크 프로파일risk profile'

이 다른 것인데, 일반 주주들은 기본적으로 리스크를 싫어한다. 이들은 회사가 주는 배당을 받는 것이 투자의 주목적이며, 지분 가격이 너무 급격하게 변하는 것을 원치 않는다. 지분의 가격이 출렁거린다는 것은 곧 자신의 재산 가치가 출렁거린다는 뜻이기 때문이다. 이와 반대로 전문 트레이더들은 지분 가격이 많이 움직일수록 그 가격 변동을 잘 노려 돈을 벌 기회를 찾는다.

이렇게 사람마다 리스크에 대한 판단이 다르기 때문에 옵션 거래가 유용하게 쓰일 수 있다. 옵션 계약은 기본적으로 같은 리스크를 놓고 두 사람의 판단에 차이가 있어야 성립이 가능하다. 한 사람은 보험료를 내더라도 리스크를 피하기를 원하고, 다른 한 사람은 리스크를 감수하는 대신 보험료 수입을 올리기를 원할 때 거래가 이루어지는 것이다. VOC가 설립되고 얼마 되지 않았던 17세기 초반에는 대부분의 투자자들이 장기 투자자에 해당하는 '리스크 프로파일'을 갖고 있었으므로, 옵션 계약이 생겨날 여지가 거의 없었다.

이제 리스크를 거래한다는 것이 실제 트레이딩에서 어떤 모습으로 나타나는지 살펴보자. 다행히 17세기 당시 옵션 거래에 대해 자세한 기록을 남긴 사람이 있다. 요세프 되츠Joseph Deutz다.

요세프 되츠는 유산으로 엄청난 재산을 물려받았다. 그의 부모는 이미 얘기한 바 있는 얀 되츠와 엘리사베트 코이만스 부부다. 요세프 되츠는 부모가 준 돈을 더 크게 불렸다. 스웨덴에서 역청(배에 바르는 끈적끈적한 방수물질)과 타르를 수입하는 사업을 해서 성공했고, 나중에는 은행업도 시작했다. 당시 그의 재산은 약 89,000길더였던 것으로 추정된다. 2006년 한 연구자가 네덜란드의 황금시대였던 17세기의 부자 250명의 리스트를 발표했는데, 요세프 되츠는 전체 순위에서

25세 무렵의 요세프 되츠. 17세기 당시 옵션 거래에 대한 기록을 남긴 인물로 엄청난 자산가였다.

101위를 차지했다.* 그는 암스테르담에서 가장 비싼 동네인 헤렌흐라흐트 운하 '황금의 커브' 지역에 화려한 저택을 짓기도 했는데, 폭이 다른 건물의 2배인 이 저택은 필립스 빙분스Philips Vingboons가 설계했다. 헤렌흐라스트 450번가에 있는 이 건물은 바로 얼마 전까지 도이치뱅크의 네덜란드 지사 사무실이었고, 지금은 고급 임대 사무실로 쓰이고 있다.

'황금의 커브'에 있는 헤렌흐라흐트 450번가 저택 외에도 되츠는

---

* 사실 되츠가 생전에 보유했던 VOC 지분의 가치만도 89,000길더가 훌쩍 넘는다. 이 순위를 매긴 역사학자들이 재산을 과소평가했거나, 혹은 되츠가 말년에 VOC 지분을 가족에게 양도한 후에 남은 재산만으로 추산한 것 같다. ― 원주

공화국 정부가 발행한 채권도 상당량 보유하고 있었을 뿐 아니라, 렘브란트를 비롯한 유명 화가들의 그림을 모으기도 했다(렘브란트의 그림들은 여전히 되츠 가문 후손들의 개인 소유이며 매년 단 며칠만 일반에 공개된다). 세를 받았던 프린센흐라흐트prinsengracht 운하 변의 주택들과 VOC의 지분 역시 그의 재산 목록에 들어 있었다.

되츠는 그가 사거나 발행한 모든 옵션 계약들을 기록해뒀다. 계약이 체결된 가격과 날짜, 그리고 거래된 프리미엄의 액수도 꼼꼼히 적었는데, 그 장부에는 심지어 그가 가지고 있던 지분이 본인의 것인지 '리포' 계약에 대한 담보로 받아서 임시로 보유하고 있는 것인지도 구분되어 있었다. 이런 정보들을 종합해보면 그가 왜 옵션 거래에 참여했는지를 알아낼 수 있다.

예를 들어 1675년 3월 12일, 되츠는 5건의 '콜옵션'을 샀다. '콜옵션'은 미리 정해놓은 가격으로 미래의 특정 날짜에 지분을 살 수 있는 권리다. 각각의 '콜옵션'은 장부가 3,000길더의 VOC 지분을 놓고 맺어졌는데, 계약 상대는 모두 포르투갈계 유대인들이었고 그중 셋은 이 책에도 등장한 바 있다. 이들의 이름은 로드리고 디아스 헨리크, 마누엘 멘데스 플로레스, 안토니오 로드리기스, 사무엘 데 엘리사 아브라바넬, 요세프 혼살베스 데 아세베도였다.

5건의 '콜옵션'은 모두 행사 가격이 450이었다. 행사일은 1675년 5월 1일이었으니 계약 시점에서 약 50일 후였다. 다시 말해 장부가 3,000길더의 지분 5개를 1675년 5월 1일에 각각 450의 가격에 살 수 있는 권리를 가지게 된 것이다. 그 대가로 되츠는 3명에겐 180길더씩, 나머지 2명에겐 165길더씩 해서 총 870길더의 프리미엄을 지불했다.

만일 5월 1일의 VOC 지분 가격이 450보다 낮다면 되츠는 옵션 권리를 행사하지 않고 그냥 만료되게 놓아둘 것이다. 이미 지불한 프리미엄은 손해로 남게 된다. 반대로 그날 VOC 지분 가격이 450보다 높아지면 되츠는 지불한 프리미엄보다 훨씬 많은 돈을 벌 수 있었다.

되츠 같은 부자가 왜 이런 계약을 맺었을까? 3월 12일 VOC 지분 가격은 447에 머물고 있었고, 이 시점에서 그는 이미 장부가로 무려 36,000길더나 되는 VOC 지분을 보유하고 있었다. 이런 점들을 종합해보면 되츠는 리스크를 줄이기 위해 '콜옵션'을 산 게 아니라 가격이 오를 것으로 보고 도박을 걸었던 것 같다. 5명의 계약 상대들은 무슨 생각으로 이런 옵션을 팔았는지 알 수 없지만 아마도 되츠와 달리 VOC 지분 가격이 450 위로 올라가지는 않을 거라는 기대가 있었을 것이다.

되츠가 항상 이렇게 옵션을 도박처럼 구입한 것은 아니다. 가격의 변동에 대한 확신이 없을 때는 갖고 있는 VOC의 지분 가치를 보호하기 위해 보험을 들듯 옵션을 사거나 팔기도 했다. 1678년 5월 4일의 경우를 보자. 그는 행사 가격이 340, 행사일이 그 해 8월 1일인 옵션을 발행해서 팔았다. 보통 그렇듯이 계약의 대상은 장부가 3,000길더의 지분이었다. 옵션을 산 사람은 길리암 벤투린이라는 사람이었다. 되츠가 벤투린에게서 받은 프리미엄은 360길더였다(1675년에서 1678년 사이에 되츠는 갖고 있는 VOC 지분을 상당량 처분했다. 그가 가진 지분의 장부상 가치는 이제 8,090길더였다. 이날 지분의 시장 거래 가격이 319였으므로 이 지분의 실제 가치는 25,807길더였다.)

되츠가 한 것처럼 지분을 실제로 보유하고 있으면서, 행사 가격이 현재 시장 가격보다 훨씬 높은 '콜옵션'을 만들어서 파는 행위를 지금은 '커버드 콜covered call'이라 부른다. 이렇게 하면 단기간의 가격 변동에 대한 보험을 들 수 있다. 만일 옵션이 만료되는 8월 1일까지 VOC 지분 가격이 떨어졌다고 하자. 그러면 되츠가 기존에 보유하고 있는 지분의 가치가 하락하지만, 그 대신 '콜옵션'을 팔아서 받았던 프리미엄으로 손해의 일부를 커버할 수 있다. 반대로 VOC 지분 가격이 340 이상으로 올라가면? '콜옵션'을 사간 벤투린은 당연히 340에 지분을 사는 옵션을 행사할 것이니 되츠는 그만큼 손해를 본다. 하지만 기존에 보유하고 있는 지분 가치가 올라가므로 그 손해를 일정 부분 커버할 수 있다. 마지막으로 VOC 지분 가격이 오르긴 하지만 340을 넘지는 않는, 즉 319에서 340 사이에 머무르는 경우는 어떻게 될까? 이것은 베스트 시나리오다. 이런 상황이라면 벤투린은 '콜옵션'을 행사하지 않을 것이며, 되츠가 보유하고 있는 지분 가치만 올라갈 것이다. '커버드 콜'은 이렇게 지분 가격 변동에 따르는 충격을 줄여주는 효과가 있었다.

레버리지로 하는 도박

방금 들었던 '커버드 콜'의 예처럼 17세기의 트레이더들은 옵션 같은 파생 금융상품을 잘 사용해서 리스크를 커버하기도 했지만, 사실 이들이 옵션을 사용했던 주된 이유는 대부분 좀더 큰 리스크를 가져오기 위해서였다. 큰 리스크를 감수한다는 건 그만큼 큰돈을 벌 수 있는 기회를 갖는다는 뜻이다. 트레이더들은 옵션 같은 파생상품이 가져다주는 '레버리지(지렛대)' 효과를 좋아했다. '레버리지'란 돈을 추가로 투자하지 않은 채 지렛대 효과를 통해 리스크만 확대하는 행위를 이른다. 17세기 암스테르담에선 옵션뿐 아니라 선도 거래와 '리포' 역시 '레버리지' 효과를 내는 데 쓰였다.

먼저 들었던 되츠의 옵션 거래 사례를 보자. 1675년 3월 그는 장부가 36,000길더어치의 VOC 지분을 갖고 있었지만, 이를 더 늘리고 싶어서 5개의 '콜옵션'을 샀다. 각각 장부가 3,000길더의 지분이었다. 만일 이 5건의 권리를 모두 행사하면 그의 VOC 지분은 장부가 51,000길더로 불어날 것이다. 지분 가격이 떨어지면 옵션은 행사하지 않고 원래부터 갖고 있던 지분에 대한 가격 하락분만 감수하면 된다.

선도 거래 역시 투자 포트폴리오의 '레버리지'를 높이는 데 아주 효과적이었다. 선도 거래는 미래의 어느 시점에 약속한 금액으로 사겠다는 약속이다. 일단 약속만 하는 것이므로 정해놓은 날짜에 도달하기 전까지는 당장 돈을 써야 할 일이 없다. 그러니 적어도 이론상으로는 원하는 만큼 얼마든지 선도 계약을 맺을 수 있다. 맺어놓은 선도 계약이 쌓일수록 가격 변동에 대한 리스크도 커진다. 즉, '레버리지'가 늘어난다. 그런데 옵션과는 달리 선도 거래의 리스크는 양쪽 방향으로 다 작용할 수 있다. 선도 거래로 지분을 산 사람은 지분 가격이 오르면 이익을 보고, 가격이 떨어지면 손해를 본다.

선도 계약을 많이 사면 당사자뿐 아니라 그 사람과 거래하는 상대의 리스크 역시 커진다. 지분 가격이 크게 떨어질 경우 '레버리지'를 너무 많이 높여놓은 트레이더는 눈덩이처럼 불어나는 피해를 감당하지 못해 파산할 위험이 있고, 상대방 입장에서는 돈을 받지 못할 가능성이 높아진다. 이런 파산 리스크는 옵션을 발행하는 트레이더들 역시 안고 있다. 짧은 기간에 너무 많은 수의 옵션을 발행했다가 가격이 예상치 못한 방향으로 급격히 움직여버리면 발행자는 큰 손실을 입게 되는 것이다. 옵션을 많이 발행할수록 파산할 위험도 커진다.

그렇기 때문에, 계약을 중개하는 브로커들은 각각의 트레이더들이 얼마큼의 옵션과 선도 계약에 노출되어 있는지를 파악하려고 애를 썼다. 누군가 너무 용감하게 많은 옵션, 선도 거래를 하고 있다고 생각되면 브로커는 고객에게 그런 사람을 연결시켜주지 않았다. 하지만 그전에 고객과 계약을 맺은 사람이 이후 다른 계약들을 늘려가며 '레버리지'를 높이는 것은 막을 방법이 없었다.

'행동주의자의 모임' 같은 회원제 트레이딩 클럽에서는 이런 문제를 부분적으로나마 예방할 수 있었다. 이런 클럽에서는 회원 모두가 서로를 너무 잘 알고, 또 얼마만큼의 리스크를 지고 있는지도 파악이 가능하다. 또 서로 수많은 거래로 엮여 있기 때문에 '레버리지'를 지나치게 높였다가 파산했을 때 겪을 파장에 대해서도 미리부터 조심을 한다. 하지만 암스테르담에서 활동하던 모든 VOC 트레이더들이 이런 트레이딩 클럽에 소속된 건 아니었다. 그러니 일반적인, 클럽 외부의 거래에 있어서도 계약 상대가 너무 무모하게 '레버리지'를 높이는 걸 막고 그에 따른 피해를 예방하기 위한 방안이 필요했다.

이는 아주 민감한 문제였고, 당장은 뾰족한 해결책이 나오지 않았다. 옵션 혹은 선도 계약 기간 도중에 가격 변동이 크게 일어날 경우 어떻게 행동해야 하는지를 계약 조항 안에 넣어둔다면 손해를 줄일 수 있을 것이었다. 18세기에 맺어진 선도 계약 중에는 실제로 그런 경우가 있었다. 계약 기간 중에 VOC의 지분 가격이 10% 이상 변하면 중간 정산을 해야 한다는 조항을 넣어 손해가 커질 것 같은 상황에서 미리 액션을 취하게 만드는 것이었다.

이런 원칙은 현대의 선물futures 시장에서도 쓰이고 있다. 물론 구체적인 방식은 조금 달라서, 현대의 선물 계약은 트레이더들 사이에서 직접 거래되는 경우가 거의 없고 대부분 중간 매개자를 거친다. 어떤 나라에서는 증권거래소가 이 중개인 역할을 하고, 암스테르담 금융시장에는 이 일만을 담당하는 청산기관 clearing agency이 따로 있다. 트레이더들은 중앙 청산기관을 통해서만 선물 계약을 사고팔 수 있으며, 모든 트레이더들은 이 중앙 청산기관에 신용계좌 margin account를 만들어두고 일정 금액의 증거금을 넣어둬야 한다. 매일 장이 마감되면 트레이더는 그날 자신이 입은 손해만큼을 이 신용계좌에 채워넣어야 하고, 반대로 거래에서 이익을 본 날이면 그만큼 인출해갈 수 있다. 이렇게 하면 각 트레이더들이 계약을 이행할 수 있을 만큼 재정적 여력이 있는지 어떤지를 상시적으로 모니터링할 수 있고 파탄에 이르기 전에 상황을 수습하게 할 수 있다. 그럼에도 불구하고 어느 트레이더가 더이상 계약을 이행할 수 없는 파산 상태에 이르면 그가 입은 손해는 일단 중앙 청산기관이 대신 떠안은 다음 모든 회원 트레이더들이 이 손실을 똑같이 나눈다. 이렇게 하면 1명의 파산이 지나치게 큰 파장을 불러오는 걸 막을 수 있다.

17세기의 상인들은 증거금이나 신용계좌를 사용하지 않았다. 이런 방법으로 파산의 리스크를 줄일 수 있다는 생각조차 못했을 수도 있고, 생각은 했지만 실제로 실행할 수 있는 방법을 찾지 못했을 수도 있다. 신용계좌와 증거금을 이용한 리스크 조절을 하려면 중앙 청산기관의 역할을 해줄 사람이 필요한데, 브로커들이 이런 역할을 하기에 딱 적합했을 것이다. 브로커들은 당사자가 아니라 제3자의 입장으로 거래에 참여하기 때문이다. 하지만 브로커들은 한 번도 이런 임무를 맡지 않았다.

또다른 추측도 가능한데, 선도 거래를 하는 트레이더들 본인들이 이런 안전장치를 원하지 않았을 수도 있다. 신용계좌와 증거금 제도를 도입하면 아무래도 지켜야 할 규정과 절차가 많아진다. 선도 거래라는 것 자체가 VOC 지분을 거래할 때 생기는 거추장스러운 행정 절차들을 피해가기 위해 고안된 것이니만큼, 괜히 다른 규정을 만들어 일을 복잡하게 만들고 싶지 않았을 것이다.

어떤 이유에서든, 현대의 선물 거래에 쓰이는 것과 같은 안전장치는 도입되지 않았다. 계약 당사자들 간의 대금 결제는 항상 계약 만료일이 다 되어서야 이뤄졌다. 따라서 모든 선도 계약은 상대가 계약대로 이행하지 않을 리스크를 수반하고 있었다. 이런 리스크 때문에 계약 상대를 찾지 못하는 경우, 트레이더들은 '리포'를 이용했다. '리포' 역시 트레이더가 약간의 돈으로 큰 지분을 살 수 있게 해주는 장치였고, 바로 그 지분을 담보로 맡기기 때문에 돈을 빌려주는 사람도 리스크를 줄일 수 있었다.

17세기 후반, '리포' 대출은 암스테르담 부자들 사이에서 인기있는 재테크 상품이 됐다. 당시 네덜란드가 무역으로 부유해지면서 암스테르담에 부자의 수가 늘어났지만 이들이 안전하게 재산을 투자할 만한 곳은 많지 않았다. 홀란트 주 정부가 발행하는 채권은 안전하고 이자 수익도 괜찮은 편이었지만 발행량이 한정돼 있었다. 그래서 VOC 지분을 담보로 받고 이자수익을 올릴 수 있는 '리포'가 부유층이 선호하는 투자 대안이 됐다. '리포'를 파는 자산가들은 '헤어컷(담보 할인율)'을 신중히 설정하기만 하면 자신에게 돌아오는 리스크를 최소화한 상태에서 대출이자를 받을 수 있었다. '리포'에는 또다른 장점도 있었는데, '리포' 계약의 근간이 되는 VOC 지분은 언제고 쉽게 팔아버릴 수 있다는 점이었다. 채무자가 도망가버리면 담보로 받은 지분을 쉽게 현금화할 수 있었다.

어떤 면에서 '리포'와 선도 거래는 경쟁관계에 있다고도 볼 수 있었다. '리포' 대출을 해주던 부자들은 트레이더들이 선도 거래보다 '리포'를 더 많이 이용하게 하려고 이자율을 점점 낮춰줬다. 선도 거래에 드는 비용이 상당히 적은 편이었기 때문에 '리포' 역시 이자를 많이 받을 수는 없었다. 그 결과 VOC 지분을 담보로 하는 '리포' 거래의 이자율은 4% 미만으로 내려갔다. 참고로, 당시 가장 안정적인 투자 자산으로 여겨졌던 홀란트 주 발행 1년 만기 채권이 연 4%의 이자를 지급하고 있었다.

'리포' 이자가 낮아지니, 선도 거래로 충분히 지분을 거래할 수 있었던 트레이더들도 점점 더 '리포'의 이용을 고려하기 시작했다. 예로 니무스 펠터르스가 그런 사람의 하나였다. 펠터르스는 돈도 많고 암스테르담 상인 사회에서 평도 좋았기 때문에, 원하기만 하면 선도 거래를 해줄 사람을 찾기가 어렵지 않았다. 그래서 그는 1676년 10월 선도 계약을 맺기 전에 '리포'를 할까도 진지하게 고려했다. 이는 그가 미델뷔르흐에 있던 비즈니스 파트너 피에르 마카레에게 보낸 편지에 잘 나타나 있다. "(리포로) 돈을 빌려서 4%, 심지어 3.5%만 이자를 낸다고 해도, 선도 계약을 맺는 게 나을 것 같아. 왜냐하면 '리포'는 장부가 3,000길더의 지분을 맡겨도 최대 11,000길더까지만 빌릴 수 있거든. 나머지는 내가 마련해야 해."

다시 말해 펠터르스는 '리포'에 적용되는 '헤어컷' 때문에 '리포'가 아닌 선도 거래를 택했다. 과연 그 차이는 얼마였을까. 장부가 6,000길더의 지분을 1달 후 만기되는 선도 거래로 사면서, 그는 당시 시장 가격보다 2% 높은 값에 합의했다. 즉 6,000길더의 2%인 120길더가 거래 비용으로 들어간 셈이다.

만일 그가 '리포'로 지분을 사기로 결심했다면, 장부가 6,000길더의 지분을 담보로 맡기고 22,000길더까지 현금 대출을 받을 수 있었을 것이다. 그리고 1달 동안 22,000길더의 3.5%(연간 이율 기준)에 해당하는 83길더를 이자로 내야 했을 것이다. 여기까지 보면 '리포'가 비용이 더 적게 들어가는 것 같지만, 22,000길더로는 그만한 지분을 살 수가 없다. 당시 시장에서 VOC 지분의 가격은 454였다. 그러니 펠터르스에게 필요한 돈은 27,240길더(6,000×454/100)다. '리포' 대출을 받고도 여전히 모자라는 5,240길더를 어디 다른 곳에서 빌려와야 하는 것이다.

정리하자면, 선도 거래를 택할 경우의 비용은 120길더, '리포'를 택하면 83길더의 '리포' 대출 비용에 추가 대출 비용이 더 들어간다. 만일 펠터르스가 6.67%의 이자로 어디에서든 무담보 대출을 받을 수 있었다면 이 경우 역시 총 비용이 120길더가 되겠지만, 알다시피 담보 없이 대출을 받으려면 높은 이자를 내야 한다. 6.67%로 무담보 대출을 받기는 어려웠다.

펠터르스는 부자였고 평판도 좋은 상인이었기 때문에 어쩌면 6.67% 아래로 돈을 빌릴 수 있었을 수도 있다. 하지만 비용적인 측면 외에도 다른 귀찮은 일들이 있었기 때문에 그는 '리포'가 아닌 선도 계약을 택했을 것이다. '리포'를 택할 경우, 동인도하우스에 가서 지분을 2번이나 명의 이전해야 한다. 담보로 맡길 지분을 대출자에게 넘길 때 한 번, 그리고 나중에 돈을 갚고 담보를 찾아올 때 또 한 번. 대출 자체도 2번을 따로 받아야 하는데다 그 과정에서 돈도 여러 번 오가야 하므로 번거롭다. 그러니 아무래도 '리포'보다는 선도 계약을 택하게 된 것이다.

17세기 암스테르담의 VOC 지분 트레이더들은 자신들이 하는 게임이 꽤나 위험하다는 걸 잘 알고 있었다. 투기 성향을 가진 전문 트레이더들이 담 광장이나 거래소보다는 상호 간 신뢰가 깊은 회원제 트레이딩 클럽을 선호하게 된 건 우연이 아니다. 그런 곳에서는 또 '레버리지'를 너무 많이 쓰는 트레이더라고 소문이 나기 시작하면 선도 거래보다 '리포'를 찾는 경우도 점점 늘어났다. 자신의 선도 계약을 받아줄 상대를 찾기가 힘들어지기 때문이다.

하지만 종종 지분 투자에 대한 유혹이 너무 커지면 곧잘 주의력이 떨어지곤 했다. 1671년, VOC가 주주들에게 사상 최대 규모의 배당금을 지급하자 주가도 최고치를 넘겼다. 시장에는 낙관론이 넘쳐흘렀고, 누구나 이 바닥에 발을 담그고 싶어했다. 많은 트레이더들이 리스크가 큰 계약들을 연이어 사들이며 포트폴리오의 '레버리지'를 계속 높여갔다.

두말할 필요도 없이 이런 상황은 영원히 지속될 수 없었다. 거품이 꺼지는 데까지 그리 오랜 시간이 걸리지 않았다.

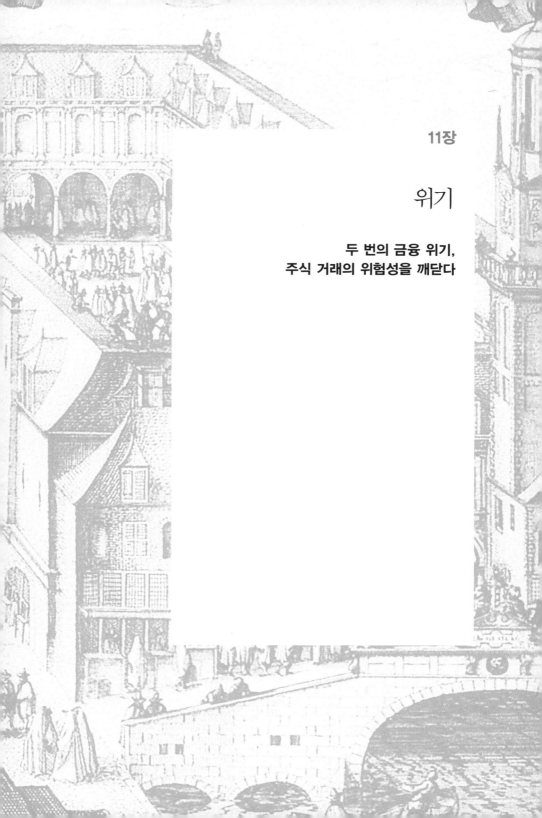

11장

위기

**두 번의 금융 위기,
주식 거래의 위험성을 깨닫다**

1672년의 봄과 여름은 공증인 아드리안 로크의 커리어에서 가장 바쁜 시기였다. 전쟁에 휩싸인 네덜란드 공화국이 사방에서 적과 싸우는 동안, 로크는 증인이 되어줄 조수 2명을 데리고 VOC 지분 트레이더들의 집을 오가느라 바빴다. 대문을 두드리고, 사람이 나오면 내용증명서를 읽어주고, 바로 다음 집으로 이동했다.

5월 18일에는 4곳을 들렀다. 다행히 모두 유대인 지구에 몰려 있었다. 처음 3명은 집에 없었다. 미구엘 로드리헤스 누네스의 집에서는 딸이 문을 열어줬고, 후안 멘데스 데 카스트로는 어머니가, 이삭 고메스 실베라는 부인이 나왔다. 모두들 당사자에게 메시지를 전해주겠다고 약속했다.

마지막, 야콥 로페스 데 카스트로 하고_{Jacob Lopes de Castro Gago}는 집에 있었다. '안토니오 로페스_{Antonio Lopes}'라는 이름으로도 알려진 이 사람은 공증인 로크의 방문에 전혀 놀라지 않았다. 예상하고 있

세계 최초의 증권거래소인 카이저 거래소의 중정.

었던 일이라, 그는 로크가 내용증명서를 읽어내려가는 동안 침착하게 듣고만 있었으며 전혀 반박하지 않았다. '그래, 나는 올해 1월 6일 라파엘 두아르테Raphael Duarte로부터 장부가 3,000길더의 지분을 선도 거래로 샀었어.' '맞아, 그 대가로 5월 6일에 485와 2/3의 값을 지불하게 되어 있었지.' 그는 본인이 지금 파산상태라는 것 역시 누구보다 잘 알고 있었다.

공증인 로크가 내용증명서의 마지막 부분을 읽기 시작했다. 계약에 따라 두아르테가 데 카스트로 하고에게 VOC 지분을 넘길 준비가 되었으니, 데 카스트로 하고는 받을 준비를 하라는 것이었다. 로크는 답을 기다렸다.

로페스 데 카스트로 하고는 바로 이 순간을 기다려왔다. "저는 '네이키드 숏셀링'에 대한 암스테르담 지방법원과 홀란트 주 상고법원의 판결에 따르고 싶습니다."

다음날인 5월 19일은 로크에게 좀 한가한 날이었다. 이날 방문할 집은 딱 한 곳, 우연히도 역시 로페스 데 카스트로 하고네 집이었다. 이날의 내용증명은 마누엘 멘데스 플로레스가 보낸 것이었고, 내용은 전날 읽었던 것과 거의 같았다. 다른 점은 딱 두 가지, 선도 계약을 맺은 날이 1월 7일이라는 것, 그리고 계약 가격이 487이었다는 것이다.

전날과 마찬가지로 로페스 데 카스트로 하고는 준비해뒀던 답을 했다. 이번에는 표현이 좀 까칠했다. "이 내용증명을 보내신 분은 본인이 가지고 있지도 않은 물건을 저한테 파셨습니다. 그러니 저는 공화국 의회에서 정한 규정을 준수하고 싶습니다."

1672년, 재앙의 해

로페스 데 카스트로 하고는 머뭇거리지 않고 말했다. 라파엘 두아르테와 마누엘 멘데스 플로레스는 자신들이 가지고 있지도 않은 지분을 팔았다. 즉, '네이키드 숏셀링'을 했다. 이는 법을 무시하는 많은 트레이더들이 해오던 일이었지만, 이런 행위와 관련한 소송도 종종 있었다. 앞에서 보았듯, 세바스티안 다 쿠냐는 '네이키드 숏셀링' 거래를 이행하지 않기 위해 9명을 상대로 법정에 갔고, 훨씬 더 전인 1633년에는 세베리엔 하에크가 안드리스 폴스터와의 계약을 무효화하기 위해 소송을 건 적도 있었다. 로페스 데 카스트로 하고가 특별

했던 점은, 그가 공중인 앞에서 공개적으로 '네이키스 숏셀링' 금지령을 언급했다는 것이다.

1672년 봄부터 여름까지, 선도 계약을 이행하지 못하겠다고 선언한 사람은 로페스 외에도 많았다. 때문에 당시 VOC 지분 관련 공증업무를 가장 많이 다루던 로크는 쉴 틈이 없었다. 8월 1일에는 최소 16명의 집을 방문해서 내용증명을 읽었고, 그 내용은 대동소이했다. 이 16명의 대답은 로페스만큼 직설적이진 않았지만 어쨌든 계약을 이행하지 못하겠다는 것이었다. 대체 무슨 일이 일어난 걸까.

네덜란드 사람들은 1672년을 '재앙의 해rampjaar'라고 부른다. 이때 영국(잉글랜드), 프랑스, 그리고 현재 독일에 있는 콜로뉴 주교령, 뮌스터 주교령과의 전쟁이 시작되었고, 국내적으로도 정치 파벌들끼리의 대립이 극으로 치달았다. 네덜란드의 주요 지역인 홀란트, 제일란트, 프리슬란트 주에서 모두 현 정부에 대한 반대 여론이 심해졌고 대도시에서는 '오란지스트Orangist'들이 권력을 잡았다. '오란지스트'란 홀란트 주에서 인기가 많았던 오라녜Oranje, 오렌지 가문을 추종하는 사람들을 이른다.* 이들은 행정장관 요한 데 비트Johan de Witt**가 이끄는 공화국 체제에 반대했는데, 내부적인 정치적 혼란이 계속되다가 결국 요한 데 비트와 그의 형 코넬리스 데 비트Cornelis de Witt는 8월 20일 오란지스트들에게 살해됐다.

---

* 원래 프랑스 남부 오랑주 지방 출신으로 오라녜 가문이라 이름붙였다. 이후 오렌지색은 네덜란드를 상징하는 색깔이 됐다. 오라녜 가문의 빌렘 프레데릭이 1815년 네덜란드의 왕으로 추대되면서 네덜란드는 시민이 나라를 운영하는 공화정에서 왕이 다스리는 왕정으로 역행했다.

** 요한 데 비트는 27세에 행정장관이 될 정도로 유능한 관리였다. 동시에 그는 수학자로서도 명성을 떨쳤는데, 정치와 수학이라는 두 개의 커리어를 절묘하게 결합시켜 그가 독보적으로 발전시킨 분야가 바로 연금과 보험계리학이다. 유럽에는 중세부터 생명연금 상품이 팔리고 있었는데, 그는 인간의 기대수명에 확률 개념을 도입해서 연금수령액을 산정하는 방법을 고안했다.

안 데 바엔의 〈데 비트 형제의 죽음〉. 공화제를 주장했던 데 비트 형제는 왕당파의 재집권으로 살해당한다. 이는 실제 사건을 기록한 그림으로 네덜란드 역사의 한 장면을 담고 있다.

VOC의 지분 가격은 호수에 던져진 돌덩이처럼 가라앉아, 1672년 7월 20일엔 290까지 떨어졌다. 1637년 이후 최저가였다. 그 전해인 1671년만 해도 시장의 분위기가 아주 좋았기 때문에 트레이더들에겐 더욱 타격이 컸다. 사실 1671년은 VOC에게 최고의 해였다. 지분 가격이 500 안팎을 유지했고, 그해 3월 VOC 이사회는 장부 가치의 60%에 해당하는 배당금을 지급한다고 발표하기도 했다. 시장 가격으로 따지면 12%의 배당률인 셈이었다.*

사업 전망 역시 좋았었다. 동방무역에서 돌아오는 배들의 입항 횟

---

* 참고로 한국 코스피 시장에 상장된 회사들의 평균 시가 배당률은 1.5~2% 정도다.

수가 역대 최다여서, 1671년 6월 중순에만 11척의 배가 들어왔고 한 달 후에는 9척이 더 왔다. 8월 24일과 9월 2일에 들어온 배들까지 합쳐서 6월부터 9월 초까지만 총 22척의 무역선이 짐을 싣고 들어온 것이다. 이렇게 입항 횟수가 늘어나니 1671년에 지급된 넉넉한 배당이 1672년에도 반복될 거라고 생각하는 건 자연스러웠다. 트레이더들은 회사의 미래에 대해 낙관적이었고, 지분 가격은 치솟았다. 장부가 대비 60%씩 나온 배당은 두 차례로 나눠서 지급됐다. 처음 45%는 현금으로 6월 1일에 나왔고, 나머지 15%는 6월 20일에 나왔다. 배당이 지급되면 지분의 시장 가격은 그 배당액수만큼 떨어지기 마련이지만,* 그럼에도 불구하고 1671년 7월 7일의 주가는 무려 566이었다. 17세기 통틀어 최고치였다. 지분 가격의 상승과 배당금 수입을 더하면, VOC 주주들이 얻은 투자수익은 그해 3월에서 7월까지만 해도 투자액의 무려 22%나 됐다.

어쨌든 이런 호황은 오래가지 않았다. 3개월 남짓 지난 1671년 10월 30일 예로니무스 펠터르스가 에이전트 마크 플레처에게 쓴 편지를 보면, 이미 지분 가격은 480으로 떨어져 있었다. "사람들은 전쟁을 두려워하고 있네. 오늘 오후엔 콜로뉴 성이 공격받고 있다는 루머도 돌았다네." 그는 전쟁에 대한 공포로 인해 지분 가격이 15%나 떨어졌으며, 때문에 많은 사람들이 뒤로 물러나 있다고 했다. 사실상 거래가 거의 없었다. 대부분의 트레이더들은 루머의 진위 여부가 확인될 때까지 거래에서 손을 놓았다.

가격 하락은 당분간 계속됐다. 11월 중순엔 448이었는데, 한 달 후

---

* 현대 금융에서는 이를 '배당락(ex-dividend)'이라고 일컫는다.

에는 493까지 반등했다. 펠터르스는 당시 암스테르담을 떠나 헤이그와 하를럼에 머물고 있었기 때문에 가격이 왜 다시 올랐는지 파악하지 못했다. 그는 플레처에게 보낸 편지에서 그저 "사람들이 전보다는 덜 비관적이 됐다"고만 썼다. 하지만 회복세는 오래가지 못했다. 다음해, 즉 '재앙의 해'인 1672년 초가 되자 영국과 프랑스가 한꺼번에 네덜란드를 침공할 것이라는 사실이 명백해졌다. 2월에 가격이 406으로 내려앉았다가 잠깐 다시 올랐다. 오라녜 가문의 빌럼 3세가 군대의 총 지휘관으로 임명됐다는 소식, 그리고 네덜란드 사람들이 싫어하던 영국의 외교관 조지 다우닝George Downing이 런던탑에 투옥됐다는 소식이 전해졌기 때문이다. 네덜란드 사람들은 다우닝이 영국의 전쟁 계획을 세우는 데 앞장섰다고 믿었다. 그런 그가 네덜란드 안에서 벌인 공작들이 실패했다는 죄목으로 본국에 소환되어 투옥되니 네덜란드인들은 잠깐이나마 안도감을 느꼈던 것이다.*

하지만 역시 분위기는 오래가지 않았고, VOC 지분 가격은 계속 아래로 아래로 떨어졌다. 3월 12일 마침내 영국이 네덜란드에 전쟁을 선포했고, 반응이 곧장 이어져 가격은 370으로 떨어졌다. 4월 8일에 프랑스까지 전쟁을 선포하자 가격은 이제 311로 내려앉았다. 7월에는 적군들이 공화국 북부와 동부의 많은 지역을 점령하고, 암스테르담에서 그리 멀지 않은 위트레흐트와 요새도시 나르덴까지 함락됐다는 소식이 전해졌다. 최저치는 7월 20일의 290이었다.

---

* 조지 다우닝(1623~1684)은 아일랜드 더블린 태생의 영국 정치인이다. 15세에 가족과 함께 미국(당시 영국 식민지) 메사추세츠로 건너가 하버드 대학의 1회 졸업생이 됐다. 영국으로 돌아와서 군인, 정치인, 외교관으로 활동했다. 네덜란드에 있으면서 네덜란드와 영국의 전쟁을 조장해 네덜란드인들의 분노를 샀다는 이유로 몇 주 동안 런던탑에 투옥됐지만 곧 풀려났다. 원래 네덜란드 식민지였던 뉴암스테르담(지금의 맨하탄)을 영국이 구매하도록 주선한 사람이기도 하다. 런던과 뉴욕에 있는 다우닝 스트리트, 그리고 캠브리지 대학의 다우닝 칼리지는 그의 이름을 딴 것이다.

적군은 딱 여기까지만 들어왔다. 프랑스의 루이 14세는 유리한 조건으로 협상을 시도하느라 잠시 군대의 진격을 멈췄고, 이것이 네덜란드 사람들에게는 대응책을 마련할 시간적, 정신적 여유를 주었다. 6월부터 이들은 바닷물을 막은 제방을 무너뜨려 홀란트 주를 둘러싼 넓은 평야 지역을 침수시켰다. 프랑스 군대는 물과 진흙에 막혀 더 나아가지 못했다. 물론 그렇다고 프랑스군이 바로 철수한 것은 아니었다. 이듬해인 1673년 11월까지도 이들은 위트레흐트를 계속 점령하고 있었다.

그래도 VOC의 지분 가격은 프랑스군이 진격을 멈춘 1672년 8월부터 바로 다시 오르기 시작했다. 트레이더들이 데 비트 형제의 죽음과 빌럼 3세의 총독 임명으로 인해 공화국 내부적인 혼란은 끝났다고 생각했을 수도 있다. 좀더 신빙성 있는 이유는 바다에서 들려온 좋은 소식이었다. 프랑스와 손을 잡았던 영국 해군이 VOC의 무역선단을 나포하는 데 실패해, 14척의 배가 8월에 무사히 입항한 것이다.

어쨌든 이렇게 전쟁을 치르는 동안 VOC 지분 가격이 크게 떨어지면서 거래소에도 큰 피해를 가져왔다. 많은 트레이더들이 물이 턱까지 찬 것처럼, 숨쉬기도 힘든 지경이 됐다. 예를 들어 1672년 6월 발타사르 다 쿠냐Balthasar da Cunha라는 트레이더는 미구엘 네토 데 파이바 Miguel Netto de Paiva와 맺은 선도 계약을 정산하기 위해 가지고 있던 집 2채와 엥크하위젠 사무소에 등록된 장부가 6,000길더의 VOC 지분을 넘겨야 했다. 지분 가격이 급락하면서 큰 피해를 입었지만 다 쿠냐는 그래도 파산을 피하고 명예를 지키기 위해 가진 재산을 다 내놓은 것이다.

하지만 모든 트레이더들이 발타사르 다 쿠냐처럼 집이 몇 채씩 있거나 보유한 지분이 많은 건 아니었다. 회복 불가능한 피해를 입은 사람이 많았다. 앞서 소개한 로페스 데 카스트로 하고의 경우, 라파엘, 두아르테, 마누엘 멘데스 플로레스와 맺은 두 건의 선도 계약 때문에 거의 10,000길더를 손해봤다. 이 정도 손실을 커버할 수 있는 돈이 없었기 때문에 그는 계약을 못 지키겠다고 선언했다. 또 가스파르 멘데스 데 하르보예스Gaspar Mendes de Garvoijs라는 사람 역시 공증인 로크가 집에 방문했을 때 아주 솔직하게 '계약을 지키는 것이 불가능하다'고 대답했다. 그 전해 10월에 그는 장부가 3,000길더의 지분을 선도 거래로 샀다. 거래 상대는 안토니오 후티레스 마르티네스와 미구엘 후티레스 마르티네스였고 가격은 530이었다. 이 계약 하나만으로 멘데스 데 하르보예스는 6,900길더 정도를 잃었다. 그는 공증인에게 '의회가 내린 숏셀링 금지령에 의지하는 것 말고는 다른 수가 없다'고 말했다.

신뢰의 위기

1672년 11월, 가격은 7월의 최저치에서 30%나 올라 다시 375가 되었다. VOC의 주주장부를 보면 당시의 거래 패턴을 확인할 수 있다. 쳐들어오는 적군에 대한 루머 때문에 가장 혼란스러웠던 몇 달 동안 많은 사람들이 지분을 팔아치웠으나 11월경에는 장부에 기록된 거래 건수가 정상 수준으로 내려왔다. 지난 몇 년간의 평균에 비해 크게 이상할 것이 없어 보이는 정도였다.

하지만 이것은 실시간으로 지분의 소유권이 오가는 현물 거래의 경우였다. 선물 거래는 장부에 기록되지 않고 차액 정산되는 경우가 대부분이었다. VOC의 주주장부만 보고 '트레이딩에는 별 영향이 없었구나'라고 생각하면 오산이다. 선물 거래 비즈니스는 큰 타격을 입었다. 이는 펠터르스가 플레처에게 보낸 편지에 잘 기록되어 있다. 1672년 11월 말, 미델뷔르흐에 있는 플레처에게 보낸 글에서 그는 "이제 더이상 지분을 사지 마라"고 했다. "여기선 이제 파는 게 불가능하다네."

펠터르스의 메시지는 분명했다. VOC 트레이딩 시장은 무너졌다. 현물 거래는 그나마 괜찮은 편이었지만 선물 거래 시장은 망가졌다. 만일 트레이더들이 하나 정도만 계약을 갖고 있었다면 이렇게 심하게 망가지진 않았을 것이다. 그랬다면 그 계약이 무효가 되더라도 큰 수익이나 큰 손해를 보지는 않았을 것이다. 선도 계약은 한 장의 종이에 쓰여진 계약서에 불과하고, 여기서 발생하는 수익이나 손실은 실제로 계약이 정산될 때까지는 현실에 존재하지 않는, 가상의 숫자다. 그러므로 계약이 무효가 된다 하더라도 계약을 한 양측에 아주 심각한 재무적 부담을 주지는 않는다. 그저 한쪽 편이 갖기로 되어 있던 가상의 수익이 사라지는 정도다.

하지만 대부분의 트레이더들이 복수의 계약을 갖고 있었다. 보통 트레이더들은 가격 변동의 리스크를 최소화하기 위해 선도 매수 계약과 선도 매도 계약의 양을 비슷하게 맞춰놓았다. 앞서 로드리고 디아스 헨리크의 사례에서 보았듯, 선도 매수 계약을 하나 하면 똑같은 양의 선도 매도 계약을 조금 높은 가격에 하나 체결하는 게 일반적이었다. 이렇게 하면 그 가격 차이에서 약간의 수익을 낼 수 있는 동시에 자신의 시장 포지션은 0이 되었다. 지분 가격이 어떻게 변해도 자신의 포트폴리오에는 영향이 없었다.

많은 트레이더들이 이런 전략을 썼고, 디아스 헨리크 같은 사람들은 이렇게 매수와 매도가 쌍으로 묶여진 계약을 여러 번 맺었다. 그래서 매달 말 정산 기간이 오면 매수 계약 한 묶음, 매도 계약 한 묶음을 들고 와서 서로 맞춰보며 청산하는 것이다. 그러니 1명의 트레이더가 파산을 선언하면, 그와 계약을 맺은 다수의 상대는 갑자기 포트폴리오의 균형이 깨져버리게 된다. 예상치 못한 손해가 생기면 이들도 파산해버릴 가능성이 커지고, 그 파급력은 시장 전체로 퍼져나간다. 이렇게 해서 1672년 단 몇 명의 트레이더들의 파산으로 시작한 시장의 위기는 엄청난 수의 계약 불이행으로 이어졌다.

선도 거래라는 관행을 받쳐주고 있던 트레이더들 간의 신뢰가 무너지자 시장은 급격히 혼란에 빠졌다. 상대의 채무에 대해 파악할 수 없는 상황에서는 선도 계약을 맺을 수 없게 되었다. 상대방이 그 계약을 이행할 것이라 확신할 수 없었기 때문이다. 이런 측면에서 1672년 암스테르담의 위기는 2008년과 2009년의 글로벌 금융 위기와 비슷하다. 당시 신뢰가 무너져 서로를 믿을 수 없게 된 은행들은 서로에 대한 대출을 줄였다. 은행들끼리 대출을 해주면서 받았던 담보 중에는 부실 모기지(부동산 담보대출)를 묶어놓은 패키지들이 있었다. 이 부실 모기지 대출 패키지의 신용도가 하락하게 되면 담보로서의 가치가 떨어지고, 그것을 담보로 해서 다른 은행에 돈을 빌려준 은행은 큰 손실을 보게 된다. 서로에 대한 믿음이 무너지자 은행들 간의 대출시장에도 돈이 말랐다. 대출이 필요했던 은행들은 유동성 위기에 놓였다. 영국의 노던록Nothern Rock 은행이나 벨기에와 네덜란드의 포르티스Fortis 은행 같은 최악의 경우는 정부의 구제 없이는 살아남을 수 없을 지경에 처했다.

1672년 VOC 선도 거래 시장의 몰락은 1637년 튤립 구근 시장의 몰락과도 닮은 점이 많다. 튤립 광풍이 불다가 갑자기 가격이 폭락했던 이유도 신뢰의 상실에서 비롯된 것이었다. 튤립 트레이더들 간에 발생한 분쟁은 이들의 사회적 관계에까지 영향을 미쳐서, 서로를 완전히 신뢰할 수 없고 언제든 이런 일이 다시 생길 수 있다는 걸 깨닫게되자, 더이상 거래를 할 엄두를 내지 못하게 된 것이다. 튤립 트레이딩 시장은 결국 전성기 때의 규모를 되찾지 못했다. 시간이 얼마간 지나 튤립을 직접 재배하는 농부들은 다시 거래를 시작했지만, 상인들은 튤립 쪽은 쳐다보지도 않았다. 실제로 튤립 거품이 꺼지면서 큰 손해를 본 트레이더는 많지 않다. 풍경화로 유명했던 화가 얀 반 호이엔 Jan van Goyen이 튤립 거품 때문에 망했다고 말하는 이들도 많지만, 실제로 그가 파산한 것은 튤립이 아니라 부동산 투자 실패가 원인이었다. 튤립 버블이 가져온 것은 금융 위기가 아니라 사회적 신뢰의 위기였다.

1672년 VOC 선도 거래 시장을 마비시킨 것 역시 신뢰의 위기였다. 하지만 튤립 파동 때와는 달리 이번엔 일시적인 위기라서, '재앙의 해'가 지나고 몇 년 후부터는 다시 선도 거래가 활발하게 이뤄지기 시작했다. 트레이더들은 위기가 줬던 교훈을 금방 잊어버린 듯했다. 이는 1672년의 위기가 전쟁이라는 외부적 요인에서 비롯됐기 때문이다. 적군이 암스테르담에서 멀어지자 트레이더들의 신뢰는 곧 회복됐다.

튤립과 VOC 지분 트레이딩에는 근본적인 차이가 있었다. VOC 지분을 선도 거래로 파는 사람은 자신이 상대방에게 계약의 이행을 법적으로 강요할 수 있는지 없는지 알고 있었다. 자신이 팔고자 하는 만큼의 VOC 지분이 실제로 자신의 주주명부에 있는지 없는지 모를 리가 없었다. 다시 말해 그들은 본인이 지금 불법 행위인 '네이키드 숏셀링'을 하는 건인지 아닌지를 아는 상태로 거래에 임했다. 다들 '네이키드 숏셀링'에는 큰 리스크가 따른다는 걸 잘 알고 있었다. 상대방이 법대로 하자고 나오면 계약이 무효화되기 때문이다.

튤립 광풍 당시의 튤립 트레이더들은 이런 리스크를 몰랐다. 튤립과 관련된 최초의 법정 소송은 가격이 폭락하고 난 직후인 1637년 2월에 있었다. 그때까지만 해도 트레이더들은 '네이키드 숏셀링' 형태의 선도 계약이 법적으로 무효라는 사실을 몰랐다. 계약은 무조건 유효하다는 믿음을 갖고 거래에 임했는데, 그것이 사실이 아님으로 드러나면서 더 큰 충격을 받았던 것이다. 이들은 시스템을 믿었지만, 법은 그 시스템을 지켜주지 않았다.

반면 VOC 트레이더들은 선도 매매 계약이 순전히 상대방과의 신뢰를 기반으로 한다는 걸 알고 있었다. 1672년 위기 때 계약이 깨지는 경우가 늘어나자 이들은 '리스크를 너무 낮게 평가했나?' 하는 반성을 하게 됐다. 하지만 이 시장 전체에 대한 신뢰를 잃지는 않았다.

사실 1672년 위기 덕분에 선도 거래 시장이 더 좋아진 면도 있었다. 이전까지는 잘 모르는 사람과도 거래를 하는 경우가 있었지만, 이 사태 이후에는 선도 계약을 하기 전에 상대방의 신용상태를 더 꼼꼼하게 체크하게 됐다. VOC의 장부를 보면 1672년부터 '리포' 거래가 확연히 늘어났음을 볼 수 있는데, 이는 선도 거래를 할 정도의 신용을 쌓지 못한 트레이더들이 대안으로 '리포' 거래를 선택하게 됐음을 의미한다.

하지만 이런 변화만으로 위기를 완전히 예방할 수 있었을까? 오래지 않아 또다른 시련이 닥쳐온다. 1688년의 일이다.

코엔라드 반 베닝헨

1688년, 다시 영국과 전쟁이 날지도 모른다는 우려 때문에 VOC 지분 가격이 565에서 414까지, 약 26% 떨어졌다. '재앙의 해'였던 1672년에 비하면 강도도 약하고 사람들에게 끼친 영향도 적었지만, 단 한 사람의 인생에 있어서만은 엄청난 변화를 가져왔다.

그의 이름은 코엔라드 반 베닝헨Coenraad van Beuningen이다. 1681년 부터 VOC 암스테르담 사무소의 이사로 일해온 그는, 외교관으로서 프랑스와 스웨덴을 자주 들락거리며 오랫동안 넓은 명성을 쌓았으며[*] 1년 임기의 암스테르담 시장직을 6번이나 맡기도 했다.

반 베닝헨은 VOC의 이사로 일하기 시작하면서부터 회사의 개혁 작업에 관여해왔다. 회사 운영을 좀더 효율적으로 바꾸기 위한 계획을 세우면서, 그는 계획대로만 실행하면 수익이 껑충 뛰어오를 것이라 확신했다. 하지만 다른 이사들은 뜨뜻미지근한 반응이었다. 그러나 동료들의 반응이 부정적일수록 반 베닝헨은 점점 더 자신이 옳다고 생각했다. 그는 자신의 주장과 이를 뒷받침하는 계산을 종이에 잔뜩 적어 암스테르담 사무소의 이사회는 건너뛴 채 VOC 전체의 일을 관장하는 '17인 이사회(헤렌 17)'에 직접 올려보냈다.

반 베닝헨 생각에, '17인 이사회'는 자신의 제안을 받아들이지 않을 수가 없었다. 그것은 너무나 좋은 아이디어였다. 자신의 제안대로 VOC의 개혁안이 실행되면 곧바로 시장에서 지분 가격이 치솟을 것이었다. 1688년 4월 29일, 그는 이런 예상을 바탕으로 장부가 6,000길

---

[*] 반 베닝헨은 프랑스가 네덜란드를 침공한 1672년 '재앙의 해'에 외교관으로 활약하면서 스페인, 덴마크 등을 네덜란드의 편으로 만드는 공을 세웠다. 오란지스트 군중에게 살해당한 천재 행정장관 요한 데 비트의 친구이기도 했다(Geert Mak, Amsterdam, a brief life of the city, 1994).

1673년 무렵의 코엔라드 반 베닝헨. VOC 암스테르담 사무소의 이사이자 외교관이었으며, 6년간 암스테르담 시장직을 맡았다.

더의 지분을 선도 계약으로 구입한다. 판 사람은 피터르 데 랑에 아드리안스Pieter de Lange Adriaens였다. 약 한 달 후인 1688년 5월 24일, 그는 2건의 선도 계약을 더 맺는다. 그는 프랑수아 파르디크에게서 장부가 6,000길더의 지분을, 빈센트 반 브롱크호스트에게서는 3,000길더의 지분을 샀다. 하지만 이 정도로는 반 베닝헨의 욕심을 채울 수 없었다. 그는 7월 19일 아브라함 카파도스에게서 다시 장부가 9,000길더 지분을, 8월 5일 마티에스 보데에게서 장부가 9,000길더의 지분을 샀다.

보통 트레이더들은 선도 거래로 지분을 사면 밸런스를 맞추기 위해, 즉 가격 변동 리스크를 없애기 위해 똑같은 양의 지분을 선도 거래로 팔았지만 반 베닝헨은 그러지 않았다. 그는 선도 매수 계약만을 연달아 맺으며 점점 리스크를 늘려나갔다.

외교관으로서의 눈부신 경력과 암스테르담 시장으로서의 오랜 경험에도 불구하고 반 베닝헨은 당시 네덜란드 공화국의 정치적 상황을 제대로 파악하지 못하고 있었다. 그는 1688년 8월부터 찾아온 지분 가치의 하락세를 예측하지 못했다. VOC 회사 자체의 문제는 아니었다. 트레이더들 사이에 네덜란드와 영국이 다시 전쟁에 들어가지 않을까 하는 걱정이 퍼지면서 가격이 떨어진 것이었다. 이 1688년의 지분 가격 하락은 이전 3번의 전쟁에서 비롯됐던 폭락과는 성격이 또 달랐다. 가장 가격이 폭락했던 때는 그해 8월이었는데, 이때는 영국과 네덜란드 간의 어떤 적대적인 행위도 일어나지 않았다. 그렇다면 값은 왜 떨어진 걸까.

빌럼 3세

당시 홀란트, 제일란트 등 5개 주의 총독*으로서 네덜란드 공화국의 권력을 잡은 빌럼 3세는 1688년 10월 함대를 이끌고 영국을 침공, 현지 귀족들의 도움을 받아 영국 왕 제임스 2세를 몰아내고 스스로 왕위에 올랐다.** 영국을 공격하는 건 당연히 위험한 일이었다. 강한

---

* 당시 네덜란드 공화국의 7개 주의회는 각각의 총독을 선임할 수 있었지만, 실제로는 스페인으로부터 독립할 당시부터 오라녜 가문의 남자들이 한 번에 여러 주의 총독을 도맡았기 때문에, 오라녜 가문이 독점하는 세습 왕위의 성격도 일부분 갖고 있었다. 실제로 훗날 오라녜 가문은 네덜란드의 왕이 된다. 한편 총독은 주로 전쟁 수행에 대한 업무를 맡았고, 평화시 행정업무는 행정장관이 담당했다.
** 당시 영국(잉글랜드) 귀족들은 가톨릭 교도인 국왕 제임스 2세가 영국을 가톨릭 국가로 만드는 것을 우려했다. 이에 개신교도인 제임스 2세의 딸 메리와 메리의 남편 빌럼 3세를 영국으로 불러들였다. 빌럼 3세는 영국의 왕 윌리엄 3세가 됐다. 이것이 영국의 명예혁명이다.

1680년경 빌럼 3세. 홀란트 등 5개 주의 총독으로 영국을 침공하여 제임스 2세를 몰아내고 영국 왕위에 올랐다.

해군 함대를 보유하고 있는 영국은 1066년 '정복자 윌리엄'이 건너온 이후로 단 한 번도 외국 군대가 자국 영토에 발을 들이지 못하게 한 나라였다. 그러나 빌럼 3세는 영국 침공이 해볼 만한 도박이라 생각했다. 당시 영국의 국내 정치 상황과, 또 자신이 영국의 스튜어트 왕가에 갖고 있는 연줄을 고려해서 내린 결정이다.

1688년 영국의 왕이었던 제임스 2세는 가톨릭 교도였다. 그는 영국에서 가톨릭 교회의 힘과 본인의 권력을 확장하기 위해 전력을 기울였는데, 때문에 영국의 신교도들은 신교도이자 왕의 사위인 네덜란드의 빌럼 3세와 동맹을 맺게 된다. 이는 현명한 판단이었다. 당시 네덜란드는 또 네덜란드대로 영국이 가톨릭 국가가 되는 것을 막아야 했다. 만일 영국이 가톨릭 국가인 프랑스와 더 친해지게 된다면, 1672년 '재앙의 해'에 그랬던 것처럼 두 나라가 또다시 동시에 네덜란드를 공격할 수도 있는 일이었다.

영국 왕 제임스 2세의 여동생을 어머니로 둔 네덜란드의 빌럼 3세는 제임스 2세의 딸인 메리와 결혼해 부부가 됐다. 즉, 그는 제임스 2세의 조카인 동시에 사위였다. 그러니 수많은 영국 왕을 배출한 스튜어트 가문의 일원이라고 봐도 무리가 없었다. 그가 영국 왕위를 가져간다 해도 그리 어색해 보이지 않았다.

원래 제임스 2세에게는 자식이 딸 메리 하나밖에 없었다. 그런데 1688년 뒤늦게 아들을 얻게 되었다. 영국의 개신교도들은 제임스 2세가 갓 태어난 아들에게 왕위를 물려주면 가톨릭 정권이 계속 유지될 거라고 봤다. 이들은 빌럼 3세를 찾아가 영국 왕위를 노려보지 않겠느냐 물었고, 빌럼 3세는 거절하지 않았다. 당시 프랑스는 네덜란드 공화국의 무역을 방해하기 위한 공작을 펼치고 있었는데, 네덜란드 사람들은 이것이 또다른 전쟁의 징조가 아닐까 걱정하고 있었다. 프랑스 같은 강대국을 상대로 전쟁에서 승리하기는 쉽지 않겠지만, 영국과 프랑스가 동맹을 맺는 걸 막는다면 적어도 '재앙의 해'였던 1672년 같은 처참한 꼴은 당하지 않을 것이었다.

결국 빌럼 3세는 영국 귀족들에게 "초청만 해주면 군대를 이끌고 넘어가겠다"고 약속한다. 침공 초청장은 7월 10일에 네덜란드에 도착했다. 제임스 2세의 아기 왕자가 태어나고 나서 며칠이 지난 뒤였다.

이 무렵, 암스테르담에도 이 사실을 아는 사람이 몇 있었다. 빌럼 3세는 편지가 도착하기 전 이미 4명의 암스테르담 시장 중 3명에게 비밀을 털어놓고, 시 차원에서 자신을 도와줄 수 있을지 물었다. 공화국에서 가장 강력하고 부유한 도시인 암스테르담의 지지 없이 영국 침공을 성공시킬 순 없었다. 많은 수의 군함과 그 군함들에 장비할 대포 등이 필요했고, 병사들도 모집해야 했다. 큰돈이 드는 일이었다. 네덜란드에서 가장 부유하고 힘있는 암스테르담이 가장 많은 부담을 짊어져줘야 했다.

3명의 시장은 빌럼 3세의 제안을 조심스럽게 들었다. 흔쾌히 승낙한 건 아니지만 딱 잘라 거절하지도 않았다. 그 정도 미지근한 반응만으로도 빌럼 3세는 충분했다. 곧 영국에서 초대장이 도착하자마자 그는 전쟁 준비에 들어갔다.

상황이 이렇게 빠르게 진행됐음에도 불구하고 암스테르담 거래소에서는 별다른 요동이 느껴지지 않았다. VOC 지분은 1688년 4월에 배당락이 발생하면서 시장가가 565에서 532로 떨어지긴 했다. 지급된 배당금이 장부가의 33과 1/3%였기 때문에, 배당으로 지급된 액수만큼 시장가가 떨어진 것이다. 이후 몇 달 동안 가격은 530에서 540 사이를 맴돌았다. 빌럼 3세가 영국에서부터 초대장을 받은 7월에도 별다른 변화는 없었다. 3명의 시장이 철저하게 비밀을 지킨 것으로 보인다.

물론 VOC 주주들은 정부가 전쟁을 준비하고 있다는 걸 눈치채고 있었으며, 영국과의 분쟁 가능성이 높다는 것도 잘 알고 있었다. 시민들이 공화국 해군청에 이에 대해 질의하자, 해군청은 네덜란드 상선을 북아프리카 해적들로부터 보호하기 위해 새로운 함대를 만들고 있다고 답했다. 대부분의 사람들은 이 대답을 믿었다. 9월 초까지만 해도 암스테르담 의회는 함대가 곧 지중해 쪽으로 파견될 거라고 생각했다.

1688년 가격 파동

8월 21일 토요일 오후, 거래소 분위기는 급반전되었다. 당시 예로니무스 펠터르스가 빌럼 보렐Willem Boreel에게 보낸 편지를 보면 이날 VOC 지분 가격은 480까지 떨어졌다. 전날 가격에 대한 기록은 없지만 약 1주일 전인 8월 13일의 가격은 547이었다. 1주일 만에 약 12.5%나 떨어진 것이다. 당시로서는 엄청난 폭락이었다. 트레이더들은 당황했다. 무슨 이유로 이런 폭락이 시작됐는지 모르는 트레이더들은 감히 거래할 엄두를 내지 못했다.

펠터르스도 답답해하는 사람 중 하나였다. 이틀 후 그는 보렐에게 다시 편지를 썼다. 그는 암스테르담 외곽 니흐트베흐트라는 마을에 별장을 하나 갖고 있었는데, 토요일 아침 일찍 별장으로 출발했다가 지분 가격이 뚝 떨어지기 시작했다는 소식을 듣고 다시 암스테르담으로 헐레벌떡 돌아왔다. 기다리고 있던 집사가 정보를 들려줬다. 얀 텐 그루텐하위스라는 사람이 4~5명의 브로커를 불러 얼마라도 좋으니 최대한 많은 양의 지분을 선도 거래로 팔아치우라고 지시했다는 것이다.

텐 그루텐하위스는 가볍게 여길 사람이 아니었다. 그는 홀란트 주의회에서 암스테르담을 대표하는 의원 중 하나였다. 남들은 모르는데 텐 그루텐하위스만 알고 있는 사실은 뭘까? 펠터르스는 혹시 홀란트 주의회가 프랑스에서 들어오는 수입품에 세금을 매기기로 한 게 아닐까 의심했다. 만일 그렇다면 이는 프랑스와의 전쟁을 예고하는 것일 수도 있었다. 소문은 이게 전부가 아니었다. 당시 행정장관을 맡고 있던 가스파르 파헬Gaspar Fagel이 VOC 지분 거래에 대한 새로운 규제안을 들고 나왔다는 얘기도 있었다. 그것은 아마도 선도 거래에 대한 과세 형식이 될 것이고, 이는 시장을 위축시킬 것이라고 트레이더들은 걱정했다.

다음날인 일요일, 펠터르스는 담 광장으로 가서 상황이 얼마나 심각한지 직접 보기로 했다. 보렐에게 보낸 그 편지에 이런 내용이 잘 나타나 있는데, 상황이 아주 나쁘지는 않았나보다. "그저 내가 지분을 사는 데 관심이 있다고 하고 다니는 것만으로도 가격이 490까지 올라서, 저녁엔 500이 됐다네." 그러니 누구도 무슨 일이 일어나고 있는지는 몰랐던 것이다. 가격이 480까지 떨어졌던 것은 뭔지 모를 공포에 의한 자동 반응이었다.

하지만 거래소를 떠도는 불안함은 쉽게 가시지 않았다. 월요일, 지분 가격은 다시 490까지 떨어졌다가 저녁 7시에는 약간 오른 498로 마감했다. 그다음 날은 어떤 사람이 여러 명의 브로커를 통해 지분을 파는 바람에 가격이 493까지 내려갔는데 바로 그날 오후엔 505까지 상승했다. 바로 그때 프랑스에서 온 정보가 트레이더들 사이에 들불처럼 번져나갔다. 좋은 소식일 리가 없었다. 12,000명의 보병과 4,000명의 기마병이 북쪽, 그러니까 네덜란드를 향해 출발했고, 이틀 안에 릴에 닿을 거라는 내용이었다. 또한 프랑스군은 계속해서 더 많은 기마병을 모집하고 있다고도 했다.

펠터르스는 편지에 이런 모든 소문과 동요에 대해서 적고는, 현재 자기가 개인적으로 입수한 정보가 따로 없기 때문에 일단 지켜보겠노라 했다. 또 이런 소란은 곧 진정될 것이며, 혹시 보렐이 원하는 것이 있으면 "내 일처럼 챙겨주겠다"고도 말했다.

거래소는 1주일 넘게 들썩거렸다. 암스테르담의 고위 공무원인 코엔라드 반 힘스커르크는 홀란트 주의회에 참석하러 가면서 몇몇 트레이더에게 "거래에 너무 큰 타격을 주는 규제는 새로 만들지 않을 것"

이라고 약속하기도 했지만 이런 약속도 분위기를 진정시킬 수는 없었다. 그날 하루만도 가격은 널뛰듯 해 10포인트씩 오르내렸다.

8월 30일의 가격은 486이었다. 이날 펠터르스는 장부가 12,000길더어치의 지분을 사기로 마음먹고, 동시에 이 지분을 500에 처리할 수 있는 '풋옵션'도 사기로 한다. 이 '풋옵션'은 야콥 포펜이란 이에게서 1,320길더에 산 것으로, 1689년 1월 1일 혹은 그 이전에 행사할 수 있었다(17세기 암스테르담에서 거래된 대부분의 옵션은 오늘날 '유로피언 옵션'이라고 부르는 것으로, 지정된 날짜 하루에만 행사할 수 있었으나 이때 펠터르스가 산 옵션은 '아메리칸 옵션'으로, 지정된 날짜 전까지 언제라도 행사할 수 있었다).

일단 펠터르스는 지분 가격이 오르리라 예상한 것 같다. 그렇지 않았으면 그날 지분을 바로 사지 않았을 것이다. 하지만 확신이 아주 강하지는 않았기에 500이란 가격에 지분을 팔아버릴 수 있는 비싼 '풋옵션'을 산 것이다.

펠터르스는 오래지 않아 본인의 선택을 후회하기 시작했다. "어떤 경로를 통해" 그는 콜로뉴 주교령이 프랑스와 동맹을 맺었다는 소식을 들었다. 네덜란드 사람들에게는 1672년 '재앙의 해'를 떠올리게 하는 행보였다. 지분 가격은 바로 떨어지기 시작했고, 펠터르스는 8월 30일에 산, 장부가 12,000길더의 지분을 482에 팔았다. 486에 사서 482에 팔았으니, 장부가 100길더당 4길더, 총 480길더의 손해가 발생했다. 물론 포펜에게 산 '풋옵션'을 500에 팔면 돈을 꽤 벌 수 있었지만 그는 팔지 않았다. 프랑스에서 들려오는 전쟁 관련 소식으로 보아 지분 가격이 더 떨어질 수 있다고 봤던 것이다. 포펜에게 산 '풋옵션'을 행사하려면 자신이 현물로 지분을 사서 포펜에게 넘겨줘야 하므로 펠터르스 입장에선 가격이 최대한 내려갔을 때 옵션을 행사하는 게 이익이었다. 그는 가격이 더 떨어지기를 기다렸다.

하지만 얼마 못 가 그는 다시 후회하기 시작했다. 값이 떨어졌다고 덥석 지분을 파는 게 아니었다. VOC가 발표했던 네덜란드 귀환 상선들의 명단에서 1척이 실수로 빠져 있음이 밝혀진 것이다. 그 배는 값비싼 화물을 싣고 있는 것으로 전해졌다. 펠터르스는 회사가 주주들에게 배당금을 지급할 수 있을 거라고 생각했다. 다른 트레이더들 역시 같은 생각이었는지, 소식이 전해지자마자 지분 가격은 490으로 솟아올랐다. 그런데 이게 끝이 아니었다. 그는 보렐에게 이렇게 써보냈다.

> "그 12,000길더의 지분을 팔았던 걸 후회할 뿐 아니라, 당장이라도 지분을 더 사고 싶은 충동을 느꼈다네. 그런데 좀 불안해서 바로 사지는 않았어. 결과적으로 잘된 일이지. 무슨 이유인지는 모르지만 다시 패닉 분위기가 일어나면서 가격이 463으로 떨어졌거든…… 너무나 충격적인 일이라서 어떻게 하는 게 신중한 행동인지 판단하기가 힘이 드네. 가격이 더 높았다면 당장 팔아치웠겠지만, 지금의 가격 수준에선 그렇게 하고 싶지는 않아. 내 판단이 맞기를 신에게 기도했다네."

루머의 진원지

약 2주 동안 VOC의 지분 가격은 15% 이상 떨어졌다. 펠터르스로서는 여전히 무슨 일인지 알 수 없었다. 뭔가 수상한 점을 감지했다 하더라도, 적어도 보렐에 보낸 편지에서는 드러내지 않았다. 헤이그에서 정보를 교환하던 테오도르 홀라Theodore Holla에게서도 그는 별 뾰

족한 답을 듣지 못했다. "무슨 일이 벌어지고 있는지 나한테 좀 말해 줄 수 있다면 좋겠네"라고, 그는 8월 28일자 편지에 썼다.

펠터르스가 가진 네트워크의 한계는 여기까지였다. 헤이그에 있는 홀란트 주의회나 암스테르담 시 정부의 관료들로부터 듣는 얘기는 지분 트레이딩에 대한 규제가 생길 수도 있다는 것뿐이었다. 물론 이 정보 역시 가격 하락과 전혀 상관이 없다고는 할 수 없지만, 이렇게까지 큰 영향을 줄 일은 아니었다. 알다시피, 그것은 빌럼 3세가 계획하고 있는 영국 침공 때문이었다. 하지만 펠터르스는 알 수 없었다. 트레이더들 중에는 분명 이 정보를 입수한 사람이 있었을 것이다. 그래서 가격이 폭락한 것이다. 그런데 왜 펠터르스와 그의 친구들은 까맣게 몰랐을까?

그것은, 빌럼 3세가 영국 침공을 준비하면서 네덜란드 공화국 정부의 공식 행정 프로세스를 밟지 않았기 때문이다. 그는 오직 몇 명의 사람들과만 계획을 공유했다. 그가 조심스럽게 반응을 떠봤던 3명의 암스테르담 시장 외에 암스테르담 해군성 장관인 욥 데 빌트도 이 계획을 알고 있었다. 데 빌트는 함대를 준비시켜야 하는 직무를 맡고 있었기 때문에, 그에게까지 진짜 목적을 숨길 수는 없었다. 마지막으로 용병을 구하기 위해 독일과 스웨덴 쪽으로 파견된 외교관 몇 명도 침공 계획을 알고 있었다. 네덜란드 군인들이 배를 타고 영국으로 떠나면 그 빈자리를 채워 공화국을 수비할 병력이 필요했기 때문이다. 관례와는 달리 빌럼 3세는 공화국 의회나 홀란트 의회에는 아무것도 말하지 않았다. 그가 보낸 외교관들도 비밀 유지에 각별히 신경을 썼고, 용병을 파견하는 외국의 군주들과 협상 대상자들에게도 계획이 누설되지 않도록 비밀 유지를 요구했다.

브란덴부르크, 첼레, 브룬스위크— 볼펜뷰텔, 헤센— 카셀, 그리고 뷔르템베르크 등 스웨덴과 독일 지역에 있는 여러 제후국들이 용병을 보내기로 했다. 모두 네덜란드와 좋은 관계를 유지하기 위해 애쓰고 있었던 나라들이었다. 용병을 파견하고 받는 수익도 짭짤했는데, 다만 용병 고용의 대가를 어떤 방식으로 지급할 것인가에 대해서는 처리해야 할 문제가 많았다. 네덜란드에 주둔하는 동안 지급해야 할 병사들의 급료는 나중에 생각한다 하더라도, 우선 병사를 선발하고 네덜란드까지 데려오는 데 들어가는 비용은 최대한 빨리 지불해줘야 했다. 이런 종류의 일을 빠르게 처리할 수 있는 이들이 바로 암스테르담의 은행가들이었다.

프란치스코 로페스 수아소, 예로니모 누네스 다 코스타, 그리고 레이몬드 데 스메스가 호출됐다. 이 세 사람은 해외로 빨리 돈을 보낼 수 있는 금융 네트워크를 보유한 은행가들이었으며, 동시에 VOC의 지분 거래에도 지대한 관심을 가진 사람들이었다. 누네스 다 코스타의 경우 1688년 7월 초 기준으로 장부가 30,000길더의 지분을 암스테르담 사무소에 갖고 있었다.

그런데 수상하게도, 8월 23일 그의 지분은 12,000길더로 줄어든다. 누네스 다 코스타가 '내부자 거래insider trading', 즉 내부적으로 얻은 정보에 따라 거래를 했다는 확실한 증거는 없지만, 몇 주 만에 장부가로 무려 18,000길더나 되는 지분을 처분한 것만은 사실이다. 빌럼 3세의 계획을 알아채고 지분을 팔아치운 것일까? 만일 그랬다면, 최대한 남들의 의심을 피할 수 있는 간접적인 방법으로 정리했을 것이다.

전쟁이 시작될 것임을 알고 있는 트레이더들도 분명 있었다. 요세프 데 라 베가는 『혼란 속의 혼란』에서 이때의 상황을 다음과 같이 묘사했다.

"곰들(bear, 시장 비관론자)은 트럼펫을 울리며 곧 전쟁이 선포될 거라고 소리질렀다. 그 목소리들이 어찌나 큰지, 황소들(bull, 시장 낙관론자)의 얼굴이 파랗게 질릴 정도였다. 몇몇 트레이더들은 이미 손해를 본 상황에서 추가 손실을 줄이기 위해 지분을 팔려고 내놓았다. 손해를 보지는 않았지만 매도 행렬에 동참한 트레이더들도 있었고, 심지어 이익을 보았지만 더 큰 이익을 내기 위해 매도하는 사람들도 있었다. 다들 지분을 팔겠다고 나섰고, 사방에 절망이 가득했다. 지분을 사기로 되어 있는 사람은 그 돈을 마련하기 위해 갖고 있는 지분을 매도했고, ('리포' 대출로) 지분을 산 사람은 이미 (담보로 맡긴) 지분 가격이 대출금 아래로 떨어져버렸기 때문에 팔아서 빚을 갚아야 했다. 지분을 산 사람은 더 손해가 커지기 전에 팔아야 했다. 이미 입은 손해를 만회하기 위해 그들은 더욱더 매도에 나섰다. 공매도를 해놓았던 아주 일부의 트레이더들마저도 이익을 더 늘리기 위해, 또 자신들의 운을 시험해보기 위해 매도 대열에 동참했다. 결국 모든 이들이 지분을 좀 사달라고 구걸하듯이 빌고 있었다. 땅이 무너지고 하늘이 무너지는 것 같은 패닉과 이해 불가한 쇼크가 사람들을 덮쳤다."

이 책의 주요 등장인물인 투자전문가는 전쟁 루머를 퍼뜨리고 다니는 사람들에 대한 분노도 쏟아낸다.

"잔인한 인간들. 이 비관주의자들은 공화국이 전쟁에 돌입할 수도 있다는 가능성만을 보고 전쟁이 일어날 거라고 외치고 다녔다. 실제로 일어날 일뿐 아니라 일어날 수도 있는 일을 마치 기정사실인 것처럼 퍼뜨리고 다니며 거래소를 파괴했다. 내가 진짜 놀란 것은, 이들이 어째서 전쟁이 가능하다고 예측했는지가 아니라, 가능성만 놓고 어떻게 그렇게 강하게 확신할 수 있었느냐는 것이다."

그러니까, 전쟁이 터질지 어떨지 아직 확실하지 않았음에도 불구하고 몇몇 사람들이 너무도 확신에 차 있는 나머지 다른 사람들도 이를 믿게 됐다는 것이다.[*] 데 라 베가는 이 '곰들'이 누구인지, 그리고 그런 정보가 어디서 나왔는지는 밝히지 않고 있다. 그러나 우리는 알고 있다. 용병 고용 비용 조달을 맡은 누네스 다 코스타와 다른 은행가들이 비밀 유출의 유력한 후보라는 걸.

『혼란 속의 혼란』에서 데 라 베가는 당시 거래소 사람들 모두가 전쟁을 확실히 믿었다고 썼지만, 펠터르스는 파트너들에게 보낸 편지에서 왜 가격이 그렇게 떨어지는지 모르겠다고 했다. 펠터르스만 루머를 듣지 못했을 수도 있을까? 아니면 듣고도 믿지 않았을까. 펠터르스는 암스테르담 시의회와 헤이그의 홀란트 주 정부에 좋은 정보원들이 있었다. 어쩌면 그는 정보원들을 통해 들어오는 정보만을 100% 신뢰하고, 거래소에서 도는 루머들은 공포를 조장하기 위해 작전세력이 퍼뜨린 것이라 평가절하했을 것이다.

빌럼 3세의 대부대가 영국을 침공한다는 사실은 여전히 공식적으로는 비밀에 붙여져 있었다. 외국에 파견되어 잇는 외교관들도 이 전

---

[*] 빌럼 3세가 함대를 동원해 바다를 건너 영국을 침공하긴 했지만, 영국왕 제임스 2세가 제대로 싸워보지도 않고 도망가는 바람에 별다른 인적, 물적 피해 없이 정권교체는 이뤄졌다. 이런 이유로 이 전쟁에는 '명예' 혁명이라는 이름이 붙었다.

투함선들의 목적지가 어디인지 궁금해했고, 암스테르담 시의회 역시 의심을 품었다. 9월 14일, 시의회는 홀란트 주의회에 나가 있는 대표단에게 함대의 공격 목표가 진짜로 북아프리카 해적뿐이냐고 물었다. 이런 불확실성이 VOC 지분 가격에 더 큰 부담을 주었고, 시의회가 이 문제를 다룬 날 가격은 최저치인 414까지 떨어졌다.

빌럼 3세도 더이상 비밀을 지킬 수 없다고 생각했다. 얼마 후 그가 홀란트 주의회와 공화국 의회에 군대의 목적을 밝히자, 거래소에서 돌던 루머들은 모두 정리되고 지분 가격도 약간 회복됐다. 10월 초에는 420과 430 사이에서 거래가 됐음을 확인할 수 있다.

책 『혼란 속의 혼란』에 등장하는 투자전문가 역시, 전쟁에 대한 불확실성이 사라지면서 VOC 지분 가격도 올랐음을 얘기한다. "주식거래소가 다시 살아난 걸 여러분들도 다 봤을 테니 말이지만, 전쟁에 대한 공포 때문에 180%(장부 가치 기준)나 떨어졌던 지분 가격이 전쟁 선포 후 100%나 올랐음을 주목하십시오." 그런데 이건 조금 과장이다. 전쟁 루머 때문에 지분 가격은 540에서 414까지 떨어졌었으니 그 낙폭은 136포인트였다. 장부가 기준으로 하면 136%다. 그리고 빌럼 3세의 작전이 공식 발표됐을 때의 상승폭은 고작 16포인트였다.

침공이 시작되고 전선의 소식이 처음으로 암스테르담에 전해지자 VOC 지분 가격은 더 올랐다. 11월 12일, 500척의 함선은 로테르담 인근, 영국과 대서양을 놓고 마주 보고 있는 헬로부슐라위스 항구를 떠나 영국 서남쪽 콘월 지역에 있는 작은 마을 브릭 섬에 도착, 군대를 내려놓았다. 빌럼 3세의 부대는 현지 신교도 세력들의 도움으로 신속하게 제임스 2세를 몰아내고 런던을 접수했다. VOC 지분 가격은 11월 말 450을 회복했다. 다음해인 1689년 2월, 빌럼 3세(영국 식으로는 윌리엄 3세)와 그의 아내 메리 스튜어트는 공식적으로 영국의 왕위를 계승받았다. VOC 지분 가격은 500 가까이까지 상승했다.

이렇게 빠른 회복은 1688년 8월과 9월에 있었던 거래소의 패닉이 쓸데없는 걱정에서 비롯된 것 아닌가 하는 생각을 하게 만들지만, 꼭 그런 것만은 아니었다. 어느 정도 이해할 만한 것이, 빌럼 3세의 영국 침공은 자칫하면 장기전으로 이어질 수도 있었고, 이는 VOC의 운명에도 재앙을 가져올 수 있었다. 하지만 빌럼 3세가 영국 침공 계획을 공식적으로 밝히자마자 주가가 반등했다는 것은 트레이더들이 너무 과민하게 반응했다는 점 역시 보여준다. 당시엔 미래의 불확실성이 너무 높았기 때문에 시장 참가자들이 서로의 눈치만 보는 상황이 이어졌고, 그러다보니 공포감도 필요 이상으로 퍼졌던 것이다.

피로 물든 저택

빌럼 3세가 영국의 왕이 될 줄을, 코엔라드 반 베닝헨은 알고 있었을까? 1688년 10월 전쟁이 시작될 무렵 반 베닝헨은 여전히 VOC '17인의 이사회'에게 자신의 제안을 정열적으로 설명하고 있었다. "자네의 명예에 간청하네. 나라와 회사에 봉사하기 위해 한평생을 바쳐온 이 남자의 말을 좀 들어주게나." 반 베닝헨이 동료 요하네스 후데 Johannes Hudde에게 보낸 편지다. 후데는 반 베닝헨과 함께 1688년 암스테르담 시장직과 VOC 이사직을 겸하고 있었다. 반 베닝헨은 후데에게 이사회가 자신의 제안을 검토할 수 있도록 최선을 다해 도와달라고 부탁했다.

이 편지를 보내고 나서 얼마 지나지 않아 반 베닝헨의 커리어는 끝이 났다. 1688년 10월 29일, 11월 5일과 8일, 그리고 12월 16일에 공증인 더르크 반 데르 흐로에가 암스텔 가 216번지에 있는 그의 저택 대문을 두드렸지만, 반 베닝헨은 나오지 않았다. 대신 그의 아내인 야코바와 처남이 나와 공증인을 맞았다. 이들의 대답은 한결같았다. "반 베닝헨 씨의 상태를 잘 아시잖아요."

그의 상태가 어땠는지는 기록으로 알 수 있다. 당시 암스테르담에 주재하고 있던 영국 영사 다니엘 프티트Daniel Petit가 본국으로 보낸 보고서를 보면, 9월 28일 그는 "반 베닝헨은 수십만 길더를 거래소에서 잃었습니다"라고 쓰고 있으며, 10월 19일자 보고서에는 이렇게 쓰여 있다. "반 베닝헨은 VOC 지분을 거래하다가 입은 막대한 손실 때문에 제정신을 잃었습니다."

반 베닝헨이 정말로 수십만 길더의 손해를 봤을까? 남아 있는 기록들을 살펴보면, 적어도 1688년 10월에 입은 손실은 수십만 길더까지는 아니었던 것 같다. 그해 4월부터 8월 초까지 5명의 상대와 맺었던 장부가 33,000길더어치의 선도 계약은 모두 9월 1일에 만기됐다. 계약 가격은 528에서 550.67 사이였는데, 그날 지분 가격은 463까지 떨어져 있었다. 이는 반 베닝헨의 손실이 약 25,000길더이상이라는 뜻이다.

하지만 영국 영사 프티트가 보기에 반 베닝헨의 손해는 여기서 그치지 않고 더욱 드라마틱하게 불어날 수 있었다. 그해 봄, 그는 선도 거래 외에 담보대출을 받는 '리포' 거래도 했기 때문이다. 이들 '리포' 계약의 만료 기간은 선도 계약보다 더 길었기 때문에 반 베닝헨이 여기서 입은 손실액이 얼마나 되는지 즉각 알려지지는 않았지만 10월 초가 되자 소문이 나기 시작했다. 워낙 금액이 컸기 때문이다. 그는

'리포' 계약으로, 즉 VOC 지분을 담보로 잡고 요세프 하스킨 스틸레스에게 무려 104,000길더를 빌렸다. 사무엘 데 엘리사 아브라바넬에게서는 42,000길더를, 모제스 페레이라에게서는 30,000길더를, 야콥 포펜에게서는 28,000길더를, 프란시스코 로페스 수아소에게서는 27,000길더를, 그리고 더르크 파테르에게서는 9,000길더를 빌렸다. 이 빚을 다 더하면 267,000길더였다.

돈을 빌려준 사람들은 아마 반 베닝헨이 VOC 주식 거래에 얼마나 큰 리스크를 지고 있는지 알고 있었을 것이다. 이들이 적용한 '헤어컷', 즉 담보 할인 비율을 보면 알 수 있는데, 예를 들어 1688년 5월 계약 당시 아직 지분의 시장 거래 가격은 550 이상이었지만, 스틸레스는 반 베닝헨에게 433만큼만 쳐서 빌려줬다. 이렇게 하면 반 베닝헨이 파산할 경우에도 돈을 빌려준 사람의 손해는 최소화할 수 있었다. 그렇게 되면 나머지 117에 해당하는 만큼의 돈은 반 베닝헨의 주머니에서 나와야 하는데, 그 돈이 다 사라져버린 것이다.

1688년의 영국 침공 루머 때문에 거래소에 위기가 닥치기 전까지 몇 달 동안 반 베닝헨은 빌린 돈으로 투자를 하면서 포트폴리오의 '레버리지'를 엄청나게 높여서 VOC 지분 상당량을 보유하게 됐다. 그는 '17인의 이사회'가 자신의 개혁안을 받아주기만 하면 큰돈을 벌 수 있으리라 확신했지만, 동시에 리스크 역시 기하급수적으로 커졌다.

지분 가격이 폭락하자 그는 자신이 투자했던 돈의 몇 배를 잃게 됐다. 다 합쳐 약 100,000길더나 됐는데, 이는 얼마나 큰 돈이었을까. 1684년 기준으로, 반 베닝헨의 저택에서 한 골목 옆에 있는 헤렌흐라흐트 621, 623, 625 번지의 집 3채는 가격이 각각 4,000길더였다.

이미 이전부터 정신이 조금 불안정한 상태였던 반 베닝헨은 이 사건으로 회복 불가능한 정신적 타격을 받았다. 제정신이 아닌 상황에서 그는 여기저기 많은 편지를 썼다. 행정관들과 교회에 쓰는 편지들이었다(하지만 VOC 이사들에겐 더이상 편지를 보내지 않았다). 또 그는 가끔 밤거리로 뛰쳐나가 소리를 지르고 화를 내기도 했다.

어느 날 밤 그는 자신의 집 외벽에 낙서를 남겼는데, 그 집과 낙서는 암스텔 가 216번지에 지금도 그대로 남아 있다. 대문 양옆 벽에서는, 붉은색으로 쓰인 히브리어 글자들과 도형들, 범선 1척, 그리고 "van Buenige" "Jacoba"*라는 글자들을 볼 수 있는데, 이것들은 반 베닝헨이 그의 피로 쓴 것이라고 전해진다. 소문이 사실인지는 확인할 수 없지만 그때부터 이 저택은 '피로 물든 집'이라고 불리고 있다.

아내의 요청으로 반 베닝헨은 암스텔 가의 작은 집 뒷방으로 옮겼고, 2년 후인 1693년 그가 죽으면서 남긴 재산은 옷가지 몇 개와 침대, 의자 몇 개, 책상, 그리고 렘브란트가 그린 초상화 한 점뿐이었다. 초상화는 7길더에 팔렸다.

그렇다면, 1688년의 위기 이후 주식시장은 어떻게 됐을까? 시장은 아무 일도 없었던 것처럼 모든 것이 정상으로 돌아왔다. 물론 돈을 잃은 트레이더들도 많았지만, 그해 말까지 지분 가격이 가파르게 오른 덕에 대부분 손해를 만회할 수 있었다.

파산한 트레이더들은 많지 않았다. '재앙의 해'인 1672년과 비교해 가격 하락폭이 크지 않았기 때문이다. 1672년에는 49%까지 하락했지만, 1688년에는 16% 정도만 떨어졌다. 또 트레이더들 개인 차원에서

---

* 반 베닝헨은 64세 때 이웃집에 살던 46세 여인 야코바와 결혼했다. 주식 파동이 있기 불과 2년 전인 1686년이었다. 야코바는 부유한 가문 출신이지만 평판이 좋지 않았다.(Geert Mak, Amsterdam, a brief life of the city, 1994)

반 베닝헨의 집과 피로 썼다고 전해지는 낙서.

세계 최초의 증권거래소

도 1672년의 경험에서 배운 바가 있었기 때문에 충격이 덜했다. 예를 들어, 반 베닝헨이 선도 거래로 지분을 마구 사들이긴 했지만 거기엔 한도가 있었다. 트레이더들이 그의 선도 거래 제안을 일정량 이상은 받아주지 않았기 때문에 그는 어쩔 수 없이 '리포 거래'로 돌아서야 했던 것이다. '리포' 거래의 양이 엄청났기 때문에 리스크 역시 엄청나게 커졌고, 가격이 떨어졌을 때 그는 엄청난 피해를 보게 됐다. 하지만 그 것은 반 베닝헨 혼자만의 손실이었다. 그에게 돈을 빌려준 사람들은 담보로 잡았던 반 베닝헨의 지분을 팔아 손실을 보지 않았다.

또한 반 베닝헨과 선도 거래를 했던 이들 역시 운이 좋았다. 그는 원래 부유한 사람이었기 때문에 저택과 다른 재산을 팔아서 선도 계약을 상당 부분 이행할 수 있었다. 다만 프랑수아 파르디크만은 그러지 못했다. 반 베닝헨에게 받지 못한 돈 때문에 다른 계약들을 지킬 수 없게 됐고, 결국 그 역시 1688년 10월 말 파산했다. 이때의 거래소 위기 때 파산한 것으로 알려진 직업 트레이더는 파르디크 한 명뿐이다.

1672년 '재앙의 해'의 경험은 VOC 트레이더들에게 이 비즈니스가 갖고 있는 위험성을 확실히 일깨워줬다. 16년이 지난 후에도 이들은 신중을 기했고, 그래서 1688년의 폭락을 큰 피해 없이 넘길 수 있었다. 하지만 세월이 지나면서 주식 거래의 리스크에 대해 사람들은 다시 조금씩 무감각해졌다. 에필로그에서 다시 설명하겠지만, 다음 위기는 1720년에 닥쳐왔다. 이번에는 전쟁도, 전쟁의 징조도 없었다.

17세기 암스테르담의 주식 파동에서 우리는 한 가지 교훈을 얻을 수 있다. 사람들이 주식 거래의 위험성을 깨닫게 하기 위해서는, 때때로 금융 위기가 필요하다는 것이다.

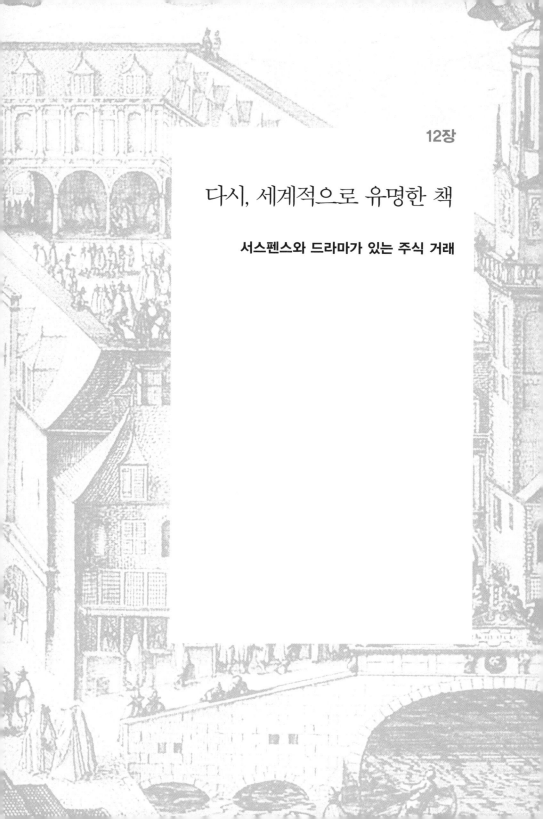

12장

다시, 세계적으로 유명한 책

서스펜스와 드라마가 있는 주식 거래

요세프 펜소 데 라 베가의 책 『혼란 속의 혼란』에서, 주인공 3명 중 상인과 철학자는 1688년의 주가 폭락 사태 때 돈을 잃는다. 투자전문가는 불평을 늘어놓는 상인과 철학자에게 그만하면 괜찮은 편이라고 말한다. 사실 더 큰 손해를 본 사람은 투자전문가였다.

"지분을 사서 보유하거나, 누군가에게 팔거나 누군가에게서 사기로 약속한다고 해서 (그리스 신화의) 아틀라스처럼 죄책감을 느낄 필요는 없네. 끈기만 가진다면 손해는 만회할 수 있고 명예는 지킬 수 있으니까. 하지만 내가 입은 상처는 너무도 깊어서 더이상 농담을 할 기분이 아닐세. 나는 명예를 잃었네. 멍청해서가 아니라 운이 나빠서 이 지경에 왔다는 게 나의 유일한 위안이네."

아틀라스는 천계를 어지럽혔다는 죄로 어깨로 하늘을 떠받치는 벌

시청사 안의 아틀라스 석상

을 받는 그리스 신화 속 인물이다. 암스테르담 시청사 안에는 지구 모양의 공을 떠받치고 있는 아틀라스의 동상이 있다. 당시 암스테르담 사람들에게 아틀라스의 비유는 친숙했다.

이 말을 하고 나서 투자전문가는 두 초보자에게 시장에서 횡행하는 온갖 트릭과 속임수들을 구구절절 설명해주면서, 만일 다시 트레이딩에 뛰어들게 되면, 운이 나빠 혹시 돈을 잃을 수는 있겠지만 속임수에 넘어가지는 않았으면 좋겠다고 당부한다. 이 부분 때문에 몇몇 역사학자들은 『혼란속의 혼란』이 당시 일반인들을 위한 트레이딩 입문서로 쓰인 책이라고 생각해왔다. 특히 이 책이 스페인어로 쓰여 있었기 때문에 스페인과 포르투갈에서 건너온 유태인들 중 이 사업에 뛰어들고 싶어하는 사람이 타깃 독자층일 거라고 생각했다.

데 라 베가 역시 『혼란 속의 혼란』이 일정 부분 입문서의 역할을 할 거라고 인정했다. 그는 서문에서 책을 쓴 동기에 대해 "현재 전 유럽에 존재하는 사업 중에서 가장 튼튼하고, 가장 유용하고, 가장 공정하며 가장 고귀한 사업에 대해 설명하기 위해" 이 책을 썼다고 적었다.

하지만 이 책이 실용적인 가이드북이 되었을 리는 없다. 여러 트레이딩 기법을 설명한 대목은 너무 어려워서 이해하기가 어렵고, 그가 투자자들에게 제시한 방법들도 대부분 비현실적이다. 다음의 예를 보자. 책 도입부에서 등장인물 3명 중 투자전문가는 철학자에게 '지분 투자를 했다가 많은 돈을 잃는 것이 두려우면 옵션부터 시작하라'고 조언한다. 옵션을 사면 최악의 결과가 나온다 해도 이미 지불한 옵션 프리미엄만큼만 손해를 본다는 것이다. 반면 가격이 원하는 방향으로 움직일 경우 얻을 수 있는 수익은 "자네의 상상을 초월할 것"이라고 도 말한다. 물론 이 설명 자체가 틀린 것은 아니지만, 실제로 이 말을 듣고 옵션을 샀다가는 후회하기 십상이다. 옵션을 거래할 때는 자신이 지게 될 리스크(혹은 자신이 상대에게 떠넘겨야 하는 리스크)와 지불하는 프리미엄 사이의 비용을 신중하게 비교해봐야 하는데, 이런 분석은 쉬운 일이 아니다. 한 번도 주식투자를 해보지 않은 사람이나 주가의 움직임에 대해 감이 없는 사람은 손해를 보기 마련이다.

아마도 이 말은 독자들에게 진짜로 옵션 거래를 해보라고 권유하는 것이라기보다는 옵션 시장의 위험에 대한 경고로 쓰였을 것이다. 책에서도 상인이 옵션 거래를 해보지만 실패로 끝난다. 그는 거래소 트레이더들 사이에 끼어들어서 몇 월 며칠에 거래되는 VOC 지분의 옵션 가격이 얼마냐고 물었다.

"그랬더니 거기 있던 건달 중 하나가 잽싸게 말하더군요. 자기는 어느 가격에도 묶여 있진 않지만 아마 프리미엄이 (옵션 행사 가격의) 20% 쯤 될 거라고 생각한다는 겁니다. 그래서 내가 15%에 사고 싶다고 했더니, 그는 나에 대한 호의의 표시로 자신이 그 제안을 받아들이겠다, 그 값에 나의 리스크를 대신 가져가주겠다고 하더군요. 그 말을 듣고 나는 그 사람에게 고마워했는데, 오늘 누군가 나에게 말해주기를 그런 옵션의 프리미엄은 최대 9%라고 합디다."

속임수에 넘어간 것이다. 그는 이 비즈니스에 대해 아무것도 모르는 채로 거래소로 걸어들어갔고, 위선적인 트레이더가 놓은 덫에 그대로 걸려들었다.

투자전문가는 상인의 부주의함과 미숙함에 대해 전혀 책임감을 느끼지 않았다. "아, 정말 답답하구먼. 까마귀한테 말을 가르치려는 사람이 있었다더니 지금 내가 딱 그런 경우네. 자네를 교육시키는 데 들어간 내 시간과 노력은 어떻게 하나! 내가 무얼 위해서 자네에게 그렇게 많은 가르침을 줬는지 모르겠군. 그래봐야 자네는 더 끔찍하게 멍청해졌는데!"

이게 끝이 아니다. 그는 또한 덧붙인다. "자네가 멍청하니까 속은 거지. 그렇게 나한테 잘 배워놓고도 그런 실수를 저지르면 변명할 길이 없어."

책의 저자인 데 라 베가도 직접 트레이딩을 했는지는 알 수 없다. VOC 장부 등 관련된 문서 어디에도 그의 이름은 없다. 하지만 그가 이 방면에 대한 지식이 풍부했음에는 이견이 있을 수 없다. 책을 쓰면서 필요한 기술적인 지식은 그의 형 아브라함 펜소 펠릭스 Abraham

Penso Felix에게 물었을 수도 있다. 펠릭스는 거래소에서 아주 활발하게 활동했던 트레이더로, 이 책에도 몇 번 등장한 바 있다. 어쨌든,『혼란 속의 혼란』은 주식시장이 작동하는 원리에 대해서는 정확하게 설명했지만 투자 입문서로서는 그다지 실용적이지 못하다고 볼 수밖에 없다. 옵션 거래의 예에서 볼 수 있듯 데 라 베가는 트레이딩 기법들을 너무 빙빙 돌려서 설명했다. 누군가 이 책을 투자 가이드북으로 구입했다면 행간까지 추측해가며 읽어야 조금이라도 도움이 됐을 것이다.

데 라 베가가 책을 쓰게 된 다른 이유는 없을까? 그는 3가지 이유를 든다. "첫번째는 나의 여유 시간을 때우기 위해서다. 별것 아니지만, 부끄러운 취미는 아니다." 둘째는 이미 밝혔듯 트레이딩에 대해 잘 모르는 사람들에게 지식을 전달해주기 위해서였고, "세번째는 악당들이 꾸미는 속임수들을 진실의 붓으로 그려 보여주기 위해서다. 어떤 독자는 즐거워할 테고, 어떤 독자는 경각심이 생길 것이며 어떤 독자들은 꾸중을 듣는 기분일 것이다."

독자들에게 경각심과 재미를 동시에 주려는 것이 이 책의 목적이었고, 실제로 내용도 그렇다. 등장인물인 투자전문가는 상인이 자기 말을 안 듣고 멍청하게 속임수에 넘어갔다면서 꾸짖은 다음, 거래소에서 일어나는 여러 종류의 속임수들에 대해 한참 동안 설명해준다. 많은 양의 거래 주문을 받은 것처럼 속여서 시장 가격에 영향을 끼치려는 브로커들, 그리고 거짓 뉴스들을 종이에 적어서 돌리는 트레이더들 등 많은 사례들을 철학자와 상인에게 들려준다.

구약성서와 고대 신화를 자주 인용하는 것도 책의 교훈적인 측면을 강화해준다. 17세기엔 기독교 성경과 고대 신화의 비유를 드는 스토리텔링이 아주 유행했었고, 데 라 베가 역시 지분 트레이더들의 행

앞과 위에서 본 헨드릭 데 카이저 거래소의 모습이다.

동을 설명하기 위해 이를 사용했다. 트레이딩 비즈니스에 대해 아무것도 몰라 이런 속임수가 얼마나 심각한 위협이 되는지 모르는 사람들에게 성경이나 고대 신화의 예를 들어서 이야기해주면 이해시키기가 더 쉬웠다.

그는 독자들이 자신의 경고를 좀더 심각하게 받아들이도록 몇몇 부분을 과장하기도 했다. 특히 주식시장에서 일어나는 속임수와 트릭에 대한 이야기가 책 전반에 강조되는데, 실제로 이삭 르 매르와 한스 바우어의 사례에서 봤듯 당시 활동했던 트레이더들이 전부 정직하고 깨끗하게 거래했던 것은 아니다. 또 트레이더들이 시장 가격에 영향을 주기도 지금보다 상대적으로 쉬웠다. 예를 들어 1688년 예로니무스 펠터르스는 거래소에 나가서 지분을 사들이고 싶어하는 것처럼 행동하는 것만으로도 거래 가격을 몇 포인트 올리는 데 성공한다. 이렇게 마음만 먹으면 거짓 소문을 퍼뜨리거나 특정한 의도가 있는 척 행동해서 짧은 시간 동안이라도 가격을 올리거나 내리는 것이 가능했을 것이다. 데 라 베가가 썼던 거래소의 어두운 모습은 기본적으로 사실이지만 너무 이런 쪽만 강조하다보니 이 책에서는 지분 거래가 온통 속임수뿐인 것 같은 인상을 준다.

데 라 베가는 책의 다른 요소들도 과장했다. 앞서 11장에서 봤듯 그는 1688년의 주가 하락도 실제보다 훨씬 심각했던 것처럼 그렸다. 책 『혼란 속의 혼란』에 등장하는 투자전문가는 VOC 지분 가격이 8월 말 365까지 떨어졌다고 했지만, 당시 매일같이 거래소에 나갔던 예로니무스 펠터르스는 빌럼 보렐에게 보낸 편지에서 당시 가격이 최저 463이었다고 적었다. 펠터르스가 거짓말을 한 걸까? 자신이 본 손해를 숨기기 위해서? 아니면 데 라 베가가 책을 쓰면서 좀더 드라마

틱하게 과장한 걸까?

이 책은 남들을 조롱하는 재미도 준다. 당시 암스테르담 사람들, 특히 이 책의 타깃 독자층이었던 포르투갈계 유대인 사회에서 1688년의 VOC 지분 폭락 때문에 돈을 잃었던 사람을 찾기는 아주 쉬웠을 것이다. 큰돈을 잃은 사람들에 대한 소문이 여기저기 돌았을 테고, 데 라 베가는 영리하게도 이 점을 노렸다. 책에서 상인과 철학자, 그리고 투자전문가가 징징거리며 불평하는 대목을 읽으며, 사람들은 주변에서 비슷한 꼴을 당한 이웃이나 친구들을 떠올릴 것이다. 바로 전해까지 지분 가격이 쭉쭉 오르면서 많은 트레이더들이 손쉽게 벼락부자가 됐고, 그 기회를 놓친 사람들은 질투 때문에 배가 아팠을 것이다. 이제 트레이더들의 욕심이 부메랑이 되어 돌아온 것을 보고 책의 독자들은 낄낄거렸을 것이다.

그렇다면, 우리 21세기의 독자들에게 『혼란 속의 혼란』은 어떤 효용을 줄까. 파이낸셜타임스가 말한 대로 이 책이 정말 세계 10대 투자서 가운데 하나로 꼽힐 수 있을까.

책에 나오는 일반적인 이야기들은 현대의 투자자들에게도 적용할 수 있다. 예를 들어 투자전문가는 이렇게 말한다.

"어떤 거래에서 좀더 이익을 볼 수 있었더라도 너무 아까워하지 말게. 미끌미끌한 장어는 어부의 손아귀에서 생각보다 빨리 빠져나갈 수 있네. 행운이 언제까지나 계속 되기를 기대하지 말고 즐길 수 있는 만큼 즐기는 게 좋을 거야."

그는 또 이렇게도 말한다.

"누구든 이 게임에서 이기고 싶은 사람이라면 인내심과 돈이 필요하지. 지분의 가치라는 건 일정하게 유지될 때가 거의 없고, 루머라는 건 진실에 기반하고 있을 때가 거의 없지. 번개가 시끄럽게 칠 때 사슴은 도망가지만 사자는 포효로 응수한다네. 불운이 닥치더라도 겁먹지 말고 타격을 견뎌낼 줄 아는 사람이 되어야 하네. 희망을 버리지 않는 사람은 승리하고, 시작할 때 마음속에 그렸던 만큼의 돈을 지킬 수 있을 것이네."

이는 재미있고 또 유용한 조언이다. 하지만『혼란 속의 혼란』이 특별한 책이 될 수 있는 건 이런 충고 때문만은 아니다. 기술적인 측면에서도 데 라 베가의 설명은 너무 어려울 때가 많고, 또 17세기 당시 트레이딩의 세부적인 내용은 현대의 투자자들에게는 직접적인 도움을 주지 못하는데, 하지만 바로 그 점, 이 책이 지금까지 나온 다른 투자서들과 크게 다르지 않다는 점이 이 책의 힘이고 가치다. 세계 경제를 떠받치고 있는 기둥 중 하나인 트레이딩 비즈니스에 대해 깊게 파고든 최초의 책이기 때문에 이 책은 특별하다. 17세기 VOC 지분 트레이딩은 현대의 독자들도 깜짝 놀랄 정도로 활발히 이루어졌다. 이런 의미에서 〈월스트리트〉(1987)*나 〈월스트리트: 머니 네버 슬립스〉(2010) 같은 영화들이 이 책의 연장선상에 있다고 볼 수 있다.『혼란 속의 혼란』이나 이런 할리우드 영화들이 주식시장을 아주 균형 잡힌 시각으로 그린다고는 볼 수 없다. 그럼에도 불구하고 사람들이 이런 이야기

---

* 올리버 스톤이 감독하고 마이클 더글라스가 주연한 영화. 감독은 돈만 좇는 금융업의 폐해를 비판할 목적으로 영화를 찍었다고 했지만, 실제로는 고연봉 금융권에 대한 젊은 층의 환상만 키웠다는 비판을 받았다.

들에 끌리는 이유는 서스펜스와 드라마, 그리고 트레이딩 플로어 위에서 벌어지는 흥미진진한 사건들 때문일 것이다.

에필로그

17세기, 회사의 지분이 대규모로 거래되고 파생상품까지 거래된 사례는 암스테르담이 유일했지만, 다른 도시들에도 하나둘, 지분을 발행하며 주식회사들이 설립되었다. 1600년 영국에서는 영국 동인도회사 the East India Company, EIC가 창립되었고, 이탈리아의 제노아나 베니스 같은 도시국가에서는 지분을 발행하는 회사의 역사가 중세까지 거슬러올라간다. 하지만 이탈리아나 영국의 이러한 회사들의 지분은 시장에서 거의 거래되지 않았다. VOC에 비해서 회사의 규모가 훨씬 작은 데다, VOC처럼 장기적인 계획을 가지고 운영되지도 않았기 때문이다. 예를 들어 EIC의 주주들은 단기간만 지분을 보유하면서 회사에 새로운 자본이 필요할 땐 다시 새 주주들을 모아 지분 청약을 받았는데, 이런 형태는 1657년까지 지속되었다. EIC의 주주들은 지분을 샀다가도 금세 투자금을 돌려받았기 때문에, 네덜란드 VOC의 주주들처럼 굳이 시장에서 지분을 트레이딩할 필요성을 느끼지 않았다.

파생상품의 경우는 암스테르담 밖에서는 거의 찾아보기가 힘들었다. 런던에서 주식 관련 파생상품이 등장한 것이 1690년이니, 암스테르담의 증권거래소는 세계 최초라는 타이틀을 당당하게 자랑스러워해도 좋을 것이다. 하지만 이로 인해 암스테르담이 얻은 이익이 있을까?

간단하게 대답하면 '아니요'다. 암스테르담이나 네덜란드 공화국은 VOC 지분 트레이더들의 존재 유무와 상관없이 부유해졌을 것이다. VOC의 지분을 사거나 파는 행위는 근본적으로 돈을 이리저리 옮기는 일에 불과하다. 한 트레이더의 수익은 곧 다른 트레이더의 손실이었다. 주식 가격이 오르면 전체적으로 트레이너들의 수익도 올라가지만, 그것은 VOC가 영업을 얼마나 잘하느냐에 달려 있는 문제로, VOC의 지분들이 얼마나 잘 거래되는가 하는 것과는 크게 상관이 없는 것이다. 다시 말하면, 지분 거래 그 자체만으로는 경제적인 가치를 만들어내지 못했다.

17세기에는 심지어 VOC 지분 거래가 네덜란드 공화국의 번영에 부정적인 영향을 준다는 의견이 나오기도 했다. 상인들이 이쪽에 너무 많은 시간과 돈을 쏟다보니 다른 실물 경제 화동을 등한시한다는 주장이었다. 이들 비판론자의 말도 일리가 있었다.

예로니무스 펠터르스의 경우를 보면, 그는 한평생을 트레이드를 했다. 담 광장에 가는 날도 있었고, '행동주의자들의 모임'에는 거의 매일 나갔다. 트레이딩 파트너나 정보원들을 만나거나 편지를 주고받는 데 들어가는 시간도 상당했으며, 거래소에 뭔가 사건이 일어나거나 불확실성이 커지는 때면 하루 종일 트레이딩에 매달렸다.

하지만 펠터르스가 지분 트레이딩을 하지 않았다고 해도 뭔가 다른, 사회적으로 좀더 많은 가치를 창출하는 일을 했을 것 같지는 않다. 그는 아주 돈이 많은 사람이었다. 암스테르담에는 운하 옆 대저택 한 채, 근교에 별장 한 채가 있었다. VOC 지분 트레이딩에 뛰어들었을 무렵에는 이미 상인으로서 아주 성공적인 커리어를 만들고 난 다음이었다. 그에게 있어 트레이딩은 일종의 흥미진진한 취미생활이었을 수도 있다. 주식시장이 없었다면 아마 그는 그저 여유 있는 삶을 즐기는 신사로 살았을 것이다.

물론 펠터르스처럼 부유한 투자자들, 트레이더들만 있는 것은 아니었다. 트레이딩에 시간을 빼앗기지 않았다면 그들이 좀더 생산적인 직업을 찾아서 공화국 경제에 더 보탬이 됐을 수도 있다. 하지만 이 비즈니스는 그들 개인에게는 분명 이익을 가져다주었다. 주식시장이 존재했기에 VOC의 지분이나 파생상품에 돈을 단기간 혹은 장기간 투자해서 돈을 벌 수 있었고, 파생상품을 이용해 포트폴리오 리스크를 조절할 수도 있었다. VOC 지분 거래 시장은 투자자 개개인에게 이익을 주었고, 결국 간접적으로 공화국 경제에도 도움을 준 셈이다.

물론 아쉬움은 남는다. 이 트레이딩 시장은 VOC뿐 아니라 지분을 공개하지 않은 다른 기업들에게도 더 많은 도움을 줄 수 있었을 것이다. 새로운 기업들이 지분 청약을 받았더라면 많은 투자금을 모을 수 있었을 것이다. 당시 네덜란드, 특히 황금시대를 맞은 홀란트 지방은 돈이 넘쳐나고 있었다. 빠르게 부가 축적되어 사람들이 돈을 어디에 써야 할지 몰라 고민할 지경이었다. 데 라 베가는 『혼란 속의 혼란』에서 "돈의 홍수"가 났지만 그 돈을 놓아둘 곳이 많지 않다고 적었다. VOC처럼 큰 다른 기업들도 지분을 대중들에게 팔았더라면 많은 자금을 모을 수 있었을 것이다.

하지만 VOC를 제외하곤 그렇게 한 기업이 없었으며, VOC 역시

1602년의 최초 지분 청약 이후엔 추가 청약을 받지 않았다. 회사가 돈이 필요할 때는 대출을 받았다. 왜 그랬을까. 1672~1673년을 제외하면 지분 가격은 1640년대 이후 400 이상을 유지했다. 신규 청약을 시도했더라면 큰돈을 모을 수 있었을 것이다.

VOC의 이사들은 주식시장을 이용해 자본금을 더 늘릴 생각 자체를 못했던 것 같다. 17인의 이사회 회의록을 뒤져봐도 이에 대해서는 논의된 바가 없다.

VOC 외에, 공개적으로 거래되는 주식(지분)을 발행한 또다른 회사는 네덜란드 서인도회사Geoctroyeerde Westindische Compagnie, WIC였다. 네덜란드 공화국 정부는 VOC에는 동아프리카/아시아 지역과 거래할 독점권을, WIC에는 서아프리카/북남미 지역과 거래할 독점권을 주었다. 아프리카 대륙 남단의 희망봉을 경계로 동과 서를 구분한 것이다. 하지만 1621년, WIC의 지분 청약은 성공하지 못했다. 이 회사가 설립되기 전, 스페인과의 '12년 휴전시대(1609~1621)' 동안 네덜란드 상인들은 이미 카리브 해를 비롯한 북남미 지역과 활발한 무역활동을 하고 있었다. 1621년 스페인과 전쟁이 다시 시작됐을 때, 상인들은 굳이 새로운 회사에 투자하기 위해 이미 갖고 있는 기득권을 빼앗기려 하지 않았다. 네덜란드 정부가 WIC에게 서아프리카/북남미 지역의 무역 독점권을 주기로 되어 있었지만, 현실적으로는 이미 그 지역에서 활동중이던 민간 상인들을 통제하기가 어려웠다. 뿐만 아니라, 당시는 VOC의 주주들 역시 회사에 대한 불만이 최고조에 달해 있었을 때였다.(5장 참고) 그러니, VOC와 여러모로 비슷한 WIC에 투자하고자 하려는 사람은 많지 않았다.

WIC는 결국 실패했다. 1674년 무렵 채무가 너무 커져서 더이상 운영이 어려워졌다. 결국 WIC는 파산을 선언하고, 곧바로 다시 '제2의 서인도회사'가 설립됐다. 오리지널 WIC의 주주들은 의무적으로 새로운 자본을 투입하도록 요구받았다. 이렇게 만들어진 제2의 WIC는 잠시 성공한 듯 보였으나 곧 다시 빚이 쌓여갔고, 제1, 제2의 WIC의 재무 상황을 잘 알고 있는 상인들은 이 회사의 지분을 거래소에서 따로 사려 하지 않았다. 거래는 거의 이루어지지 않았고, 회사가 존속되는 내내 지분 거래 가격은 아주 낮게 형성됐다. 심지어 장부 가치에도 못 미치는 때도 많았다.

17세기를 통틀어 공개적으로 지분이 거래된 회사가 VOC와 WIC 단둘뿐이었던 또다른 이유는, 당시만 해도 대규모 자본이 필요한 산업이 거의 없었기 때문이다. 공장에 들어가는 값비싼 장비들은 아직 발명되기 전이었고, 양조장 정도가 나름대로 큰 자본이 필요한 사업이었으나 대부분 소유주의 재산에 은행 빚을 보태서 운영 가능한 정도였다. 수천 명의 직원과 거대한 창고들, 그리고 많은 수의 상선과 함선이 필요한 VOC, WIC는 당시로서는 특이한 기업이었다.

주식 발행이 이루어지지 않은 또다른 이유는, 당시 회사가 주식을 발행하기 위해서는 반드시 공화국 의회의 승인을 받아야 했기 때문이기도 하다. 의회가 기업의 주식 발행 신청을 모두 거부했던 것인지 아니면 기업들이 신청할 의지 자체가 없었던 것인지 확인할 수는 없지만, 아마 후자일 것이다. VOC와 WIC 사례에서 보듯 의회는 지분을 팔게 해주는 대신 회사의 경영권에 상당한 영향력을 행사했다. 기업인들 쪽에서는 이런 상황은 원치 않았을 것이다.

새로운 주식의 발행이 전혀 없었기 때문에, 1660년경에 이르자 현물 거래 시장은 침체기에 접어들었다. 대신 선도거래와 옵션거래 시장이 동시에 꽃을 피웠다. 트레이더들은 별다른 어려움 없이 지분을 담보로 맡겨서 돈을 빌릴 수 있었고, 매달 말 서로 대금을 정산했다. 또 '행동주의자들의 모임'과 같은 회원제 트레이딩 클럽들이 생겨나면서 투기꾼들에게 계약 이행에 대한 최소한의 안전망이 제공되었다. 시장은 계속 자라나, 1680년대 말 VOC 장부에 나타난 지분의 명의 이전 건수는 1660년대보다 50% 많았다. 하지만 1720년까지는 전반적으로 큰 변화가 없다고 볼 수 있다.

네덜란드 공화국 밖의 사정은 좀 달랐다. 오랜 세월 런던의 주식시장은 암스테르담에 비해 크지 않았고, 영국 동인도회사EIC의 지분은 상대적으로 소량만이 거래되었다. 그런데 1690년경부터 주목할 만한 변화가 생겼다. 런던의 시장이 머리카락이 휘날릴 정도로 빠르게 발전하기 시작한 것이다. 1688년 빌럼 3세가 영국에 건너가 왕이 된 것과 관련이 있을까? 확신할 순 없지만, 타이밍을 보면 그럴 수 있으리라 짐작이 가능하다. 빌럼 3세와 함께 네덜란드의 금융 노하우도 일정 부분 건너간 것으로 보인다.

1690년 런던 시장의 지분 거래량이 치솟으며, 암스테르담 시장과 똑같은 형태의 파생상품들도 거래되기 시작했다. 무엇보다 중요한 변화는 그 몇 년 사이 무려 25개 이상의 회사들이 주식을 발행했다는 것이다. 엄청난 주식투자 열풍이 불었다. 런던 시장의 빠른 성장에는 일정 부분 '9년 전쟁(1688~1697)'*이 영향을 미쳤다. 영국이 참여했던 이 전쟁에서 무기산업이 호황을 이루면서, 무기와 각종 물자를 공급하는 회사들 상당수의 지분이 런던 주식시장에서 거래된 것이다.

---

* '태양왕' 루이 14세가 이끄는 프랑스를 상대로 네덜란드/영국/신성로마제국/스페인/스웨덴/사보이 공작령 등 연합군이 벌인 전쟁.

물론 이 회사들 모두가 성공을 거둔 건 아니어서, 대부분은 17세기가 끝나기 전에 청산되었지만 이 기간 동안 영국인들은 주식시장의 힘을 이용해 큰 자본을 모을 수 있다는 사실을 확실히 깨닫게 됐다.

영국 정부는 이런 상황을 다소 의심스러운 눈으로 지켜봤다. 9년 전쟁에 들어가는 돈 때문에 정부는 엄청난 빚의 무게에 짓눌려 있었는데, 민간 기업들은 별다른 노력 없이 지분을 발행해서 큰 자본을 축적하고 있었기 때문이다. 영국 정부는 이러한 주식 열풍을 이용해서, 정부의 빚을 주식회사 형태로 바꿀 수 있지 않을까, 생각하게 되었고, 그 결과 탄생한 것이 바로 남해회사 the South Sea Company이다. 영국 정부는 채권을 갖고 있는 투자자들에게 돈을 갚는 대신 남해회사 지분을 주는 한편, 이 회사에는 남미 지역과의 무역 독점권을 주었다.

초반에는 이런 아이디어가 제대로 통하는 듯했다. 정부는 예전처럼 채권 보유자들에게 높은 이자를 지급하지 않아도 되었고, 남해회사에 대한 투자 열풍이 불면서 주주들은 주주들대로 즐거워했다. 주가가 계속 오르자 런던 사람들은 주식시장이 무한한 돈의 원천이라고까지 생각하게 되었다. 당시 셀 수 없이 많은 회사들이 아무 계획도 없이 만들어졌는데, 단지 주식시장에서 돈을 끌어모을 목적이었기 때문이다. 이런 상황이 오래 지속될 수는 없었다. 이런 전 국민적 투기 현상은 결국 1720년 '남해회사 버블' 사건으로 이어졌다. 1720년 한 해 동안 주가가 10배 가까이 뛰었다가 제자리로 돌아오는 바람에 수많은 사람들이 피해를 입었다.

프랑스와 네덜란드 공화국에도 비슷한 상황이 벌어졌다. 1720년에는 네덜란드에서 40개 이상의 회사가 느닷없이 설립되어 주식을 발행했다. 대부분은 런던의 주식시장에 상장됐던 회사들처럼 껍데기에 불과했지만 그중엔 예외도 있었다. 예를 들어 그해 로테르담에서 설립된 보험회사 중에는 이름만 바뀌었을 뿐 2015년 현재까지도 영업을 하고 있는 회사가 있다.* 네덜란드에서는 공화국 정부가 특별히 신경을 써서 시장을 감독했기 때문에 영국이나 프랑스에 비해 주식을 팔기 시작한 회사의 수도 적었고, 거품의 피해도 그만큼 적었다.

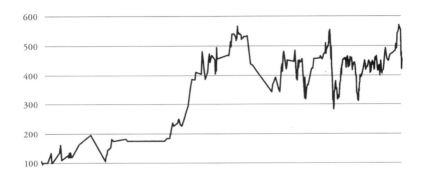

1602년 9월부터 1688년 12월 사이의 VOC 지분 가격 변동. 이 그래프는 총 823개의 기록을 바탕으로 작성됐고 각 수치는 월간 평균을 나타낸다. 가격 정보가 없는 기간은 선형보간법으로 추측했다. 배당락을 반영한 가격이다.

1720년의 남해회사 버블 사태는 주식시장이 경제에 긍정적인 역할을 한다는 확신을 주지 못했다. 그러나 이러한 일련의 사건들은 시장

---

* Stad Rotterdam Verzekeringen이라는 회사로, 지금은 ASR Nederland라고 불린다.

을 좀더 성숙하게 만들었다. 영국에서는 주식 거품이 다시 일어나는 걸 막기 위한 여러 규제들이 도입되었다. 훗날 산업혁명을 겪으며 더 많은 자본을 필요로 하는 기업들이 설립됐을 때, 예를 들어 19세기의 철도 열풍이 불었을 때, 사람들은 과거 남해회사 버블 사태의 역사를 상기하면서 좀더 조심스럽고 신중하게 주식투자에 접근할 수 있었다.

지금까지 살펴봤듯이, 런던의 주식시장은 암스테르담에서 얻은 교훈을 바탕으로 발전했으며, 이러한 경험과 지식은 훗날 전 세계 수많은 주식시장으로 퍼져나갔다. 물론 현대의 증권투자는 17세기 암스테르담과 비교할 수 없을 정도로 복잡하고 범위도 넓다. 하지만 펠터르스, 르 매르, 페레이라 같은 암스테르담의 VOC 지분 트레이더들이 만들어낸 증권 거래의 기본은 오늘날에도 여전히 유효하다.

VOC가 설립되고, 얀 알레츠 토트 론덴과 마리아 반 에그몬트 사이의 첫 지분 거래가 암스테르담 사무소의 서기 바렌트 람프의 회계 장부에 기록된 지 400년이 넘는 시간이 지났다. 트레이더들은 여전히 선도거래, 옵션, 리포 같은 방식으로 증권을 거래하고 있으며, 거래 비용을 조금이라도 낮추기 위해 수단과 방법을 가리지 않는 것 역시 예나 지금이나 마찬가지다. 400년 전과 마찬가지로, 오늘날의 주식시장에서도 장기적인 안목으로 주식을 사는 '투자자', 매수와 매도를 반복하며 단기적인 가격 차이를 노리는 '투기꾼', 그리고 법의 허점을 노리고 다니는 꾀돌이들이 치열한 눈치싸움을 벌이고 있다.

오래된 기록을 찾아다니는 일은 지루해지기 십상이다. 나는 네덜란드 정부의 기록물보관소와 암스테르담 시의 기록물보관소에서 마이크로 필름을 들여다보며 많은 시간을 보냈고, 암스테르담의 증권 거래 시장이 어떻게 움직였는지를 알아보기 위해 수많은 법정 사건들과 지분 거래에 대한 공증 기록들을 들여다봤다. 17세기에 손으로 쓰인 문서의 사진들을 하루 종일 들여다봐도 아무것도 건지지 못하고 두통만 생기는 날도 많았다.

하지만 가끔씩은 사소한 디테일이 실마리가 되기도 했다. 1672년 봄부터 여름까지 공증인 아드리안 로크가 남긴 기록들이 대표적이다. 이 문서들은 당시 트레이더들이 네이키드 숏셀링을 금지하는 법안을 어떻게 이용했는지를 알려주었다. 물론 요셉 데 라 베가가 쓴 책 『혼란 속의 혼란』에도 트레이더들이 때때로 이런 규정을 이용해 계약을 파기하곤 했다고 적혀 있지만, 『혼란 속의 혼란』을 전적으로 신뢰할 수는 없다. 이 책의 어디까지가 사실이고 어디까지가 허구인지 확신할 수 있는 사람은 없었다. 내가 찾아낸 공증 기록들은 데 라 베가의 이야기가 사실에 바탕을 둔 것이며 실제로 어떤 상황에서 트레이더들이 규제의 허점을 이용했는지를 확인시켜줬다.

또 VOC의 지분을 담보로 맡기고 돈을 빌릴 수 있었다는 것 역시 이미 알려져 있는 사실이었지만, 나는 요세프 되츠의 기록을 통해, 누가 그에게 얼마만큼의 돈을 빌려줬고 어떻게 이 계약이 청산됐는지, 구체적인 프로세스를 알아냈다. 너무 흔해 빠진 표현이긴 하지만, 퍼즐의 마지막 조각이 들어맞는 듯한 기쁨을 느꼈다.

나는 2006년 가을부터 17세기의 지분 거래에 대한 연구를 시작했다. 4년 동안 기존의 연구들과 원자료들을 읽었고, 컨퍼런스와 워크숍을 돌아다녔다. 동시에 *The World's First Stock Exchange: How the Amsterdam Market for Dutch East India Company Shares Became a Modern Securities Market, 1602-1700*이라는 논문을 썼다. 이 논문은 2010년에 완성됐다. 다음의 링크에서 다운받을 수 있다.(http://www.lodewijkpetram.nl)

이 논문으로 학위를 받은 후 나는 다시 컴퓨터 앞에 앉아 *De bakermat van de beurs*라는 책을, 그러니까 바로 이 책을 썼다. 논문을 좀더 쉽게 풀어낸 것만은 아니다. 논문의 주제가 당시 VOC 지분 거래가 현대의 주식시장의 작동원리와 비슷하며 실제로 역사상 최초의 현대적인 주식시장으로 볼 수 있다는 것이었다면, 이 책은 어떻게 당시 VOC 지분이 사고 팔렸는지를 내러티브 형식으로, 사례 중심으로 설명했다. 이 책의 주인공들은 당시 VOC 지분을 거래했던 남자들, 그리고 여자들이다.

책에 담긴 많은 이야기들의 디테일까지는 확인할 수 없었다. 대부분의 자료들은 '트레이더 A가 트레이더 B에게 받기로 한 지분을 아직 받지 못했다. 끝', 이런 식으로 간략하게 기록되어 있었다. 결국 나는 약간의 문학적 상상력을 발휘해야 했다. 토마스 스프렌크하위센이 라펜 형제에게 지분을 팔았던 이야기나, 야콥 페레이라와 요세프 페레이라가 맺었던 옵션 계약 등이 그런 경우다. 또 VOC의 최초 지분 청약에서 두 명의 하녀가 어떻게 마지막 순간에 장부에 이름을 올리게 됐는지 역시 정확하게 알 수가 없었다. 반면 예로니무스 펠터르스와 자크 데 벨라에르 주니어가 썼던 편지들은 아주 생생한 이야기들을 담고 있었다.

나는 VOC 지분 거래를 조사하기 위해 VOC 암스테르담 사무소의 자본 계정 장부를 기초 자료로 사용했다. 이는 헤이그에 있는 네덜란드 국가 기록물보관소의 VOC 기록물 섹션에서 찾을 수 있다. 여기에는 1602년부터 1612년까지 지분 거래의 증거로 VOC의 장부 담당자가 주주들에게 발행한 영수증도 보관되어 있으며 모든 주주의 자본 계정 기록이 담긴 장부는 1628년 이후 것부터 남아 있다.

이 자본 계정들은 엄청난 자료원이긴 하지만 지분 거래 내역을 전체적으로 보여주지는 못한다. 지분이 누구에게서 누구에게로 넘어갔는지는 표시되어 있지만 거래 가격이 얼마였는지는 나와 있지 않다. 당시 실제 지분의 양도 없이 이뤄진 많은 거래들(선도거래 등)은 공식 문서에서는 확인할 수 없다. 대부분은 사적으로 이루어졌다. 1610년 발표된 법령에 따르면 모든 트레이더들은 거래를 VOC 장부에 기록해야 했지만, 실제로 이를 지킨 트레이더들은 별로 없었다. 대부분의 경우 간단한 계약서를 작성했고, 대금이 정산되면 계약서를 찢어버렸다. 심지어 문서 작성 없이 구두로 이뤄진 계약도 있었다. 그런 계약들의 거래량을 추산한다는 건 불가능하다. 이와 관련해 내가 이용할 수 있었던 수치 자료는 동인도하우스에 찾아갔던 트레이더들의 숫자뿐이다.

대신 이런 사적인 거래들의 흔적은 여러 다른 기록들을 통해 찾아볼 수 있었다. 예를 들어 몇몇 트레이더들은 지분 거래 가격 등에 대해 기록을 남겼고, 이 기록은 그 후손들을 통해 전해지고 있다. 17세기 초, 레이든 시에 세워진 아름다운 티시아나 도서관Bibliotheca Thysiana에는 티시우스 기록물 보관소Thysius Archive가 있는데, 이 보관소는 1653년 요하네스 티시우스Johannes Thysius의 유산으로 설립된 후 이 가문의 모든 기록들이 보관되어 있다. 티시우스 가문은 주식 거래의 역사와 깊은 관련이 있다. 아버지 안토니Anthoni와 할아버지 한스Hans(이 둘은 간단하게 테스Thijs라는 성을 썼다)는 16세기 말부터 17세기 초까지 암스테르담에서 아주 활발하게 일했던 상인으로 VOC 지분도 사고팔았다. 이 두 사람의 거래 기록 중 일부가 살아남았다. 한스 테스의 기록 중 하나는 일명 'VOC 지분'이라고 불리는 귀중한 문서다. 청약에 참여한 주주들이 마지막 납입분을 내고 그 증거로 받은 영수증이다.

티시우스 기록물 보관소에는 테스 가문뿐 아니라 이드로가 결혼으로 엮여진 다른 가문들의 기록도 보관되어 있는데, 렘페뢰르 가문이 대표적이다. 안투안 렘페뢰르(요하네스 티시우스의 작은할아버지)의 재무적인 기록은 없지만, 자크 데 벨라에르와 그의 아들 자크 주니어가 주고받은 편지들은 남아 있다.

티시우스 보관소에서 가장 중요한 문서들은 1610년경의 것들이다. 이후 시대의 트레이더들이 남긴 기록은 남아 있는 것이 없다. 루이스

트립Louis Trip이 1633년부터 본인이 사망한 1684년까지 남긴 기록들이 암스테르담 시 기록물보관소에 남아 있지만, VOC 지분 트레이딩에 대한 내용은 1660년대부터 등장한다. 게다가 그의 기록들은 너무 추상적인데다 관심을 끌 만한 내용이 별로 없다. 그는 옵션을 하나 사면 계약 상대방의 이름과 그가 주거나 받은 옵션 프리미엄의 액수만 기록했을 뿐, 옵션의 종류(풋옵션인지 콜옵션인지), 만기일, 행사 가격, 거래하는 지분의 크기 등은 적지 않았다.

요세프 되츠와 그의 어머니 엘리자베스 코이만스의 거래 기록들도 암스테르담 기록물보관소의 되츠 가문 기록물 중에서 발견할 수 있는데, 이것들이 트립의 기록들보다 훨씬 더 가치 있다. 이 어머니와 아들은 VOC 지분을 담보로 많은 액수의 대출을 해주었고, 그 내용을 아주 꼼꼼히 적어놓았다. 또 아들 되츠는 지분과 파생상품도 거래했다. 1665년부터 1684년까지 그가 남긴 장부와 일기들은 다른 어떤 기록들보다도 17세기 주식 거래의 모습을 생생하게 보여준다.

같은 장소에 보관된 예로니무스 펠터르스의 기록은, 숫자는 많지 않지만 엄청나게 흥미롭다. 그는 편지를 쓸 때 항상 2부를 작성했다. 1667년부터 1710년 사이의 편지들 중 상당수가 보관돼 있다.

마지막으로, 암스테르담의 포르투갈계 유대인 기록물보관소 역시 지분 거래에 관여했던 개인들의 자료를 상당수 보유하고 있다. 유대인들이 죽으면 그 유품들이 종종 시나고그(유대인 예배당)로 전해졌기 때문이다. 대부분의 유품들은 1700년 이후에 들어왔지만 개중에는 그전의 것들도 있다. 17세기 역사를 아는 데는 마누엘 레비 두아르테의 서류들이 특히 요긴했다. 로드리고 디아스 헨리크와 주고받았던 서신, 그리고 지분 거래 내역을 대충 기록한 장부들 외에도 여러 상자

안에서 흥미로운 서류들을 몇 개 발견할 수 있었다. 아마도 레비 두아르테가 죽었을 때 누군가가 집안에 널려 있던 서류들을 상자에 쓸어 담아 가져온 것 같다. 그 서류 중에는 세금 고지서와 양복점과 신발가게 영수증, 그리고 집을 빌려주고 받았던 집세 영수증도 있지만 그의 VOC 지분 거래를 도왔던 브로커들이 보낸 청구서들도 있다.

법원의 문서보관소도 VOC 지분에 대한 많은 정보를 담고 있다. 다만 주의할 점이 있는데, 법원의 문서들은 기본적으로 뭔가 일이 잘못됐을 때 만들어진 것들이므로, 법원에서 다루어진 거래들은 애초부터 지나치게 리스크가 큰 거래들이었을 가능성이 높다. 법원 문서에 나온 계약들만 놓고 보면 당시 상황을 과장해서 해석하기 쉽다. 이런 점을 염두에 두고, 나는 전체적인 그림을 그리기보다는 뭔가 문제가 생긴 계약들을 추정하고 싶을 때 법원 문서들을 분석했다.

트레이더들 간에 분쟁이 생기면 우선 공증인에게 가서 계약 상대에게 보낼 소송의 내용증명서를 작성한다. 그러니 VOC 지분 가격이 급변하던 해일수록 관련된 공증문서가 많을 수밖에 없다. 가격이 크게 변하면 어느 한쪽이 예상치 못한 큰 손해를 볼 수 있고 따라서 분쟁의 가능성도 커진다.

1578년부터 1915년까지 암스테르담에서 일했던 공증인들은 엄청난 양의 문서를 남겼다. 베젤스트라트에 있는 공증기록보관소에는 총 3킬로미터가 넘는 책장이 있는데, 17세기의 기록은 그중 아주 일부에 불과하지만, 그것만 해도 단 한 명의 연구자가 다 들여다볼 수 없는 양이다. 다행히 이 내용증명서들을 키워드에 따라 분류해놓은 인덱스 카드가 있어서 감사하는 마음으로 그걸 이용했다. 그런데 1630년 이후에는 갑자기 카드의 수가 줄어들고 분류 시스템도 부정확해진다. 그래서 가장 분쟁 건수가 많았던 1672년부터 1688년까지의 공증 기록을 찾기 위해서 나는 당시 이쪽 관련 업무에서 이름을 날렸던 주요 공증인들의 기록을 찾아보았다. 1672년의 경우 거래소 바로 근처에 사무실을 두고 있던 아드리안 로크가 VOC 관련 업무를 가장 많이 처리했고, 1688년에는 더크 반 데르 흐로에 Dirk van der Groe가 가장 많이 등장했다. 혹시 놓치고 있는 것이 너무 많지 않나 해서 다른 해의 기록들도 조금씩 들여다보았지만 별다른 정보들이 없어 체계적으로 분석해보지는 않았다.

만일 공증인의 내용증명만으로 계약 당사자들이 합의에 이르지 못한다면 이들은 암스테르담 지방법원 aldermen's court에 갔다. 이 지방법원의 민사 소송 관련 소류들은 남아 있지 않다. 루이 보나파르트(나폴레옹의 동생)가 암스테르담 시청을 자신의 궁정으로 사용하기 위해 이 건물 안에 있던 지방법원을 다른 건물로 내보내면서 보관되어 있던 기록들을 파기시켰고, 결국 트레이더들 사이의 소송 관련 기록은 거의 남아 있지 않다.

암스테르담 지방법원에서 해결을 보지 못한 소송은 헤이그에 있는 홀란트 주 상고법원으로 올라갔다. 특히 아직 지분 거래에 대해 법적으로 명확한 판단이 내려지지 않았던 17세기 초반에 그런 경우가 많았다. 홀란트 주 상고법원의 거의 모든 기록은 헤이그에 있는 네덜란드 기록물보관소에 남아 있다. 사건 문서는 소송인(피고와 원고)의 이름으로 정리되어 있다. 나는 다른 기록물에서 알게 된 중요한 VOC 트레이더들의 이름을 모두 찾아보았고, 또 포르투갈계로 보이는 이름들의 관련 기록도 모두 찾아봤다. 또 이런 이름들이 단체 소송의 일부로 참여한 경우의 판결문들도 열람했다. 이런 판결문들에는 대부분의 경우 피고와 원고 양측의 주장과 하급 법원인 암스테르담 지방법원의 의견서가 첨부되어 있다. 일반적으로 판결 그 자체는 원고와 피고 중 누가 이겼고 누가 소송비용을 부담할 것이냐 정도만 밝힐 뿐, 판결의 이유까지는 말해주지 않는다.

홀란트 주 상고법원은 매 소송이 끝나면 원고와 피고 양측이 제출한 서류를 자루에 담아 보관했다. 원래는 원 주인들이 찾아가도록 되어 있었지만, 아마도 이미 끝난 판결에 대해 자료를 찾기 위해 헤이그까지 오는 것이 귀찮아서 그대로 버리고 가는 경우가 많았던 것 같다. 덕분에 대법원 기록물보관소의 민사소송 서류 섹션에 지금까지 보관되어 있는 이 자루들 중에는 VOC 지분 거래 관련 분쟁에 대한 것들도 있다. 이 책에서 소개했던 빌럼 무이엘만Willem Muijlman과 필립스 데 바커르Philips de Baccher 사이의 선도거래 계약서 내용이 바로 이런 자루에서 나왔다. 소송 양측은 각각 계약서의 반쪽씩을 증거로 제출했다. 책에 실린 사진에서는 한쪽 위에 다른 한쪽이 올라가 있다.

홀란트 주 상고법원의 판사들이 판결을 내리면, 소송인들은 한 단계 더 위인 네덜란드 공화국 대법원으로 상고할 수 있었다. 이곳 역시 기록들이 거의 대부분 남아 있고 이름순으로 정렬되어 있어서 같은 방법으로 주요 자료를 찾아 이 책에 반영했다.

이 책에서는 화폐의 단위를 현대의 기준에 맞게 바꿨다. 17세기 공화국 시절, 1길더는 20스투이버Stuiver에 해당했고, 1스투이버는 다시 16페닝penning으로 나뉘었다. 한편 플레미시 파운드Flemish Pound 역시 널리 통용되는 화폐였다. 1플레미시 파운드는 6길더였다. 이 책에서 나는 모든 화폐 단위를 길더로 바꿨고, 1길더를 100센트로 나눴다. 예를 들어서 17세기 VOC의 장부 담당자는 지분 명의변경에 대한 수수료로 12스투이버의 수수료를 받았다. 이것을 내가 정한 단위로 바꾸면 60센트(0.6길더)가 된다.

마지막으로, 17세기부터 현재까지 이름이 달라진 길, 운하, 광장 등은 현재 기준으로 통일했고, 번지수 역시 현재의 것을 사용했다.

이 VOC 지분에 대한 연구는 나 혼자 진행한 것이 아니다. 많은 사람들이 도와주었다. 이 자리를 빌려 그중 몇 분에게 감사의 인사를 전하고 싶다. 암스테르담 대학 시절 내 지도교수였던 레오 두르데흐라프Leo Noordegraaf와 클레 리스헤르Cle Lesger는 이 연구의 기획부터 성공적인 결론을 내는 데까지 지도해주셨다. 위트레흐트 대학의 경제사학자들인 오스카르 헬데르브롬Oscar Gelderblom과 유스트 욘커Joost Jonker는 내 연구를 지속적으로 도와주고 논문에 대해 유용한 코멘트들을 해주었다. 페터 쿠디예스Peter Koudijs와의 대화는 17세기 금융시장에 대한 내 이해력을 높여주었고, 카티아 안투네스Catia Antunes는 마누엘 레비 두아르테와 로드리고 디아스 헨리크가 썼던 포르투갈어 편지들을 읽는 데 큰 도움을 주었다.

책을 쓰는 동안 출판사 아위게베리 아틀라스Uitgeverij Atlas의 이네 쉐프넬Ine Soepnel과 그 남편이 내 원고를 꼼꼼히 읽어주었으며, 캐피탈 암스텔 파운데이션Capital Amstel Foundation의 체렐트 크로에제Cherelt Kroeze도 원고에 대해 코멘트를 해주었다. 린 리처드Lynne Richards는 책을 영어로 번역해주었다. 에바 톰슨Eva Thompson에게도 그녀가 준 코멘트와 또다른 이유들에 대해 감사를 표하고 싶다.

하를럼에서

용어 설명

- **BEAR 곰:** 가격이 떨어질 거라는데 돈을 거는 트레이더.

- **BEAR MARKET 베어 마켓, 약세장:** 가격이 떨어지는 시장.

- **BOND 채권:** 빚을 지고 그 내용을 적은 글. 예를 들어 VOC의 채권은 VOC가 그 채권을 가진 사람에게 빚을 지고 있음을 적어놓은 종이.

- **BOOM OR BULL MARKET 불 마켓, 강세장:** 가격이 올라가는 현상 혹은 그 런 기간.

- **BULL 황소:** 가격이 올라갈 거라는데 돈을 거는 트레이더.

- **CALL OPTION 콜옵션:** 콜옵션을 가진 사람은 옵션 만기일에 미리 정해놓은 가격(strike price, 행사가격)에 지분을 살 권리가 있다. 옵션을 살 때 이런 권 리에 대한 프리미엄을 지불한다. 만기일의 현물 가격이 옵션 행사가격보다 높 으면 그 옵션은 내가격(ITM: in the money)이라 부른다. 그런 경우 소유자 는 옵션 권리를 행사할 수 있고 옵션을 발행한 사람(판 사람)은 그에게 지분을 넘겨줘야 한다. 만기일의 가격이 옵션 행사가격과 같으면 등가격(ATM: at the money)라 부른다. 역시 권리를 행사할 수는 있지만 거기서 아무런 이익이 나 오지 않는다. 만기일의 가격이 옵션 행사가격보다 낮으면 외가격(OTM: out of the money) 상태다. 외가격 옵션을 행사하면 손실이 생기므로 이런 경우 옵션

소유자는 행사하지 않고 만료되도록 놓아둔다.

- DERIVATIVE 파생상품: '파생된(갈라져 나온)' 금융상품들을 통칭하는 말. 파생상품의 가치는 기업의 지분(주식), 석유, 금, 콩 등 특정 자산으로부터 파생되어 나온다. 17세기 암스테르담 트레이더들이 다룬 파생상품은 옵션과 선도 계약이다. 선도 계약의 경우 트레이더들은 미래의 특정 날짜에 미리 합의한 가격으로 거래할 것을 약속한다('선도 계약' 참조). 두말할 필요 없이 이 계약의 가격은 VOC 지분의 가격과 연결되어 있다. 그렇기 때문에 선도 거래가 '파생' 상품이라고 불린다. 실제 지분은 정산이 일어날 때에만 전달이 된다. 옵션 역시 VOC 지분으로부터 가치를 파생한다. 옵션의 프리미엄은 시장 내에서 어떤 가격 변동이 일어날 가능성에 근거해 정해진다. 그러나 옵션 거래에서 다루는 것은 실제 지분이 아니라 지분을 특정 가격, 특정 날짜에 사거나 팔 수 있는 권리다.

- DIVIDEND 배당금: 지분을 가진 주주들에게 회사의 이익을 나눠주는 것. VOC는 장부에 적혀 있는 지분의 가치를 기준으로 퍼센트(%)로 배당금을 표시했다. 예를 들어 10%의 현금 배당을 한다면 장부가 3,000길더의 지분을 가진 주주는 동인도하우스에 가서 300길더를 수령할 수 있다. 시장에서 거래되는 가격은 배당금의 크기에 영향을 미치지 않았다. VOC는 현금 외에도 향신료나 이자를 주는 채권의 형태로 배당을 주기로 했다.

- EXCHANGE AGENT 거래 대리인: 누군가를 대신해 지분을 사거나 팔아주는 사람. 이 책에 여러 번 등장하는 호드리고 디아스 헨리크가 거래 대리인이었다. 그의 고객은 주로 부유한 포르투갈계 유대인이었다. 17세기 암스테르담에서 거래 대리인들은 거래 한 건당 정해진 수수료를 받았다.

- EX-DIVIDEND 배당락: 오늘날의 주식시장에서는 어떤 주식의 주주들이 배당금을 받게 될 것인지 정해지는 순간 배당락이 발생한다("go ex-dividend"). 이 시점 이후에 주식을 사는 사람은 배당을 받을 수 없기 때문에 더 낮은 가격에 주식을 사게 된다. VOC의 지분을 가진 사람들은 언제 동인도하우스에 가서 배당을 수령할지 마음대로 정할 수 있었다. 예를 들어 1688년 4월 VOC는 장부가 100길더의 지분마다 33과 1/3길더의 배당을 지급했는데 이를 수령한 사람들과 수령하지 않은 사람들의 지분은 시장에서 거래될 때 33과 1/3만큼의 가격 차이가 났다.

- FORWARD CONTRACT 선도 계약(선도 거래): 특정 날짜(만기일)에, 미리 합의한 가격에 지분을 사겠다는 계약. 17세기 트레이더들은 지정한 날짜에 지분

을 양도하거나, 만기일의 현물 가격과 선도 계약 가격의 차액을 정산하거나, 혹은 같은 내용이지만 정 반대되는 계약과 함께 상쇄시키는 방법(예를 들어 선도 매도 계약을 선도 매수 계약으로 상쇄)으로 선도 계약을 정산했다. ('파생상품' 참조)

- HAIRCUT 헤어컷: 어떤 물건이나 자산을 담보로 잡히고 돈을 빌릴 때 할인당하는 비율. 헤어컷의 크기는 그 자산을 소유함에서 오는 리스크와 연관이 된다. 17세기 암스테르담에서 VOC 지분을 담보로 맡기고 그 가격만큼의 돈을 빌리기는 힘들었다. 시장에서 지분의 거래 가격이 떨어질 경우 담보의 가치도 함께 하락하기 때문에 헤어컷을 적용해 현재 가치보다 더 적은 금액만을 빌려줬다. ('지분 담보' 참조)

- INVESTMENT SENTIMENT 투자 성향: 어떤 사람이 사거나 팔려는 경향.

- LIQUIDITY 유동성: 지분이 얼마나 쉽게 거래될 수 있는가의 정도. 유동성이 좋으면 시장에서 쉽게 사거나 팔 수 있다. 유동성은 또한 거래가 가격에 미치는 영향의 크기로도 판단할 수 있다. 예를 들어 시장에서 많은 양의 지분을 내다 팔았는데 가격이 거의 내려가지 않는다면 현재 유동성이 아주 좋은 것이다.

- MARKET MAKER 마켓 메이커: 언제나 지분을 사거나 팔 준비가 되어 있는 사람. 마켓 메이커는 지분을 살 때 약간 싸게 사고 지분을 팔 때 약간 비싸게 팔아서 그 차액으로 수익을 낸다. 마켓 메이커는 언제나 지분을 사고 팔 수 있어야 한다. 17세기에는 보통 지분이 장부가 3,000길더 단위로 거래됐기 때문에, 3,000길더보다 적은 분량의 지분을 거래하려는 사람들에게는 마켓 메이커의 존재가 중요했다.

- MARKET VALUE 시장 가치: 거래소에서 거래되는 VOC 지분의 가치. 기준은 1602년 최초 장부가를 100으로 놓는다. 장부가 3,000길더의 지분이 200에 거래된다면 이 지분의 시장 가치는 6,000길더.

- NAKED SHORT SELLING 네이키드 숏셀링(무차입 공매도): VOC 주주명부 (계정)에 가지고 있지 않은 지분을 남에게 파는 행위. 앞으로 가격이 떨어질 것이라 예상하고 이런 거래를 한다.

- NOMINAL VALUE 장부 가치(장부가, 명목 가치): 주주 계정에 적혀있는 대로의 VOC 지분의 가치. ('시장 가치' 참조)

- NOTARIAL WRIT 내용증명: 공증인이 크게 읽어주는 통지문. 어떤 거래에 대

해서 양측의 의견이 엇갈리는 경우, 한 쪽이 공증인을 고용해서 상대방에게 자신의 주장을 설명해주도록 했다. 17세기 암스테르담에서 내용증명은 법정 소송으로 가기 위한 첫번째 단계였다.

- OPTION 옵션: 미리 합의한 금액(행사 가격)에 얼마만큼의 지분을 사거나 팔수 있는 권리. '콜옵션', '풋옵션', '스트래들'. ('파생상품' 참조)

- OPTION PREMIUM 옵션 프리미엄: 옵션을 사기 위해 내야 하는 돈. 옵션 프리미엄은 보험 프리미엄(보험료)와 비교할 수 있다. 프리미엄을 지불하는 대신 특정 리스크(이 경우엔 지분의 가격이 크게 움직이는 리스크)를 방어할 수 있다.

- PUT OPTION 풋옵션: 풋옵션을 가진 사람은 옵션 행사일에 미리 합의한 금액으로 지분을 팔 권리가 있다. ('콜옵션' 참조)

- REPO 리포: 리포는 'repurchasing agreement(환매조건부 매매)'의 줄임말이다. RP라고도 부른다. 타인에게 주식이나 채권 등의 증권을 팔면서 미래의 특정 날짜에 그것을 다시 사겠다고 약속하는 것이다. ('지분 담보' 참조)

- SHARE COLLATERAL 지분 담보(주식 담보): VOC의 지분을 담보로 받고 돈을 빌려주는 사람들이 있었다. 빌리는 사람은 그 돈으로 VOC 지분을 산다. 이렇게 지분을 담보로 잡고 대출을 받으면 자신의 돈은 조금만 넣고도 지분을 살수 있다. 일반적으로 빌릴 수 있는 돈은 지분의 시장 거래 가격보다 조금 적었다. ('헤어컷' 참조)

- SHARE PRICE 지분 가격: VOC 지분의 가격은 1602년 8월 청약이 완료되었을 때 장부에 적힌 투자금액에 대한 비율로 표시됐다. 1602년 8월 기준 금액은 100으로 정해졌다. 예를 들어 현재 가격이 125라면 1602년 8월에 비해서 지분의 가치가 25% 상승했다는 뜻이다. (배당금과 지분 가격의 관계에 대해선 '배당락' 참조)

- SHORT SELLING 숏셀링: 남의 지분을 빌려서 다른 사람에게 파는 트레이딩기법. ('네이키드 숏셀링' 참조)

- SPOT PRICE 현물 가격(스팟 가격): 바로 현금으로 거래하는 가격.

- STRADDLE 스트래들: 콜옵션과 풋옵션을 한 쌍으로 묶은 것.

- VOLATILITY 변동성: 지분 가격이 얼마나 불안하게 움직이는지의 척도. 가격이 심하게 움직이면 변동성이 크다고 말한다.

이미지 출처

- p32 『혼란 속의 혼란』, 요세프 펜소 데 라 베가, MAXTOR, 2009.
- p44 VOC 정관, Euronext NV, Amsterdam.
- p50 VOC 사무소가 있던 6개 항구도시, http://www.frick.org/exhibitions/mauritshuis/golden
- p55 VOC 암스테르담 사무소 주주명부, Archives of the VOC, inv. no. 7064, fo. 1, National Archives, Den Haag.
- p65 1. 아우드 호그스트라트에 있는 동인도하우스의 옛 모습, Olfert Dapper, East India House, 1663, Amsterdam City Archives.
   2. 동인도하우스가 들어서기 전 암스테르담, Pieter Bast, Map of Amsterdam, 1597, Amsterdam City Archives.
- p68 VOC 지분영수증, Collection of the Capital Amsterdam Foundation.
- p75~76 1597년 암스테르담 지도, Pieter Bast, 1597, Amsterdam City Archives.
- p111 1644년 9월 2일자 VOC 지분 선도 매매 계약서, Archives of the Supreme Court of Holland, inv. no. IIB274, National Archieves, The Hague.

2015년 촬영 사진(ⓒ조진서)

참고문헌

M. F. J. Smith, *Tijd-affaires in effecten aan de Amsterdamsche beurs*, 1919, http://www.dbnl.org.
17~18세기까지 있었던 여러 가지 규정과 법령, 팸플릿을 비롯해『혼란 속의 혼란』도 요약해서 소개했다. 1939년 스미스는『혼란 속의 혼란』을 네덜란드어로 번역해서 펴냈다. 이 책의 전문은 위의 링크에서 다운로드받을 수 있다.

Johannes van Dillen, "Isaac Le Maire en de handel in actien der Oost-Indische Compagnie", *Economisch Historsch jaarboek*, 1930.
이삭 르 매르의 '베어 컨소시엄'에 대한 자료를 볼 수 있다.

Johannes van Dillen, Het oudste aandeelhoudersregister van de Kamer Amsterdam der Oost-Indische Compagnie, 1958.
1958년 VOC 암스테르담 사무소의 주주명부. 암스테르담 사무소에서 최초 지분 청약에 참여한 거의 모든 사람의 인적사항이 적혀 있다. 또 회사가 어떻게 설립됐으며 자본금 청약이 어떻게 이뤄졌는지도 자세히 설명돼 있다.

Neil De Marchi, Paul Harrison, *Trading 'in the wind' and with Guile: The Troublesome matter of the Short Seliing of Shares in Seventeenth-Century Holland*, 1994.
네이키드 숏셀링의 도덕적인 측면을 다룬 책이다.

Oscar Gelderblom, Joost Jonker, "Completing a Financial Revolution: The Finance of the Dutch East India Trade and the Rise of the Amsterdam Capital Market, 1595-1612", 2004.
16세기 프리컴퍼니들과 VOC의 자본 조달에 대해 집중 분석한다.

Oscar Gelderblom, Joost Jonker, "Amsterdam as the Cradle of Modern Futures and Options Trading, 1550-1650", 2005.
곡물에서 청어, 주식에 이르기까지 암스테르담의 옵션 거래 변천사를 다루고 있다.

Oscar Gelderblom, Joost Jonker, Abe de Jong, "An Admiralty for Asia: Isaac le Maire and Conflicting Conceptions About the Corporate Governance of the VOC", 2011.
VOC의 조직 구조를 분석하고 있으며, 네덜란드 공화국 의회와 VOC 이사들, 주주들의 각기 다른 이해관계와 이들 사이의 분쟁을 세밀하게 다루고 있다.

Henk den Heijer, *De geoctrooieerde compagnie: de VOC en de WIC als voorlopers van de naamloze vennootschap*, 2005.
VOC와 WIC가 현대의 네덜란드 기업 구조와 얼마나 비슷했는지를 조사한 책이다.

Paul Frentrop, *A History of Corporate Governance*, 1602-2002, 2003.
17세기 초반 VOC의 지배 구조를 둘러싼 논란들과 이후 이어진 변화에 대해서 기술하고 있다.

Femme Haastra, *The Dutch East India Company: Expansion and Decline*, 2003.
VOC의 역사에 대해 깔끔하게 정리해 설명하고 있다.

Femme Haastra, *Bewind en beleid bij de VOC: de financiele en commerciele politiek van de bewindhebbers*, 1672-1702.
17세기 후반에 VOC가 어떻게 운영됐는지를 보여주고 *The Dutch East India Company* 보다 학문적인 성격이 강하다.

Femme Haastra, Jaap Bruijn, Ivo Schoffer, *Dutch-Asiatic Shipping in the Seventeenth and Eighteenth Centuries*, 1979, http://www.historici.nl/Onderzoek/Projecten/DAS.
VOC가 보유했던 모든 선박들의 데이터를 정리한 책으로 관련 데이터는 위의 링크에서 확인할 수 있다.

Pieter van Dam, *Beschryvinge van de Oostindische Compagnie*, 1701, http://www.historici.nl/retroboeken/vandam
반 담은 VOC의 상급 서기였고, 이 지위를 이용해 17인 이사회와 암스테르담 사무소 이사회의 모든 모임에 참석했다. VOC의 사업에 대해 누구보다도 잘 알고 있었던 사람이었다. 그는 VOC의 명에 따라 일곱 권 분량으로 이 책을 썼다. 위의 링크에서 전문을 볼 수 있다.

J. P. de Korte, *De jaarlijkse financiele verantwoording in de VOC*, 1984.
저자는 은퇴한 회계사로 VOC의 회계에 대한 모든 자료들을 모은 다음, 재무제표를 읽을 줄 아는 사람이면 누구나 알아볼 수 있도록 깔끔하게 정리했다.

Anne Goldgar, *Tulipmania: Money, Honor, and Knowledge in the Dutch Golden Age*, 2007.
골드하르는 특별히 재무적 측면을 많이 언급하진 않았지만, 이 책은 당시 홀란트 주와 위트레흐트 주에 불었던 튤립 광풍과 튤립 트레이더 사회에 대해 멋지게 묘사하고 있다.

Jonathan Israel, "Jews and the Stock Exchange: the Amsterdam Financial Crash of 1688", *Diasporas Within a Diaspora: Jews, Crypto-Jews, and the World Maritime Empires(1540-1740)*, 2002.
네덜란드 공화국에 살던 포르투갈계 유대인들에 대해 상세히 다룬 논문이다.

Jonathan Israel, "The Dutch Republic and Its Jews, 1699-1715", *Conflicts of Empires: Spain, the Low Countries, and the Struggle for World Supremacy, 1585-1713*, 1997.

Daniel Swetschinski, *Reluctant Cosmopolitans: The Portuguese Jews of Seventeenth-Century Amsterdam*, 2000.
17세기 암스테르담 유대인 사회를 이해할 수 있는 좋은 가이드이다.

Hermann Kellenbenz, *Confusion de Confusiones [1688]: Portions Descriptive of the Amsterdam Stock Exchange*, 1957.
『혼란 속의 혼란』의 1957년도 영어판으로 서문에서는 당시 지분 거래가 어떻게 이뤄졌는지에 대해 자세히 설명하고 있다.

Jose Luis Cardoso, "Confusion de confusiones: Ethics and Options on Seventeenth-Century Stock Exchange Markets", 2002.

Jonathan Israel, "Een merkwaardig literair werk en de Amsterdamse effectenmarkt in 1688. Joseph Penso de la Vega's Confusion de confusiones", 1990.

Marie-Charlotte le Bailly, *Hof van Holland, Zeeland en West-Friesland: de hoofdlijnen van het procederen in civiele zaken voor het Hof van Holland, Zeeland en West-Friesland zowel in eerste instantie als in hoger beroep*, 2008.

네덜란드 공화국의 민사법을 다루고 있다.

Marie-Charlotte le Bailly, Christel Verhas, *Hoge Raad van Holland, Zeeland en West-Friesland (1582-1795): de hoofdlijnen van het procederen in civiele zaken voor de Hoge Raad zowel in eerste instantie als in hoger beroep*, 2006.
Hermannus Noordkerk, *Handvesten; ofte Privilegien ende octroyen: mitsgaders willekeuren, costuimen, ordonnantien en handelingen der stad Amstelredam*, 전 5권, 1678~1748.
암스테르담 시의 법령을 다룬 책이다.

Cornelis Cau, *Groot placaet-boeck, vervattende de placaten, ordonnantien ende edicten van de Staten Generael der Vereenighde Nederlanden, ende van de Staten van Hollandt en West-Vrieslandt*, 전9권, 1658~1796.
네덜란드 공화국 의회와 주 의회의 법령을 다룬 책이다.

Jonathan Israel, *The Dutch Republic: Its Rise, Greatness, and Fall, 1477-1806*, 1995.
네덜란드 공화국을 다룬 최고의 역사서이다.

Jan de Vries, Ad van der Woude, *The First Modern Economy: Success, Failure, and Perseverance of the Dutch Economy, 1500-1815*, 1997.
네덜란드 공화국의 경제사를 다루고 있다.

세계 최초의
증권거래소

1판 1쇄　2016년 6월 14일
1판 2쇄　2022년 3월 28일

지 은 이　로데베이크 페트람
옮 긴 이　조진서
펴 낸 이　김승욱
편　　집　김소영 김승관 한지완
디 자 인　김현우 이보람
마 케 팅　채진아 유희수 황승현
홍　　보　함유지 함근아 김희숙 정승민
제　　작　강신은 김동욱 임현식

펴 낸 곳　이콘출판(주)
출판등록　2003년 3월 12일 제406-2003-059호

주　　소　10881 경기도 파주시 회동길 455-3
전자우편　book@econbook.com
전화번호　031-8071-8677
팩　　스　031-8071-8672

ISBN　978-89-97453-69-6　03320